U0918261

JingYingGuanLiYuShiJian

经营管理与实践

吴新波／著

图书在版编目（CIP）数据

道之点滴：经营管理与实践/吴新波著．—北京：经济管理出版社，2012.9

ISBN 978－7－5096－2119－6

Ⅰ.①道… Ⅱ.①吴… Ⅲ.①中外合资经营—合资企业—企业管理—研究 Ⅳ.①F279.244.3

中国版本图书馆 CIP 数据核字（2012）第 222188 号

组稿编辑：胡翠平
责任编辑：王 琼
责任印制：杨国强
责任校对：超 凡

出版发行：经济管理出版社（北京市海淀区北蜂窝 8 号中雅大厦 11 层 100038）
网 址：www.E-mp.com.cn
电 话：(010) 51915602
印 刷：北京银祥印刷厂
经 销：新华书店
开 本：720mm×1000mm/16
印 张：20
字 数：359 千字
版 次：2012 年 9 月第 1 版 2012 年 9 月第 1 次印刷
书 号：ISBN 978－7－5096－2119－6
定 价：46.00 元

·版权所有 翻印必究·

凡购本社图书，如有印装错误，由本社读者服务部负责调换。
联系地址：北京阜外月坛北小街 2 号
电话：(010) 68022974 邮编：100836

序

“长风破浪会有时，直挂云帆济沧海。”中国汽车工业在改革开放的大潮中乘风破浪、激流勇进。一代又一代的东风汽车创业者以“沧海横流，方显英雄本色”的一往无前的开拓、进取精神，自东风汽车公司成立以来，为实现祖国汽车工业事业腾飞的梦想，创造了一个又一个的奇迹。

在快速发展和激烈竞争的汽车零部件市场中，企业需要改革、创新和发展，而东风汽车公司旗下的四七厂（原木材加工厂）从一个产品品种较少、产品线较窄、规模较小的专业厂（子公司），一跃发展成为东风汽车公司旗下最优、最强的汽车零部件子公司之一。其也是东风汽车公司改制、转型、创新和发展最好、最快、最成功的专业厂和子公司之一。

因东风四七厂（东风汽车内饰件有限公司）发展需要而组建的合资公司——东风伟世通汽车饰件系统有限公司（以下简称“东风伟世通”）从2003年9月成立以来，从零起步，至今已走过了充满挑战和激烈竞争的艰苦创业的近十年历程。2010年东风伟世通（武汉、十堰）年销售收入就已超过23亿元，创造了令人瞩目的业绩，这是东风汽车零部件事业发展史上的一个成功的典范。

东风伟世通合资以来实现了强势增长，并呈现出良好的发展态势，在生产、质量、开发和商务上都有良好的表现。东风伟世通在合资模式上走出了一条新路。

是什么造就了东风伟世通令人瞩目的业绩？看完吴新波同志所著的《道之点滴——经营管理与实践》一书就会明白，这一切与东风伟世通一直以来确立和崇尚的公司宗旨、目标、经营战略和发展战略息息相关。

公司宗旨：成为世界上最好的汽车零部件供应商；

公司目标：价值、品质、世界一流；

公司经营战略：以“行业领先的技术，有竞争力的价格”迎接市场挑战，战胜竞争对手；

公司发展战略："师夷、平夷、胜夷"，建设一支拥有先进技术和先进管理能力的本地化人才队伍。

上述理念是东风伟世通获得成功的经验和科学发展的关键所在。

本书作者吴新波同志是东风汽车公司旗下的资深高管，曾任东风汽车公司（原第二汽车制造厂）汽车运输处主管生产的副处长多年；曾担任科特迪瓦共和国华科汽车股份有限公司第一任总经理；1999 年初回国后，调东风非金属零件有限公司（四七厂）任总经理、董事长（2001 年 4 月兼任党委书记）。吴新波同志有着丰富的合资公司经营管理工作经验。他在担任四七厂及其合资公司（东风非金属零件有限公司总经理、东风汽车内饰件有限公司总经理、东风伟世通十堰公司董事长）总经理和董事长期间，举全身心之力带领四七厂干部员工进行改革、创新和发展。

一是大力调整产品结构，停止木材加工和木制零件的生产，剥离辅业。在 2000 年率先实现主业与辅业的分离；在 2001 年成功地调整产品结构，确立了以汽车饰件为主业的发展方向，实现改制、转型和企业的大发展。

二是四七厂成功的国际合作，为东风伟世通（武汉、十堰、郑州公司）的建立和可持续、跨越式发展做出了杰出的贡献。

三是为加强东风伟世通合资公司的国际化建设能力和实现"师夷、平夷、胜夷"的发展战略，东风伟世通建立了技术中心，实现了"化本地化制造为本地化设计制造"，培养了一支拥有先进技术和先进管理能力的本地化人才队伍，成效显著。

吴新波同志是中国人民大学 MBA、美国伯林顿大学工商管理硕士。曾先后获得中国当代优秀管理人才奖、"湖北省优秀企业家"称号、武汉市第十四届劳动模范、东风汽车公司优秀领导干部和优秀管理者等荣誉称号，并被武汉科技大学聘为兼职教授。

自东风伟世通成立以来，吴新波同志在担任东风伟世通中方总经理、党委书记和东风伟世通（十堰、郑州）公司董事长期间，在抓市场、抓技术、抓能力、抓发展、抓人才队伍建设和抓党建、抓政治思想工作的同时，善于学习和总结，致力于创新和发展，把项目管理、大生产管理和合资公司建设的理论应用于汽车零部件企业，并拓展到整个生产和经营管理中，取得了非常显著的效果。

《道之点滴——经营管理与实践》是一本富有启迪性和借鉴性的经营管理书籍，是作者长期从事合资公司经营与管理工作，并对其不断思考而形成的实践经验的精练总结，是一本实用性很强的书。因为它的实用性，故对在合资公司工作和从事企业管理的人员来说，是一本很有价值的参考书。

东风伟世通公司中期事业计划目标现已经展开，致力于将公司打造成为最具竞争力的汽车饰件供应商，科学发展和可持续发展的宏伟蓝图正在展现。公司在现有五个事业基地（武汉、十堰、郑州、西安、襄阳）的基础上，到2017年，争取再建成两个事业基地，实现销售收入35亿～50亿元，发展成为一个“为客户创造超额价值，为股东提供最佳收益，为员工带来满意、实惠”的中国中西部汽车饰件行业的旗舰。

“宝剑锋从砥砺出，梅花香自苦寒来。”我们期待和祝愿：东风伟世通再用10年的时间，打造成为技术先进、管理精益、行业领先的国际化汽车饰件综合性企业——世界一流的汽车零部件供应商，并在这一宏伟愿景目标的指引下勇往直前；为开创东风汽车零部件事业的科学发展、跨越发展、和谐发展的新局面再展宏图创佳绩，再立新功铸辉煌！

东风汽车公司董事长、党委书记：

前 言

19 世纪英国首相帕麦斯顿有一句名言，国家间“只有永久的利益，没有永久的朋友”。这是唯利是图文化的写照，反映了资本主义自私与贪婪的本性，不适宜于现代合作共存的合资方式。我们希望中外合资企业的各方股东、董事和经营管理层在合作的过程中树立“既要永久的利益，也要成为永久的朋友”的理念。正如古希腊作家斯托贝所言，“利益和财富本身不是永久的朋友，而朋友却是永久的利益和财富”。

永久的利益是合资各方获得符合国际法律、公约规定并为国际社会所公认的公平、公正的合理利益，而不是单边的、单方的或损害另一方的利益而获得的利益。

永久的朋友是指合资各方股东、董事和“经营班子”管理层的双方或各方调派的中外方人员都应是朋友，而且是永久的朋友。永久的朋友相互之间应荣辱与共、以诚相待，相互信任、相互理解、相互支持、相互帮助、相互勉励、相互鞭策、相容相悦，相映生辉、肝胆相照，并能充分兼顾合资各方利益而实现共赢或实现双方及多方的共同利益。

只有永久的朋友，才能有永久的利益。这是作者撰写本书的基本指导思想。

在合资公司中或在合资合作的过程中，单边行动和单边利益的言行都是非常有害的，单边行动和单边利益会破坏合资公司的凝聚力，会破坏合资合作的诚信基础，最终会导致合资公司的分裂和各方的分手。正确地处理好合资合作各方的关系和利益，实现共赢，即实现双方及多方的共同利益是合资公司合作的基础。所以，在拟建合资公司的合资合作谈判过程中或合资公司成立之后的建设与发展中，都必须坚决杜绝单边行动和单边利益的言行。合资合作双方或各方的相互尊重、相互信任、优势互补、合作共赢，是合资公司建立发展的根本所在，也是合资公司成败的关键所在。

吴新波先生现任东风伟世通汽车饰件系统有限公司中方总经理、党委书记，东风伟世通（十堰、郑州）汽车饰件系统有限公司董事长；20世纪90年代初，在东风汽车公司（原二汽）任汽车运输处主管生产副处长时，曾参与组建中外合资公司——东风创普公司，20世纪90年代中期，曾任科特迪瓦共和国华科汽车股份有限公司第一任总经理。

吴新波先生和他领导的经营团队以改革、创新的“搏击沧海千层浪，敢向潮头挂风帆”的勇气、信心和一往无前的精神，把曾经是东风汽车公司规模最小的、最不被人们看好的专业厂和子公司变成现在东风汽车公司最优、最强和规模最大的汽车零部件子公司之一，这本身就是一个成功的典范、一个令人赞叹的奇迹。东风伟世通（武汉、十堰）的员工们说：“没有四七厂的改制、转型和发展，就没有东风伟世通；没有吴新波先生和他领导的经营管理团队，就没有四七厂和东风伟世通今天的巨大成功、辉煌业绩和跨越式发展。”

《道之点滴——经营管理与实践》一书，是作者在合资公司工作近20年的经历、经验的结晶。作者从事合资公司工作多年，有着丰富的经营管理工作经验，从而形成了许多感悟和体会。在完成了《项目管理与实践》的著作后，进一步将其亲历的合资和合作的实践与认识进行了深刻的提炼和总结，凝聚成这本案例鲜活且观点鲜明的《道之点滴——经营管理与实践》，相信这本书的出版能够给读者许多启发。

愿此书像一只萤火虫的微光，引来万家灯火的灿烂辉煌！

武汉科技大学管理学院院长：

目　录

上　篇

下　篇

上篇

第 1 章　中外合资公司组建概述

目前，国内外有很多公司都采用了和其他公司合资的方式来进行市场的拓展。诚然，合资公司有很多的竞争优势，可以实现双方或多方优势互补：有利于引进和运用市场经济的观念和运作方式；有利于引进先进的研发技术、管理方式和方法；可以更好地享有本地化的政策优势、人才优势和制造优势，所有这些优势都有利于更好地开拓市场。但是，合资公司也相应存在一些问题，比如，层级较多、程序较多、决策较慢、分工较细等，最终导致比较高的管理成本。这就需要我们在组建合资公司的时候做好前期准备工作，进行更合理的可行性和风险分析，选取合适的合作方式，这样才能更好地发挥合资公司的优势，在激烈的市场竞争中赢得胜利。

1.1　合资公司组建的原则

中外合资公司组建的原则是：合资公司利益至上，合资的各方对合资公司负责。

由于利益的驱使，导致不和谐的声音和行为的存在，这在中外合资公司也是常有的事。要变不和谐为和谐，这就要求合资公司经营管理层双方调派的中外方总经理必须牢固树立“合资公司利益最大化和合资公司利益至上”的思想。合资公司经营管理层双方调派的中外方总经理如果都能按照这一指导思想做工作、引导经营管理团队，大家才能拧成一股绳，心往一块想，劲往一块使，合资公司的和谐之音和行为就会净化不和谐之音和行为。合资公司的中外方都要担任好各自的角色，要刚柔相济，对的坚持，错的纠正，原则坚持，一般承让，相互信任、尊重，互相支持。双方对某一事项各抒己见或各持己见僵持不下时，要采取各让一步的做法，这样，往往会取得妥善解决的良好效果。

"朋友如海，宽容作舟，泛舟于海，方知海之宽阔；朋友如山，宽容为径，循径登山，方知山之高大；朋友交心，交而知心，心心相印，方知心之高尚。"

因此，合资公司的各方股东和中外方总经理及经营管理团队的成员，要做到合资先"合心"，"合心"才能"合力"，"合心、合力"才能"和谐"；"和谐"才能生财，"和谐"才能发展，"和谐"才能做强、做优、做大。

1.2 合资公司组建的目的

1.2.1 为了实现双赢和共赢

合资公司的目的之一是为合资各方股东带来利益，而这一利益是按照各自在合资公司所持有的股份比例进行分配和享有的。合资各方通过在合资公司共同承担责任和义务，实现利益的共享，从而达到双赢和共赢的合资目的。

1.2.2 为了体现效益优先和最大化

合资公司的目的之二是追求效益的最大化，中外双方或各方共同建立的合资公司可以带来先进的技术及市场、客户和新业务的增长，可以增加合资公司的经营收入和经营利润。

例如，有一家国内的中外合资公司 2003 年成立时一切从零起步，到 2011 年的年销售收入突破 12 亿元，加上旗下的合资子公司的年销售收入突破了 23 亿元，实现了科学的、可持续的跨越式发展，实现了合资效益优先和最大化的目的。

1.2.3 为了优势互补和做强、做优、做大

合资公司的目的之三是把中国的市场优势与发达国家的技术优势结合起来，形成优势互补。国内公司寻求国际合作，建立合资公司是做强、做优、做大的一条有效的途径。建立中外合资公司后，不仅是中方，而且外方也会带来市场和客户及新业务。例如，有一家中外合资公司，中方通过国内的市场竞争获得了一部分业务，外方合作伙伴也利用其全球同步开发的机会和研发设计的技术资源以及其国外的各子公司获得了全球定点业务，给予其在中国的合资公司以业务支持，并分别从 R 国和 F 国利用其是国外原配套商的优势获得了部分业务，外方与中方实现了业务和市场的优势互补，实现了技术和制造的优势

互补，促进了合资公司的做强、做优、做大。

1.2.4　为了实现“师夷、平夷、胜夷”的发展战略目标

建立合资公司的目的不仅是为了追求效益的最大化，增加销售收入和营业利润，更重要的是实现“师夷、平夷、胜夷”的发展战略目标。即建设一支拥有先进技术和先进经营管理能力的本地化人才队伍，把本地化制造变为本地化设计制造。

例如，国内有一家中外三方合资公司成立 7 年后，在其中一家中方母公司的集团公司总部主要领导的大力支持下，在这家合资公司中方总经理和经营团队坚持不懈的努力争取下，终于成立了技术中心。这家合资公司的中方总经理在成立技术中心时深有感触地赋诗一首：“起航祈盼启明星，今日扬帆借‘东风’。及时雨到润无声，紫气东来看乃翁。”为什么在国内的中外合资公司建立技术中心很难？究其原因，是合资公司的外方担心一旦中方掌握了研发设计技术，外方在合资公司就会失去优势，从而失去控制权和话语权。

1.3　组建合资公司可行性分析

中方或中资公司如果准备在国外建立合资公司，首先必须做好可行性分析，即运用多种科学手段对即将展开的项目进行技术经济论证。可行性分析通过广泛的调查研究，综合论证项目在技术上是否先进、实用和可靠，在经济上是否合理，在财务上是否盈利，为建设项目进行工程设计、施工、设备购置等提供重要依据，同时也是项目考核评估的重要依据。对中外合资公司来说，不做好前期的可行性分析，会出现严重的后果，导致盲目投资、亏损，甚至出现难以经营的状况。

1.3.1　报告要实事求是

在合资之前准备合资的各方股东，要真实、客观地做出分析和得出是否可行的结论，而不能是“长官意志”或“拍脑袋”。可研报告必须是全面的、实事求是的利与弊的分析，应包括市场分析、盈亏分析、当地政府的政策和信誉分析、安全分析、环境分析等，还应包括将要组建的合资公司的近期、中期和长期的可持续发展分析。可研报告来不得半点虚假，其必须对合资各方的股东

负责，对未来成立的合资公司负责。

这里有一个在 K 国的一家制造和销售农业机械的中外合资公司的成功案例。这家在国外的中外合资公司的中方在合资公司成立之前，采用了边试销边做可行性分析报告的方式，对 K 国的农业机械引进的政策、市场环境，包括市场容量、市场需求、竞争对手及其发展方向、合资伙伴等情况做出了较深、较准、较全面的可行性分析报告。在合资公司成立以后，发展比较迅速，取得了令人满意的经营业绩，合资各方对合资公司比较满意，中国和 K 国政府也比较满意，这家在国外的中外合资公司获得了成功。

1.3.2 报告的撰写人员必须到实地考察后再撰写可研报告

可研报告的撰写人员必须到将要组建合资公司的国家去实地考察和了解掌握第一手资料，只有掌握了当地市场的实际情况、当地政府对合资公司的政策、当地的安全与环境以及未来合作伙伴的真实情况等，才有可能撰写出实事求是的可研分析报告，向各方股东提供真实准确的情况，以便各方股东确定是否有必要组建合资公司。经过全面的、实事求是的可研分析后组建的合资公司，大多数会有良好的发展和收益。

例如，一家在非洲某国家注册的中外合资公司，中方在合资前期做可行性分析报告时，做可行性报告的人员都没有去过这个国家，不了解这个国家的政策、市场和投资环境，导致最后的可行性报告脱离了实际。从而，这家公司从成立初期就留下了很多的隐患，最终连年亏损，难以经营下去，出现“干也不是，撤也不是”的尴尬局面。

1.3.3 报告结论要清楚明了

向各方股东报告的可研分析报告分析建议的目标和结论要清楚明了，以便供各方股东决策。

（1）要为合资公司选好发展方向提出分析建议。例如，提出愿景目标，包括公司文化、价值、产品品质、未来发展等的陈述等。

（2）要为即将组建的合资公司的市场和产品做好选择分析，要建议选好适应所在国家和合资公司所在地市场需要的产品，如系统化、模块化、技术含量高、附加值高的产品等。

（3）要为合资公司的中方或某一方选好合作伙伴提出分析报告。例如，具有全球同步开发能力和全球配套能力的合作伙伴或者是拥有市场资源和本地化制造、管理能力等优势的合作伙伴。

1.4 组建合资公司风险分析

合资公司要处理好投资的时机和前瞻性与投资风险预测预控的关系。要杜绝投资不足、投资不及时和投入滞后的影响以及投资失控的危害，要确保投资质量、金额和及时性，要杜绝投资的随意性和盲目性。

对投资风险控制首先要做好投资的风险分析，对投资风险分析要实事求是。对没有风险和风险可以控制的新项目要及时投入；而对风险很大和潜在的风险很大以及风险因素不确定的新项目不能投入，以避免投入的随意性、盲目性和风险性。

对具有风险但又必须获得的具有战略意义的重大项目，要求合资公司的经营团队要控制好风险，要具有变风险为机遇的控制应变能力，切实把握好对投资的控制，以确保合资公司的投资回报和投资效益的最大化。

1.4.1 安全风险分析

在国外组建合资公司前进行安全风险分析是非常重要的，否则会颗粒无收，甚至连本都会赔进去。故在国外成立合资公司前，一定要对建立合资公司的国家进行安全风险分析和评估，以确定是否在这个国家组建合资公司。

目前世界上有一些国家政局动荡不安、社会治安混乱、投资安全环境恶劣，就不适合在这样的国家组建合资公司。还有些不发达国家贫富不均、两极分化严重及社会矛盾突出等问题也应引起有意在国外组建合资公司或独资公司的中方投资者的关注和重视。

例如，非洲的 K 国贫富不均、两极分化非常严重。有钱的富人在城里有宫廷式院落和宫殿式住房以及主人的雕像等，在乡下有别墅群和庄园，且妻妾成群。在有的允许私人持枪的国家，富人还拥有自己的私人卫队，武器装备先进，人数十几人到几十人不等。笔者曾经工作过的 K 国某中外合资公司的当地一位股东就是这样的一位有钱的富人，其在城里有宫殿式住房和宫廷式院落以及个人雕像，在乡下有很大的庄园和别墅群，且拥有属于自己的装备精良的私人卫队。但由于 K 国严重的两极分化，其社会治安状况恶化，各派政治势力争权夺利，武装冲突时有发生，政局动荡不安，老百姓处于水深火热之中。一些外国在当地的车行、酒店和企业，也包括部分中国投资者的投资企业时常会遭到当地武装分子的持枪抢劫和袭击。在这样的国家投资要审慎、要了解清楚后再确定是否投资。

尤其还有一部分国家允许私人持枪，尽管这些国家对私人持枪有明确的法律法规约束，但持枪抢劫和枪击事件还是屡屡发生。比如，K 国法律规定允许私人持枪，近些年来政局一直动荡不稳，各派势力争权夺利，导致社会秩序和治安混乱，这为当地的一些歹徒和不法分子的抢劫提供了社会环境和条件，此国曾经发生多次持枪抢劫事件。其中有一家中国公司与当地人合资组建的公司，就先后几次遭到当地一些歹徒的持枪抢劫，导致这家中外合资公司经营难以维持。

案例 1—1

允许私人持枪的国家存在着安全隐患和较大风险

笔者曾经在 K 国工作过 3 年，刚到 K 国上任不久就遇到一件新鲜事。一天公司门卫向公司办公室主任通报说：“有人要见公司总经理。”办公室主任对笔者说：“门口有人要见您。”笔者问：“是什么人?”办公室主任问过后，对笔者说：“是一位本地黑人。”笔者顺口说：“我们刚来 K 国，不认识的人就不见了。”办公室主任对笔者说：“这位本地黑人说：为了你们老板的安全，一定要见他。”笔者就让办公室主任请这位黑人到会议室坐下。办公室主任问这位黑人：“有什么事情吗?”这位黑人没有回答，低头从随身带的大公文包中拿出一本影集递给办公室主任，办公室主任看后对笔者说：“这位黑人是卖玩具的。”笔者对办公室主任说：“这么忙，开什么玩笑，请他出去!”这位黑人看到要赶他走，就对办公室主任说：“卖的不是玩具，而是各种真枪!”办公室主任和笔者一听说卖的是真枪，都感到非常吃惊，笔者马上和办公室主任说：“请告诉他，买卖武器都是违法的，请他赶快离开!”这位黑人对办公室主任反复说：“在 K 国私人持枪是合法的，你给你们老板买一支钛钨钢合金的高级手枪防身，请你买一支连发手枪和一支有威力的微型冲锋枪防身及保护你们老板，子弹要买多少都可以。”笔者和办公室主任说：“我们是外国人，我们国家法律不允许私人持枪，请他去找别人卖吧!”这位本地黑人非要做成这笔生意，办公室主任怎么和他说，他都不走。这时，办公室主任急中生智地对他说：“你知道中国功夫吗?”这位黑人说：“知道，中国功夫很厉害!”他还顺手比画了两下。办公室主任对他说：“我们老板会中国功夫，不需要枪，请你走吧!”这位黑人一听，鞠了一躬，乖乖地走了。

笔者建议有抱负、有意向到国外发展的公司或个人，在可行性分析的报告中加上对有意向去发展的所在国家的安全风险分析，经过认真分析后再确定是否在这些国家组建合资公司或独资公司，以免干也不是、不干也不是，走出去后又后悔莫及。

1.4.2 信誉风险分析

我们在国外组建合资公司或独资公司前，不仅要对即将合作的合资伙伴进行信誉风险的调研评估和分析，也要对其国家政府的信誉进行风险的调研评估和分析，这一点是非常重要的、不能忽略的。

案例1—2

不要到信誉差的国家建立公司

有一家在C国组建的中外合资公司，在合资前，咨询所在国的国家投资中心和有关部门，得到的口头答复均是：对合资公司进口的CKD零件给予25%的进口关税的减免优惠。但是合资公司在所在国成立后，合资公司的中外方人员去所在国政府有关部门要求办理进口CKD零件减免关税的优惠手续时，却被告知需要政府总理批准。这家中外合资公司又通过中国驻该国使馆呈报报告给所在国家总理要求批准减免进口CKD零件关税，而所在国家总理却推辞说："世界银行是我们的债权组织，减免关税需要世界银行的批准。"至今17年过去了，中方总经理已经换了几任，而这家在C国的中外合资公司要求的CKD零件减免进口关税的报告仍然没有得到批准，导致这家在C国的中外合资公司一直处于亏损的状态。

正如这家合资公司的中方人员编的一个顺口溜："穿衣一块布（C国民众极其贫困，而且天气炎热）、睡觉一块木（当地多数人非常贫困，可谓家徒四壁）、吃饭靠大树（当地人大多数不会种地，多以吃果类、薯类等为主）、经济靠援助（世界银行和发达国家援助）、说话不算数（政府信誉很差，答应的事项很少兑现或基本不能兑现，确实令人难以置信）。"所以，在合资前应该对即将在国外所在国的合作伙伴，尤其是政府的信誉进行风险分析，分析之后再确定是否组建合资公司或独资公司。

笔者建议有意向到国外发展的中国公司或个人，在合资公司组建前，一定要先获得所在国家政府承诺的优惠政策，一定要先拿到政府批准的正式文件，否则会是“肉包子打狗——有去无回”，到时候真是“叫天天不应，叫地地不灵”。

1.4.3 市场风险分析

在国外建立独资或合资公司一定要对市场进行风险分析，只有全面、认真、准确而透彻的市场风险分析，才能为投资或组建合资公司奠定一个好的基础，才能做到“知己知彼，百战不殆”。

案例 1—3

实事求是的可行性分析报告是国外合资建厂的重要依据

有一家在国外的中外合资汽车公司，是在国家援外制度改革出台之际，在“政府搭台、企业唱戏”的大背景下建立的，其政治因素主导了中方在C国组建中外合资公司的信心和方向。由于本国和所在国政府的敦促，中方在合资前对所在国家的市场可行性分析不足，做可行性分析的人员基本没有到过即将合资组建公司的所在国家进行考察（而曾经去所在国家考察过的人员，又大多不参加做可研分析报告），所以，不够了解合资公司所在国家的市场情况，而是凭借所在国家有关部门和有关方面提供的资料和设想及想当然做的可行性分析报告。因此脱离实际，导致合资公司组建后，中方人员到国外所在国家的合资公司上任后，才发现所在国家的市场与在国内做的可研分析报告有很大的出入和不同，只好重新进行可行性报告中的市场部分调研分析。经过三个多月的调查了解，中方人员了解到合资公司所在国家虽然没有汽车制造业，但是所在国家的各类卡车年需求量仅有几千辆；而且欧洲和亚洲的一些国家早已在这个国家设有卡车销售和服务网点，竞争激烈；同时所在国家每年从发达国家进口的二手卡车也有数千辆，因此，所在国家存在“有价无市”的现状。

当时中方派驻的团队调研后，及时向国内的总部汇报所在国家的市场实际情况。但是得到的答复是：不是研究干不干的问题，而是要研究怎么干的问题。合资公司只好匆匆组建，“生米做成熟饭”。无论是赔钱还是赚钱，都得经营和合作下去，所在国家的市场是不能支撑这家中外合资公司投资建设的卡车装配线的产量的，实际上也是不可能赚钱的，亏损是自然的，其教训也是深刻的，我们应该引以为戒。

在合资公司执行法律法规是必需的、不折不扣的。其中合同的规范化管理就是一项非常重要的管理。因此，合资公司签署任何一个合同都必须符合合资公司的管理规定和所在国家的法律法规，而且任何一个合同在签署之前，必须首先有合资公司律师的认同意见方可签署；否则，任何合同和具有法律效应的协议等都不能签署。这样做的结果可以确保合资公司避免法律风险，以免给合资公司造成不可挽回的损失。

此外，在国外的中外合资公司有时还会遇到诈骗事件，需要高度警惕和防范。

案例 1—4

利用银行规避风险

K 国的一家中外合资的汽车公司的经营团队遇到这样一件事。有一天，有两名自称是K 国“商人”的人找到这家中外合资公司销售部门，要买一批卡车，支付方式是：一箱“刷黑”的美元，声称这是 M 国支持K 国民主运动的费用的一部分。这两名自称为“商人”的人当场用自带的药水把从箱子中抽出的一张美元洗干净，并顺利通过了这家中外合资公司的验钞机。这家中外合资公司的销售人员从来没有遇到过这样的事情，就向总经理（中方）汇报，这家合资公司的总经理（中方）的警惕性很高。当即要求这两名“商人”回去把应支付的所有美元洗干净晾干后，自行交到这家中外合资公司指定的银行用验钞机验收，待这家中外合资公司准确无误从开户银行收到购车款后，公司就会与这两名K 国的“商人”签订正式销售汽车合同，并通知他们提车。

这两名“商人”见诈骗不成，就说：“回去洗干净钱交到银行后再来签合同和提车。”然后灰溜溜地走了。这家国外的中外合资的汽车公司总经理（中方）提出的“通过银行交易的方式”，有效地规避了这次经营风险。

1.4.4 自然环境风险分析

我们在国外组建合资公司或独资公司也要对在所在国家的生活和生存环境进行风险分析和评估。例如，天气炎热的国家和天气寒冷的国家以及四季分明的国家的区别；又如，疾病和传染病多、医疗条件差、文明程度低、环境差的国家和医疗条件好、疾病少、文明程度高、环境好的国家的区别等。不同国家的不同环境，也会对合资公司的发展和中方人员的稳定产生重大的影响。

例如，有一家在C国组建的中外合资公司，由于C国在赤道附近，天气非常炎热和潮湿，一年四季是夏天。疟疾等疾病较为严重，导致中方人员先后有几人得疟疾住院治疗。如果是普通疟疾一周可以治愈；如果是恶性疟疾，就会难以治疗，九死一生，令人望而生畏，谈疟色变。C国还有一种特殊的苍蝇，人如果皮肤暴露在外，一旦被叮咬，在被叮咬处的皮肉里就会生蛆，既让人恶心又非常难受，必须动手术才能根除。同时由于C国天气非常炎热，导致有的中方人员水土不服，承受不了炎热气候环境的灼烤，而被迫选择了离开。恶劣的环境对中方人员的工作和稳定都产生了较为严重的负面影响。

因此，选择合资伙伴所在国家的环境是很重要的，国外的中外合资公司所在国家的环境优劣直接关系和影响到中方人员的工作和稳定，必须引起中方投资公司或投资人的关注与重视，否则会事倍功半、得不偿失。

1.4.5 财务风险分析

国外的中外合资公司与国内的合资公司都有一个共同的目标，即追求企业效益的最大化。要实现企业效益的最大化，就必须对财务风险进行充分的分析，以规避财务风险。只有避免财务风险才能规避合资公司的风险。

国外的中外合资公司财务风险分析包括：所在国家对合资公司有没有优惠政策？如果有优惠政策，这些优惠政策有哪些？这些优惠政策能否兑现？本合资公司在所在国家设计制造的产品是否适应当地的市场需求？是否具有质量和成本的竞争力？本合资公司项目是否具有持续的、较强的盈利能力？只有分析准确、透彻和全面，才能确保国外的中外合资公司的投资得到良好的回报，才能实现国外中外合资公司的可持续发展。

例如，华东某汽车零部件企业准备在国外投资组建公司时，在对投资项目进行充分的财务分析和可行性分析报告后，决定在经济发达的M国组建公司，由于在投资前所作的财务分析和可行性分析报告的透彻、正确、可行，使这家国内的汽车零部件企业走出国门获得成功。笔者2002年到这家企业在M国的公司访问时，感受到这家企业开拓国际市场的前瞻性，并实现了让M国的人为中国人打工，确实让中国人感到振奋和自豪。

因此，在国外组建合资公司或独资公司前，进行公司项目财务分析是可行性分析报告的重要组成部分，也是必不可少的，要杜绝分析不细、不深、不透和草草了事以及应付交差的现象。

1.5　合资和合作的方式

1.5.1　合资的方式

1.5.1.1　政府提供贴息贷款组建合资公司

这种用政府提供贴息贷款组建合资公司的方式是，政府提供贴息贷款在国外组建合资公司。政治与经济结合，政治主导经济或政治大于经济。

例如，有一个在C国的中外合资生产汽车项目，由中国政府向在C国的中外合资公司提供贴息贷款，以支持中方公司走出国门到国外组建合资公司。这是国家援外制度改革后的一个享有政府优惠贷款和国家重点关注的项目。政治效应在当时得到较好的发挥，而经济效应则不够理想。

案例1—5

与其他国家公司的贸易与合作不能忽视国家利益至上

在C国的一家中外合资公司的中方总经理正在与L国的购车人员洽谈一批卡车销售事宜。这时候，中国驻C国的大使打电话给这位中方总经理，要这家中外合资公司的中方总经理马上到中国大使馆来一趟。中方总经理和大使讲："正在洽谈一笔大的汽车销售买卖，谈完即赶过来。"大使说："就是为这笔买卖的事项，请你必须马上过来汇报。"这位中方总经理匆匆忙忙赶到中国大使馆。一见到大使，大使就问中方总经理："国家和你们合资公司哪个重要？"中方总经理回答："国家重要。"大使说："那就好，你们与L国的生意不能做。"这位中方总经理问大使说："为什么？"大使回答："因为L国买车的人是L国反政府的武装分子，而L国现政府是与中国政府有外交关系的L国国家政权掌控者。因此，你们合资公司不准卖车给L国的反政府武装分子。"根据中国政府的有关规定，不允许中方和中方的合资公司与中国政府没有正式外交关系的国家的反政府武装组织进行贸易（指能够用于战争的物资，包括汽车等）。这位在C国的中外合资公司的中方总经理以国家利益为重，马上取消了这一笔即将到手的大订单。这位中方总经理按照大使的要求做是对的。在国外的中外合资公司的中方团队，不仅要考虑本合资公司的经济利益，更需要考虑中国的国家利益，而且要以中国的国家利益为先，以中国的国家利益为重。

1.5.1.2 中外合资（两家或多家）

中外合资是目前在中国国内较为普遍的一种合资方式，以引进先进的技术、先进的管理和追求效益的最大化为目的。

国内有一家中外合资的汽车零部件企业成立于1994年，到2011年年销售收入达到400多亿元人民币，已经建设成为拥有世界水平的技术中心和拥有世界一流的制造技术的中外合资公司，并成为国内企业与国外企业合资合作的航空母舰和同行业的典范。其成功的经验主要取决于中方母公司的集团公司的三个支持。

（1）发展战略和政策的坚定支持。这家合资公司的母公司的集团公司对其旗下的零部件分、子公司（包括其旗下的合资公司）和整车公司（包括整车合资公司）坚持同样的发展政策，一视同仁，坚持了“一个扁担两只筐，一起挑、一起抓”的政策。即在抓好整车合资公司建设和发展的同时，也抓好了本集团内部零部件企业（包括其旗下的合资公司）的建设和发展，做到了整车和零部件两手抓，两手都过硬。

（2）市场的坚定有力支持。明确本集团内的整车合资公司的零部件业务定点，必须选择本集团内部的零部件企业（包括其旗下的合资公司）；并由集团公司主要领导出面做工作，说服其旗下整车合资公司的外方总经理和外方派驻管理者，取得他们的理解和支持。

（3）投入和发展资金的坚定支持。这家合资公司的母公司的集团公司对其旗下的零部件分、子公司（包括其旗下的合资公司）在技术创新、技术引进、分/子公司建设发展和新项目开拓等方面的资金需求给予了大力的支持和扶持。

在这家合资公司，除了中方母公司的集团公司的坚定大力支持外，这家合资公司的外方也带来了先进的研发设计技术和管理模式以及在全球同步开发过程中引进中国的新项目、新业务。

以上这些做法已经把这家合资公司打造成为国内同行业第一的“航空母舰”，并且为这家合资公司成为国际化的跨国公司奠定了非常坚实的基础。这家合资公司的成功经验值得国内的集团公司、集团公司旗下的各零部件板块和各个分子公司、中外合资公司学习和借鉴。

另外，国内一家汽车集团的一位主要领导说得非常好："集团公司派驻到整车合资公司工作的派驻员一定要有全局意识，在做好本合资公司（指整车合资公司）工作的同时，还有支持集团内部的零部件企业发展的任务。你（指派驻到整车合资公司工作的派驻人员）有N个不给内部零部件分、子公司业务的理由，但只要有一个理由可以给内部零部件分、子公司业务的，就要千方百计、克服困难、不讲客观地去实现这一个理由。"而且他要求总部干部管理部门把这项要求作为考核指标纳入到整车合资公司的派驻人员的业绩的考核内容里。这体现了集团公司对旗下零部件企业的支持。

当然，集团内部的零部件企业在获得集团总部支持的同时，一定要在设计研发，产品成本、质量、交付，经营管理，精益生产等方面具有竞争能力，与集团内部的整车合资公司相互支持、同步发展，不辜负集团总部的大力支持和殷切期望。

1.5.1.3 中中合资

这种合资的目的在于优势互补、利益互补、合资共赢。

例如，国内有两家做汽车外饰件的企业，一家有一条外饰油漆线，但缺少外饰件注塑设备和能力；而另一家没有外饰油漆线，但是拥有大中型外饰件本体的注塑设备和能力。这样的两家公司组成中中合资公司，实现了优势互补、利益互补、合资共赢。

又如，沿海一家内资企业与中部的一家内资企业组建的合资公司，沿海的这家内资企业拥有技术，需要市场；中部这家内资企业有市场，需要技术。因此，这两家企业一拍即合，双方都需要与对方合作，以形成优势互补、合资共赢。

1.5.2 合作的方式

合作的方式有技术支持、技术转让、支付权益金和委托制造（二级配套）等。

1.5.2.1 技术转让方式的合作

国内有一家中外合资公司为争取客户的新项目（这个新项目采用的技术是国外一家公司拥有的专有技术），主动与国外为客户提供同一产品的公司进行技术支持合作，付给国外这家提供技术支持的公司以技术转让费和技术支持费。技术转让费用一般情况是合作双方达成共识后，一次性支付。而技术支持费用的通常做法和支付方式是每一名支持人员工作一小时的报酬在100～200美元（一般工程技术人员工作一小时的报酬约为100美元，设计人员和专家工作一小时的报酬约为 200 美元)。这种技术转让方式的合作，使合作的双方公司受益，实现双赢。

1.5.2.2 权益金方式的合作

国外的一些有实力的公司在与客户进行同步设计开发中，获得全球化布点项目后，为了减少对外投资，通常与布点项目的有关国家的本地公司以收取权益金的方式进行技术合作，以减少在外建厂和投资风险，并获得利益。

例如，有一家国外汽车零部件公司是国外一家汽车公司的全球供应商，国外的这家汽车公司在中国组建的合资公司需要这家全球的汽车零部件公司供应零件，而这家在国外的全球汽车零部件公司向这家汽车公司在中国的合资公司供应零部件运输距离太远，在中国建厂投入又太大。因此，这家国外的全球汽车零部件公司急需在中国找一家有制造能力的、在中国的中外合资或独资的零部件供应商，向这家汽车公司在中国的汽车合资公司供应汽车零部件。

正好中国有一家中外合资公司有能力并且愿意作为供应商，向这家汽车公司在中国的合资公司供应汽车零部件。因此，这家国外的全球汽车零部件公司顺利地与中国的这家中外合资的零部件公司签订了以中国的这家中外合资的零部件公司向这家国外的全球汽车零部件公司支付权益金的方式的合作协定。同样使合作的双方公司受益，实现双赢。

权益金支付的通常做法和方式是收取合作产品销售收入的 2%～3%，但也有例外的情况，这需要合作双方根据合作产品销售和盈利等具体情况协商达成共识后确定。不过无论怎样的情况，实现双赢是合作双方的基本原则，只是双方各盈利多少需要协商后签订协议或合同来确定。

第 2 章　中外合资公司伙伴关系的构建

1996 年，笔者时任国外某中外合资公司（共三方股东，其中中方有两方股东，外方一方股东）的首任总经理。有一次，中方另一方股东的总经理来访，笔者作为合资公司的总经理向其（一位国家副部长级领导）汇报工作时，提出希望其母公司不要把派到合资公司担任副总经理的 G 副总经理当作其国外的办事处主任，做其母公司安排的与合资公司无关的业务和损害合资公司利益的业务。例如，其销售客车违反合资合同的规定，损害合资公司本身的以汽车为主营业务的利益；销售牙签机等与合资公司业务毫不相干的业务。来访的这位总经理却居高临下、谆谆教导笔者说："你说的都对，也很有道理。但请你记住一句名言：只有永久的利益，没有永久的朋友。"笔者听了之后颇感意外，就对其说："听君一席话，胜读十年书，您的话我不能恭维。"接着又对他说："我们不但要永久的利益，更要永久的朋友。"

这位总经理的一番话，也是笔者成就此书的原因和动力之一。在此，笔者特别感谢这位领导给予的启示和指点。

中外合资公司中我们既需要永久的利益，也需要永久的朋友。这两者是相辅相成的，永久的利益的获得需要永久的朋友，有了永久的朋友，也会得到永久的利益。永久的朋友广义是指有共同理想和共同利益的某些人和多个人或关联单位，朋友是永久的需要。真正朋友之间的友谊和利益是永久共享的。永久的利益是不损害合资股东各方利益和合作伙伴利益的利益，是合资各方的共同的永久利益。朋友是永久的，利益是永久的，永久的朋友和永久的利益才是永恒的，缺一不可。合资公司最忌讳单边行动和单边利益，公司的建设、发展等所有的行为都应建立在共同的利益之上，这样合资公司才能有永久的利益，中外方总经理和经营团队的管理者才能成为永久的朋友。

2.1 构建合资合作关系的关键点

在合资公司的中外方总经理和中外方管理者，能否正确处理好中外合作伙伴关系，对能否实现1+1=3是至关重要的，否则会出现1+1=0或1+1=0.5的情况。因此，中外合资公司中的中外方总经理和中外方管理者首先要处理好朋友与利益的关系。

中外合资公司的双方或各方利益的共赢是合资公司的关键，也是合资公司各方成为永久朋友的基础。在中外合资公司要避免单边行动和单边利益。

例如，有的合资公司的中外方总经理受其母公司的影响或压力，有时会出现维护单方利益的现象，因而损害了另一方或其他方合作伙伴的利益。这是合资公司的一大忌，也是瓦解合资公司的腐蚀剂，必须杜绝。这非常需要母公司对合资公司共同利益的理解和支持，需要母公司对其派出的总经理和经营团队的理解和支持，这一点是至关重要的。

2.1.1 母公司和股东的利益问题

现代合资公司同样也存在政治，但是合资公司的政治与政府的政治不同。顾名思义，合资公司是经济合作组织，其主要的目的是追求经济利益的最大化；而政府是政治组织，是政权的代表，代表着国家管理和控制各地的政权，追求政治利益的最大化。

合资公司的政治是为利益服务的，利益最大化就是企业政治的最大化。各方股东通过派驻到合资公司的中外方总经理或管理人员，在合资公司发挥作用，即影响、管理和控制公司，通过影响、管理和控制合资公司而获得利益的最大化。中方或外方要使母公司的利益最大化，就必须首先实现合资公司的利益最大化，这样才能确保母公司的利益最大化。如果没有合资公司的利益最大化，也就没有母公司的利益最大化。

如何才能使合资公司利益最大化呢？合资公司的中外方总经理和经营管理团队必须把中国的市场优势与国外发达国家的先进技术优势结合起来，形成优势互补。同时，逐步形成本地化的设计开发能力。这样才能使合资公司不断发展，实现做优、做强、做大的目标，实现合资公司和各方母公司的利益最大化。

2.1.1.1　利益冲突时的处理原则之一：对合资公司负责，就是对母公司负责

在中外合资公司工作的中外方总经理都会遇到合资公司利益与母公司利益的冲突及矛盾，中外方总经理在面对涉及自己一方母公司利益时，能否把握“合资公司利益至上和对合资公司负责”的原则，这是考验中外方总经理的关键时刻。有的中外合资公司的中外方总经理往往会顾及母公司的压力，而出现倾向母公司的行为，导致单边利益和单边行动的出现，影响了合资公司的利益，也影响了中外方总经理的团结与合作。

在这一点上，笔者深有体会，特别希望中外方的母公司都能够给予派驻中外合资公司的中外方总经理和管理者充分的理解和支持。希望所有的中外合资公司的母公司高层，都能够旗帜鲜明地要求派驻到合资公司的中外方总经理和管理者“要对合资公司负责”，明确“对合资公司负责，就是对母公司负责”的合作基本原则。

例如，有一家国内的中外合资公司，其外方在 G 国装配模块化产品，需要购买国内的这家中外合资公司的产品时，外方总经理在没有征得中方总经理同意的情况下擅自降价 5%，外方总经理的单边利益的做法，损害了这家国内中外合资公司的利益，被中方总经理发现后及时制止。在合资公司往往会遇到涉及母公司利益的事情，而如何处理好这样的问题，对合资公司中外方总经理和经营管理团队的每一位管理者来说都是一个严峻的考验，对谁负责的问题则是一道分水岭，是对合资公司负责还是对母公司负责，这是合资公司的所有人员必须面对的问题，同时也是必须明确的一个原则，即“对合资公司负责就是对母公司负责”。这一原则是所有在合资公司工作的中外方管理人员都必须遵守的工作准则和基本原则。单边利益和单边行动是合资公司中外方派驻人员的一大忌，必须避免这样的事情发生。

案例 2—1

中外合资公司要避免单边利益和单边行动

华中有一家中外合资公司遇到这样一件事情，这家合资公司的外方母公司给予这家中外合资公司的新项目以设计开发和技术支持时，合资公司支付外方母公司两笔费用：一次性技术开发费用和人员支持费用。

但是当这家中外合资公司的外方母公司旗下的 A 国子公司需要国内这家中外合资公司给予技术开发支持时（有一个项目在中国开发和上市在前，而这个同一项目在 A 国开发和上市在后），其外方母公司旗下

的A国子公司却拒绝支付一次性技术开发费用和人员支持费用。

同时，外方母公司的A国子公司通过其外方母公司给国内这家中外合资公司施加压力，要求在这家国内中外合资公司工作的外方派驻人员给其旗下的A国子公司发放设计数据和提供样件。这家合资公司的外方派驻总经理在没有征得中方总经理同意的情况下，在中方总经理出差不在公司时，命令外方调派的技术中心主任向其外方母公司旗下的A国子公司发放了设计数据。

中方总经理知道此事后，对外方总经理的维护其母公司利益的单边利益行为进行了批评，并通知合资公司有关部门停止向其外方母公司旗下的A国子公司提供样件。

外方总经理又通过其外方母公司在合资公司董事会的副董事长给董事长（中方）和中方总经理施加压力。但是，中方的董事长和总经理据理力争说服外方副董事长和外方总经理，按照对等的原则和惯例，让外方母公司旗下的A国子公司同意支付技术开发费用和人员支持费用。

又如，有一家国内的中外合资公司准备为客户提供模块化产品的设计、制造及集成配送，但是中方母公司担心合资公司的设计方（外方）通过产品模块化设计控制这个模块化产品中的零件的布点。实际上这样的问题是不存在的，因为在中国国内客户对零部件的布点，是由客户比质比价后选择和确定的。而不是由这家中外合资公司提供模块化产品设计后，由这家中外合资公司进行布点的。所以，不存在影响中方母公司旗下的子公司向客户提供其他一级零件的机会。

其实这家中外合资公司的中方母公司的担心是多余的，所有进入模块化的一级零部件定点都是由客户比质比价选择和确定的。本案例中中方母公司则要求派驻到合资公司的中方总经理停止向客户提供模块化的设计方案，而中方总经理只好按照母公司的指示，停止了向客户提供模块化的方案。但事实是合资公司向客户提供模块化产品对合资公司是有利的，也是合资公司的发展方向。由于中方母公司的干预，导致这家中外合资公司失去了模块化供货的机会。这同样也是单边行动，也应避免出现这样的情况。

因此，“对合资公司负责就是对母公司负责”，不仅是在合资公司工作的中外方派驻人员的工作原则，也应成为合资公司中外方母公司的领导支持合资公司工作和支持派驻人员工作的一个原则。这样，合资公司才能更好地建设和发展，实现做强、做优、做大的发展目标。

2.1.1.2 利益冲突时的处理原则之二：维护合资公司的利益，就是维护股东母公司的利益

合资公司的中外方经营管理团队中的所有管理者都必须对合资公司负责，对合资公司负责就是对母公司和股东方负责。在股东之间的利益发生冲突时，无论来自哪一方的管理者或派驻员，都必须坚持“维护合资公司的利益，就是维护股东母公司的利益”的合资公司基本原则。要把维护合资公司的利益和确保母公司的利益相得益彰地结合起来，建立在公平、公正和公开的基础之上。

例如，有一家国内的中外合资公司，其外方因母公司战略调整，需要处理其在这家中外合资公司的N%股份。外方总经理有意压合资公司中方总经理和经营管理团队，把下一年度的预算和五年业务计划的销售收入和利润人为调高，以期外方转让的股份卖个好价钱。其维护股东单方利益的行为遭到了中方总经理和经营管理团队的一致抵制，最后以失败收场。

合资公司的各方股东应切忌单边行动，在合资公司中任何一方股东为了己方的利益，所采取的任何单边行动都是错误的，也是其他股东方和经营管理团队所不能接受的。例如，国内有一家中外合资公司的股东之一，单方面将合资公司的资金截流，控制在自己一方，这种做法是不符合合资公司的运作规定的。合资公司的任何一方股东，无论其股份多少或者是否控股，不经董事会批准，单方控制或操纵合资公司的经营和管理都是不允许的，也是不能被接受的。股东各方在合资合同中有明确的条款约定的除外。

2.1.1.3 利益冲突时的处理原则之三：正确处理小战略与大战略的利益关系

中外合资公司有时会遇到公司的发展战略与股东方的大战略存在利益关系的矛盾，如何正确处理小战略与大战略的矛盾，是我们必须面对和解决的问题。

例如，国内一家中外合资公司与R国的K公司有多年的产品技术转让合作关系，然而，这家中外合资公司的股东之一的Y公司在参加R国某产品全球招标时，与K公司形成竞争关系。为此，Y公司对这家中外合资公司与K公司准备组建合资公司持不赞成的消极态度，这家中外合资公司对Y公司的态度表示理解。但是，这家中外合资公司对与K公司组建合资公司的情况分析后，认为其实小战略和大战略的目的是一致的，都是为了获得利益。而小战略在国内与K公司是合作伙伴，并不影响Y公司与K公司在全球招标中的竞争，Y公司在全球招标时无论是否中标，均不会影响这家中外合资公司与K公司的合作。因为，K公司和Y公司无论谁中标，在国内的业务都会是由这家中外合资公司来做。因此，只要把工作做细、做到位，正确处理好小战略与大战略的利益关系，就会使小战略促进大战略，做到小战略和大战略都得到发展。

2.1.2 合资公司的话语权问题

合资公司的话语权和影响力与合资公司各方的股比、市场的贡献度、技术支持力度、管理方式运用情况、经营方策的影响力等相关，与各股东方对合资公司的支持力度和派驻人员的能力、影响力也是息息相关的。此外，派驻的中外方总经理的个人能力和影响力及母公司的支持力度也是至关重要的。“在合资公司的话语权的大小要靠母公司的实力和派驻的总经理或常务副总经理的实力说话”是经过实践检验的。

实力等于话语权，在50∶50股比的合资公司的话语权理论上应该是对等的，但在实际运作中却是不对等或不完全对等的。双方股东对合资公司的技术、市场和中外方总经理对管理的控制能力高低都可以影响实际话语权的强弱。

因此，中方在合资公司要有话语权或大于股比的话语权，就必须在设计研发和市场以及管理方面下工夫，只有在以上三个方面体现出强势，这样中方的话语权才能充分体现出来，才能达到中方的目的。否则，光靠和外方“打嘴巴官司”是争取不到应有的话语权或大于股比的话语权的。

在合资公司，话语权主要从两个方面来看。首先，合资公司内部话语权要靠实力说话。合资的双方或各方在合资公司内部的话语权与其实力息息相关，双方（或各方）犹如太极的“阴阳平衡”，一旦一方实力过于强势，而另一方手中无牌或牌软，就势必会失去平衡。

例如，国内一家中外合资公司，中外双方的股份比例是50∶50，合资以后的前8年，外方表现出的是技术和管理优势，中方表现出的是市场和制造优势。但是经过合资后18年来的发展，中方在技术、市场和管理等方面的发展已经形成了主导优势，从而也掌握了合资公司的控制权。从合资公司现在的实际情况来看：中方离开外方照样有能力开发和做好新项目，而外方离开中方则很难获得新项目和开发新项目。由于中方的18年“卧薪尝胆”和励精图治，终于实现了“师夷、平夷、胜夷”的发展战略目标。

目前这家中外合资公司正踌躇满志参加全球竞标，并向世界级一流供应商行列进军，向全球化同步设计开发、同步配送进军，向成为世界级跨国公司进军和努力奋斗！

其次，合资公司的外部话语权也是同样要靠实力说话的，这一实力表现在技术、市场、管理和资本运作等方面的杰出能力和管理控制能力。

这样，中国企业和国内的中外合资企业，不但会在国内有话语权，在世界上也同样有话语权，只有超过国外企业，才能真正立于世界强大企业之林。

2.1.3　制约机制的设定

相互制约不是为了降低效率，而是为了促进合作的规范化和程序化，是为了通过制度约束人的行为，相互制衡。中外合资公司的制约机制有利于维护合资公司的利益，有利于合资公司的廉政建设。合资公司的适度制衡是为了更好地合作，合作需要适度的制衡；制衡是方法，合作是目的；制衡必须为合作服务。合作需要适当的制衡，没有适度制衡的合作，会偏离合作目标，但不当的制衡会窒息合作。合作的制衡体现在优势互补的（制衡）作用上，而不是为了制衡而制衡。合资公司要做到“在动中求平衡，在静中求制衡”；同时，还要做到“做事先做人，谋事不谋人”。

案例2—2

合资公司的制约机制约束人的行为，促进公司的健康和谐发展

国内有一家中外合资公司，从公司成立之初就建立了严格的相互制约的机制，实行中外方总经理双签和各部长会签制，这样就不会出现任何一个人说了算的情况和现象。

第一，在招聘员工方面：必须要有预算，即符合预算的要求；必须有岗位需求，应聘者符合岗位要求；必须竞聘上岗，同一岗位的应聘者，需要3人以上，择优录取。

第二，在物资采购定点方面，必须按公司采购通则进行QSTP（质量、服务、技术、价格）竞标。即项目组的采购工程师、质量工程师、产品工程师、财务价格分析师和公司相关部门部长以及公司中外方总经理在《采购项目审定书》上共同签字方有效，缺上述一人签字视为无效。在物资采购和工程项目招投标等方面，建立了一整套规范的运作管理程序和流程，部门与部门之间、部门与项目组之间相互制约。

第三，在财务管理上，通过加强预算、计划和拨款申请的逐级审核及批准程序的管控，即在实施过程中的层层监督与审核，达到财务工作事前、事中、事后全过程的管理和控制。这体现了合资公司规范、科学、廉政的有效性，确保了合资公司经营管理健康、有序的发展。

2.1.4　薪酬标准问题

在外方和中方雇员的同等条件下，有的外方总经理会认为外方雇员的工资和待遇要高于中方雇员5～10倍（合资合同中有规定的应该除外），同工不同酬的问题较为突出。一方面是外方雇员有自我优越感，另一方面也是因为中方少数人员认为"外来的和尚会念经"，这样其实不利于合资公司的建设和发展。

合资公司的中外方总经理和经营团队的所有成员都能以合资公司的利益为重，对合资公司负责。除了合资合同规定的调派人员的薪酬外，合资公司自行招聘的同类、同职、同级别、同样能力的人员的薪酬不应内外有别，如果存在差别，应调整或逐步调整到合资公司自行招聘的中外方人员同等薪资待遇水平。即无论是中国人还是外国人均应实行真正的同工同酬，不应以任何理由造成中国人与外国人的待遇有别。个别中外合资公司的外方总经理认为"中国人不能与外国人同工同酬"的观念是错误的，也是不能接受的。

2.1.5 信任问题

在合资公司工作的中外方管理人员，尤其是中外方总经理由于所在国家的文化不同，所受的教育不同，其思想观念也不同，解决问题的能力也存在很大差异。合资公司的建设、发展的大事情和涉及合资公司的人、财、物等重要事项，对各方派驻到合资公司的中外方管理者都应该是透明的，特别是对中外方总经理来讲必须是透明的，任何一方都不应该藏藏掖掖，以建立互信互助、携手并进的中外合资公司的经营管理机制。

中外合资公司的中外方总经理会比较理解和信任自己一方派驻的经营团队或管理者，而对对方派驻人员缺乏理解和信任，如果不及时沟通或沟通不畅，就会造成合资公司中外方理解和信任问题，严重时会影响合资公司的正常工作和和谐发展。因此，要解决理解和信任问题，就必须加强沟通、交流和友谊，这是增强合资公司中外双方互信的基础和必由之路。

有的外方管理者"怀疑一切，否定一切，对一切说'不'"的思维方式会给中方与外方沟通带来极大的困难，给合资公司的各项工作开展带来极大的负面效应，严重影响合资公司的建设和发展，在合资公司造成很坏的影响。如果遇到这样的情况，可以采用以下方式来处理。

（1）"拉"。中外方总经理和经营团队要加强沟通和交流，中方要让外方"入乡随俗"，适应中方团队，适应中国环境。同时，中方团队也要适应外方，了解和掌握外方的习惯和工作与思维方式，通过交流与沟通来改变双方，使双方能够相互适应、相互信任，形成"1＋1＝2"或"1＋1＝3"的合力。

（2）"压"。即双方都应该以公正的态度、遵守国家的法律法规对对方形成正面的压力，使对方能够清醒地认识到：如果不改变思维方式和否定一切的做法，就不能适应合资公司的工作环境而被淘汰。

（3）“促”。中外方总经理和经营团队要实事求是地将情况向董事会正副董事长汇报，请正副董事长做好监管和协调工作，促使双方能够理解对方，从而转变观念和工作方式。

（4）“赶”。如果出现一方总经理或管理者固执地不能改变“否定一切”的做法，甚至自己也不作为的话，另一方总经理和管理团队应先向自己所在方股东汇报，得到认可后，再向董事会提出更换另一方总经理或管理者的弹劾提案和报告。

2.2　合作伙伴的选择

国内和国外的中外合资公司选择合资合作伙伴，一般情况下有以合资的中方公司为主导和以合资的外方公司为主导两种，但是也有合资双方或各方所在国家政府为主导的合资项目。

无论是中方还是外方选择合资合作伙伴，都是为了优势互补，实现双赢。而政府主导的项目是经济和政治兼而有之的，有时也会考虑另一方的利益。所以，合资合作伙伴的资信、实力和影响力以及处理关系的能力等是选择合作伙伴的重要因素，应该主要考虑按照投资回报和发展的战略去选择合资合作伙伴，不应受其他因素的干扰和制约；当地政府的政策和投资环境等的支持也是非常重要的。

合资之前首先要明确需要什么样的合作伙伴，如果准备建立中外或中中合资公司，就要选择能够带来先进技术、先进管理和市场资源的合作伙伴；要选择具有良好的信誉和一定影响力，而且盈利能力强、发展前景好，并具有发展潜力的国内外公司。

如果是具有一定实力的国内企业，最好选择一家在国内或国外具有更高知名度和更强实力的企业进行合资合作，以便借力，跑得更快、跑得更远、跨得更高。具体选择，建议如下：

（1）选择信誉度优，且无不良记录的外资公司或中资公司。

（2）选择互补性强的外资公司或中资公司。

（3）选择拥有先进技术和先进管理能力的外资公司或中资公司。

2.3 合作谈判

2.3.1 谈判要点

2.3.1.1 首先要明确合资的目的

双方或各方围绕合资的目的洽谈合资合作，首先要明确组建合资公司的优势互补性及其可行性，以实现合资各方的“共同的目标、共同的利益和共同的战略”等。

2.3.1.2 合资合作应以共同的利益为先

合资合作要以共同诚信为先、共同利益为先、共同行动为先、共同甘苦为先、共同荣辱为先，彼此缺一不可。单边利益和单边行动是合资合作谈判和合资公司建设与发展的一大忌。

2.3.1.3 合资合作要做到公平和科学

合资项目前期的可行性分析的准确性、求实性、科学性和实事求是是非常重要的。既不能好大喜功，也不能谨小慎微。合资各方对合资项目的可行性分析、对合作伙伴的了解和对合资项目的信心，都是非常重要的。

对组建合资公司的议题，各方股东都可以提出建议或决议草案，而不能也不允许只有一方提出，而另一方不能提出的现象出现。即使是股比多少的不同（不论控股还是参股），都要允许一方提出，然后根据签署的合资合同和章程规定的表决权进行表决，并做出决议。能否成功就在于合资合作谈判的各方是否都有诚意和信心，是否能够实现双赢或共赢。

2.3.2 谈判技巧

2.3.2.1 选好人员，知人善任

选好谈判人员是非常关键和至关重要的，选派有经验、业务能力强、沟通能力强、引领能力强和忠诚于企业的人员担任首席谈判代表或主要谈判代表，这样将会在谈判中掌握主动，会使合资谈判取得事半功倍的效果。

例如，国内某汽车集团公司与外方进行合资谈判时，其选派的首席谈判代表和团队的组成就非常成功。谈判无论是在中方员工进入合资公司的范围，还是在合资后的待遇、资产范围、评估方式方法、价值以及市场定位、产品引

进、国产化等各方面都取得了成功。尤其是在中外合资公司开创了党组织实行“两公开、两纳人”的先进经验，受到中央的好评并在全国推广。2006 年 1 月出台的中国新《公司法》中关于对合资公司的党组织“两公开、两纳入”的有关条款，就是采用了这家汽车集团公司创造的经验。

2.3.2.2　准备充分，数据说话

合资谈判资料准备充分，用数据、实例说话，论点论据具有很强的说服力，能够让谈判对方信服和臣服。资料充分一分，主动就会增加一分。

谈判资料应涉及市场、技术、产品和产品发展，涵盖人、机、料、法、环等各个方面。其中，市场、技术、产品和人员是主要的谈判内容。

2.3.2.3　驾驭局势，掌握主动

首席谈判代表或主谈代表必须谈判目的明确、思路清晰、谈判准备充分，在谈判中才能够驾驭局势，控制谈判场面和进程。在谈判结束时，必须做好谈判的会议纪要。例如，国内的一家 D 公司与国外的一家 R 公司进行合资前的谈判，谈判会议刚一结束，中方 D 公司的首席谈判代表就已经把会议纪要准备好了，而这个会议纪要中的内容在表达双方的共同意愿时，更多地体现了中方 D 公司的意愿，使中方 D 公司在合资谈判中掌握了主动权。

2.3.2.4　知己知彼，从容应对

自己一方的首席谈判代表或主谈代表谈判首先要清楚自己一方的谈判上限和下限（底线），同时，还要掌握对方的谈判上限和下限。这样才能在谈判中“知己知彼”，争取主动，争取到自己一方的上限，并确保对方的下限。

2.3.2.5　学会让步，海阔天空

合资双方或各方在谈判中一定要相互理解、学会让步，要把握好让步的时机和尺寸，以避免合资谈判出现僵局。只有双方或各方各让一步，才能使合资公司的建立向前一步。有时，主动适当让步的一方会在谈判中更加主动，结果对其会更加有利。在谈判中争取利益要有理有节，在谈判中妥协和让步要顺理成章、不卑不亢。

2.4　伙伴关系构建中的具体问题及解决方法

合资公司遇到很多重大问题，最后都需要双方总经理和经营团队去处理、去解决。当合资公司在中国遇到如下问题时，中方总经理和经营团队要发挥积

极的主导作用。若发生在对方国家时，外方总经理和团队应发挥主导作用。①规模扩张问题，如购买土地、建设厂房；②经营问题，如开拓市场、经营纠纷；③制造管理问题，如产品质量缺陷、赔偿和索赔、设备事故；④人员管理问题，如薪酬、人员奖惩、人才标准、本地化人才培养；⑤技术问题，如技术引进和技术本地化；⑥其他难以解决的问题。

例如，在中国境内，某中外合资公司发生了一起重大质量事故（因其供应商的材料质量问题导致），按照与客户签订的商务合同规定，这家合资公司除要赔偿 2000 万元直接损失外，还要被客户罚款近 2000 万元。对此外方总经理感到束手无策，而这家合资公司的中方总经理和中方经营管理团队发挥了主导作用，积极主动地多次、多层次地与客户沟通，终于取得了客户的理解，客户给这家合资公司免除了近 2000 万元的罚款。

2.4.1 发挥主动性，创新方法解决问题

在合资公司遇到问题时，有的时候合资公司中外方总经理可能会出现对问题的看法和意见不一致。也许是对市场出现的意外情况估计不足，或者与客户方发生了合同纠纷。在这个时候要尽可能对发生的状况做详细的分析和讨论，尽可能达成共识，避免激化矛盾或回避矛盾。

例如，有一家中外合资公司存在一项债务问题。这家合资公司与国外一家模具公司签订了模具开发制造合同，国外模具公司 2009 年破产后委托中国国内一家模具公司制造完成，国内模具公司制造完成后，把模具交给了这家中外合资公司。国内模具公司向这家中外合资公司索要模具款，这家中外合资公司的外方总经理认为“合资公司没有义务向国内模具公司支付模具款”，而国内模具公司则认为“模具公司也没有义务向这家合资公司提供模具”，随后，模具公司扣押了这家中外合资公司另外一套模具。这样一来就导致了僵局的出现。因为当初委托生产的国外模具公司已破产两年多，已经很难联系了，签署三方协议或背书已不现实。这家合资公司的中方总经理为了确保客户的时间节点，解决问题打破僵局，先后与国内模具公司召开两次专题协调会议，双方签订了协议，协议内容为：中外合资公司按照与国外模具公司签订的合同应付的款额支付给国内的模具公司，国内模具公司出具银行 5 年内不可撤回的全额担保，以解决这家中外合资公司对国外模具公司支付的法律风险，最终达成共识，使问题得到了圆满的解决。

又如，有的外方总经理以要出差或不了解中国处理问题的方式等来回避问题，不愿承担风险和压力。这时，中方总经理和经营管理团队要积极主动出面

分析问题和解决问题。根据合资公司处理问题的经验和实际情况来看，中方总经理和经营管理团队承担了更多的风险和压力，并在处理问题和解决问题中发挥了主导作用。中方总经理和经营管理团队一定要做到：跑市场拿业务走在前，产品研发走在前，做好项目走在前，抓好经营管理走在前，解决问题走在前，做好干部员工思想工作走在前。

2.4.2　尽量“报忧不报喜”，防患于未然

合资公司在日常经营工作中对取得的成绩和存在的问题，要采取“报忧不报喜”的方式，这与某些地方上的“报喜不报忧”和“人有多大胆，地有多大产”的好大喜功的浮夸风正相反。报忧是一种防范风险意识的体现；报忧是一种对企业负责任的体现；报忧是提出问题、提出解决问题的方法和最终解决问题的途径和体现。而“报喜不报忧”，则会隐瞒问题和困难，会给企业带来风险，阻碍和影响企业的发展，甚至会使一家企业倒闭。

例如，国内有一家中外合资公司在做一个项目时，因为合资公司内部项目组和采购部门、技术部门在模具定点上的意见不一致，结果没有按照客户要求的开模指令的时间节点将模具定点给供应商制造模具，并且也没有及时地向公司高层和客户反映问题，即没有报忧，仍然在“报喜”，称进展正常顺利。结果，在客户要求 PT1（第一次工装样件）交样件时而无法交付样件，造成客户新产品上市拖期，客户对此非常不满，给这家合资公司后续新业务亮了红牌，即停止所有后续新业务的咨询和报价，并限期整改。这给客户和该公司都造成严重的影响和损失。所以，合资公司或企业一定要坚持“报忧不报喜”，不报喜不等于埋没业绩，优异的业绩即使不报也会被人所知。

2.4.3　要防止有的外方在投入上打“太极”

由于有的外方特别注重投入收益率和销售利润率，对 IRR（投资收益率）和 ROS（销售利润率）达不到要求的新项目一律拒绝获得、拒绝投入。但是，有时有的外方不愿承担不要新项目和不愿投入的责任，就采取拖延、“打太极”的方式，以达到变相否决新项目和否决投入的真实目的。

例如，国内一家中外合资公司（以下称 D 公司）与当地开发区签署了购买土地的协议，根据协议 D 公司在 2010 年底前完成 23000 平方米的建筑面积，并实现 10 亿元的销售收入，当地开发区政府将给予 414 万元的建设发展支持资金。尽管 D 公司在 2010 年销售收入超过了 10 亿元，D 公司董事会也在 2010 年前批准了达到政府要求的建设面积。但是，D 公司的外方总经理对直

接影响建设面积达标的物流仓库建设就是不签字，D公司这位外方总经理为了避免因为他不签字而影响政府支持发展和建设资金到位的指责，就“聪明”地打起了“太极”。他想了一个馊主意，就是以审核仓库建设图纸为由拖延时间，以达到否决的目的。随后，D公司的外方总经理先后正式审核仓库方案和图纸三次，外请的工厂设计单位三次大幅度修改方案和图纸，当地开发区政府三次审核批准仓库建设报告。D公司的这位外方总经理就这样拖延了近两年的时间，D公司的中方总经理问这位外方总经理说：“公司、设计单位、政府已经按照你的意见修改审批了三次，你可以签字了吧。”这位外方总经理笑了笑说：“我们不需要建设这个仓库。”其实，D公司非常需要建设这个仓库，因为该公司这两年来每年在外面租赁仓库费用为100多万元，而且，租赁的面积和费用还要增加。外方总经理的这种不负责任的态度遭到了中方经营管理团队的一致谴责。

因此，我们要特别注意防止有的外方在投入上打“太极”，以避免严重影响公司的建设和发展。

2.4.4 中外双方相互理解更有利于问题解决

有的合资公司的外方总经理只愿当裁判（指手画脚）而不愿当运动员。

例如，有的合资公司的外方总经理不愿投资设备、厂房和土地，而由此引起的问题他也不愿意去解决，有时甚至以休假名义一走了之，至于公司如何，好像与他无关。这样做的结果对合资公司是极不利的和极不负责的，在合资公司中外方的总经理和管理者都是运动员，没有裁判员。

有的合资公司外方总经理和管理者喜欢当甩手掌柜，投入不支持，导致向客户交付产品出了问题后，让中方去解决，而外方总经理一走了之，这样做的确是不妥当的。必要时，中方总经理应邀请客户召集合资公司中外方总经理和有关人员到客户处开会，让外方总经理当着客户的面表态，承诺解决存在的问题，并给公司以投入支持。

当然，在中外合资公司中也有许多工作认真和对合资公司负责任的外方总经理，他们在技术引进、项目管理引进和产品引进等方面都发挥了重要的作用，在有些方面还起到了主导作用。

例如，国内有一家中外合资公司的外方总经理在合资公司成立初期，为了使合资公司能够顺利地起步和起步就有项目做，积极主动通过其母公司在R国的子公司，帮助这家国内中外合资公司拿到了第一项业务。在这项业务开发中，这家国内的中外合资公司的外方总经理还引入项目管理的方式，指导中方人员运用项目管理的方式和方法做好合资公司的第一个新项目。同时，这家合资公司的外方总经理还把其国外母公司的先进技术引入到合资公司，使这家合资公司的第一个项目开发获得成功。外方总经理发挥的主导作用，受到中方经营管理团队的高度赞扬和好评。

第3章　中外合资公司中文化差异及沟通管理

合资公司中中外方由于不同的文化、政治和经济背景，对事物的看法和态度也存在较大的差异。尤其是文化差异，包括在文化价值观、宗教信仰、教育程度、风俗习惯上的差异使中外方的管理层在管理风格和商业习惯上存在着很多的不同点。因此，合理高效的沟通就显得格外重要，其实一个项目的好与不好，成功与不成功，80%以上是沟通的问题，所以，合资公司中中外方总经理的沟通是否成功，是关系到合资公司能否成功的大事。沟通要做到相互理解、相互信任，而不是争权夺利、相互指责。

3.1　中外方的文化价值观差异

3.1.1　个人/集体主义观念的不同

西方文化中的个人至上观念，对合资公司来讲是不利的，中方对此应有充分的思想准备。例如，国内有一家中外合资公司的外方总经理给人的感觉是："合资公司遇到的问题或遇到的事情的好坏，好像与他无关。因为他的处世哲学是个人利益至上，他认为公司的问题就是公司的问题，公司的好坏就是公司的事。"

对待这样的外方总经理需要采取的对策：首先，中方总经理和管理团队要主动拉着外方总经理到客户处，听取客户对本公司在交付和项目开发过程中的意见，让客户给外方总经理压力，让外方总经理感受到客户的压力；其次，中方总经理和管理团队要主动拉着外方总经理一起解决合资公司面临的困难和问题，从公司内部给外方总经理压力；最后，中方总经理和管理团队通过中方股东和董事向外方总经理提出改进工作、提高效率、提高效益的要求，从股东方和董事会层面给外方总经理施加压力。

3.1.1.1 是休假还是加班

在休假的事项上，中外方有不同的态度和表现。有的外方对待休假和放假的态度是：有假必休。只要有休假和放假就休息，从规定和理论上讲都是没问题的。但是，当合资公司出现重大事项，需要中外方总经理加班时，中外方总经理都应以合资公司的利益为重而选择加班。

有的中外合资公司的外方总经理在公司有重大事项需要加班不能休假时，仍然要选择休假。哪怕是中国的春节（这对中方家庭是非常重要的节日），中方总经理选择了与经营管理团队一起加班解决问题，而有的外方总经理仍然选择休假不愿意加班。其做法体现了西方文化中个人至上的观念，这的确令中方管理团队不理解。而中方总经理和管理团队不仅在圣诞节不休息，而且在中国人最盛大的节日——春节期间仍不休息坚持加班，使客户深受感动，确保了满足客户的需求。中方总经理和管理团队的努力与付出，维护了公司利益，也使外方总经理感受到了中方总经理和管理团队对合资公司和客户的负责精神。

3.1.1.2 租房时考虑个人还是他人

例如，有的合资公司外方派驻人员——总经理、管理者或专家在租房时，他或她首先考虑的是个人所租房屋的安全、功能、舒适和方便，其次是费用。而一般情况是不考虑中方或朋友或同级或上级介绍的房屋。这一点与中方租房时的选择观点有所不同。

3.1.2 长期/短期导向的不同

当前外方受国际金融危机和经营环境的影响，采取了收紧战略，因此，外方对合资公司的投入非常谨慎，基本说“不”。针对外方不愿意投资的状况，解决对策是：中方团队要充分准备好投资的分析报告，组织召开现场会议，邀请外方总经理参加，发动各部门的部长汇报分析投入的必要性及说明投入的项目的情况，以客户的要求和数据来说服外方，会收到一定的效果。此外，中方总经理及管理团队还要特别注意有的合资公司的外方总经理会上同意，但是会后不签字的情况，还有签字后又不同意执行的情况。

分析其原因，除受其母公司收紧战略的影响外，更多的是其任期内好即好的短期行为在作怪。中方团队应把握投资的必要和投资的方向以及投资的收益情况，中方要和外方一起对投资负责。中方要感化外方、引导外方和中方一起对合资公司的今天和明天的发展负责。

3.1.2.1　是购买还是租赁

在有的中外合资公司，一般情况下外方只同意租赁厂房和设备，中方则是根据市场的要求和公司的长期发展，并结合实际需要支持投入。

案例 3—1

是购买还是租赁?

有一家中外合资公司的厂房和制造能力因新项目的大量增加而严重不足，中方从客户要求和长远发展考虑，希望买地、建厂、买设备，不希望长期租赁厂房和将核心零部件外委（将核心零部件外委是客户不允许、不接受的）；而外方从近期利益出发考虑（这种考虑有时受短期行为的影响，这与外方总经理和管理者的任期一般为三年有关），不同意买地、建厂和买设备，而要求公司租赁厂房和将能力严重不足的零部件外委。这样就需要中方与外方进行耐心地交流和沟通，并与外方一起充分分析买地、建厂、买设备和不希望租赁厂房和将核心零部件外委的利与弊，包括充分分析运用政府可以提供的优惠政策的可行性等说服外方。

这家中外合资公司通过中方坚持不懈的努力，终于说服外方，成功地买地、建厂和买设备。后来合资公司发展的事实证明了中方坚持买地、建厂和买设备的方案和意见是非常正确的。通过这个例子，说明中外方总经理的工作目标导向是不同的，中方是长期导向，而外方是短期导向，因而形成了不同的责任感和工作行为。

3.1.2.2　是租房还是买房

合资公司外方派驻人员——总经理或管理者、专家等到其他国家合资或独资公司任职，其住房一般情况都是租房。大约 5 年（1990～2000 年）的租房费用就可以买下这套租的房子，但还是租房，这是国外公司的通常做法。从这种小事上也可以看出，外方在中国一般都是短期行为，他们不希望在中国投入更多，以便在发展不利时可以撤退。

3.1.3　中外方语言的不同

中外双方语言的不同，这就导致在沟通上存在一定的障碍，因此，必须选择优秀的翻译人员帮助传达相关人员的意思。译员的准确翻译和表达中外方总经理的语意是至关重要的。我们常说："翻译就是总经理的嘴，秘书就是总经理的手，通讯员就是总经理的腿。""一个称职的翻译相当于半个总经理。"

此外，在对语言的表达和理解上，也要因国而异。比如，R国、H国人很少说"不"，但并不代表他们同意；而D国人说"不"肯定代表了拒绝。

3.2　文化差异下中外方不同的管理风格和商务惯例

3.2.1　管理风格的差异

有的外方管理者（如总经理）在合资公司行使权力（主要指用人、经营、管理、投入和发展等方面）的方式是，以通过说"不"，行使否决权来树立自己的权威和影响；而中方管理者（如总经理）在合资公司行使权力（主要指用人、经营、管理、投入和发展等方面）的方式是，以通过说"OK"和行使赞成权为主，来树立自己的形象和影响力。

有个别的外方总经理非常难以合作。有一家中外合资公司到职近两年的外方总经理的做法，就令人难以理解和接受。他不相信中方总经理和中方团队，只相信他自己，而且还非常固执；全盘否定前任经营管理层制定的规章制度和有关决定，对中方总经理提出的事项均先说"不"或摇头否定，基本拖着不办，大量宝贵的时间都用于内部协调和内耗；对合资公司拿新业务、新项目持消极和反对的态度，对客户召开的会议和约见不理不睬，好像合资公司的工作与他无关，导致合资公司工作效率低下，严重地挫伤了干部和员工的工作积极性，严重影响了各项工作的正常开展。很多干部员工说：这位外方总经理是来搅局的，是来拆台、拆庙的，给合资公司带来极大的负面影响，在合资公司内造成很坏的影响。

3.2.2　商业惯例的不同

3.2.2.1　关于商务送礼

关于礼品的赠送要符合所在国家的法律和公司的相关规定。适合的礼品价值不高但是收到的效果会增值数倍，不适合的礼品会使效果大打折扣。

例如，有一家国内的中外合资公司的办事人员到国内某地方政府部门办理正常业务，出于礼节带了一件礼物，而被这位公务员婉言谢绝。当这家公司办事人员说明情况后，这位公务员欣然接受了礼物。原来，这家合资公司办事人员送的是一代伟人毛泽东的诗词竹简。

关于纪念性礼品的铭字方式的选择也是很重要的，国内有一家中外合资公司的外方总经理给笔者讲了这样一件事。他在欧洲做商务总监时遇到这样的情况，在他们公司的一次重要的庆典活动时，公司定做了一批纪念手表送给多年来给予支持和帮助的客户，为了使客户记住他们公司，就在手表的正面刻了他们公司的名字和标徽。但纪念手表送给客户之后，他们发现客户都没有戴他们送的手表，他们感到奇怪和不可思议。后来经过观察和了解，才明白了其中的原因，把他们公司的名字和标徽刻在正面，客户不方便佩戴。因此，他们公司在以后的重大纪念活动再送手表时，就把他们公司的名字和标徽刻在手表的背面，这样就方便客户佩戴了。

这位外方总经理讲的商务送礼事宜，使笔者很受启发。同样是送手表，但效果却是截然不同的。通过这件事说明商务送礼也是大有技巧和学问的。

还有合资公司在与客户或客人的交往中需要准备适当的礼品。但应注意准备的礼品和礼品的包装要符合客户或客人的民族风俗和欣赏习惯。如中国人喜欢喜庆的色彩，包装纸和包装袋用红色或粉红色；而有的外方则喜欢黑色或白色等。这就好比中国人结婚的婚车用红花和红色的花环，以彰显喜庆气氛和色彩。而西部非洲和一些西方国家的人则喜欢用白色的花朵和花环装饰婚车，以体现圣洁和爱的纯真。这就体现了不同民族风俗和习惯的截然不同，如果我们不了解这些情况就会闹出笑话，甚至是闹出大问题、大事件。

3.2.2.2 关于商务宴请酒店的安排

关于商务宴请的酒店的选择是很重要的，不同的客户和不同层次的客户对酒店有不同的要求。中方客户大多喜欢中餐，而外方客户基本都喜欢西餐。有的喜欢到著名的大酒店，感觉这样有面子；有的喜欢有特色的酒店或餐馆；故我们在安排商务宴请之前一定要了解清楚不同客户的不同爱好和需求，然后再安排宴请。这样就会满足不同客户的需求，收到事半功倍的效果。

3.2.2.3 关于内部宴请的不同方式

在合资公司内部一般情况下外方的习惯是上级请下级吃饭，与有的国内企业下级请上级吃饭的习惯有所不同。

在国内有的企业中一般是下级请上级吃饭，凸显等级制；而有的在国内的外资和中外合资公司中的外方总经理或高管一般情况是个人出钱（也有外方请同级或下级，由公司埋单的），请外方下级或中方下级吃饭或打高尔夫球，进行交流和沟通。例如，有一家中外合资公司，其外方股东一位高层领导为了融洽地沟通，在工作之余，特别邀请这家中外合资公司的中方总经理打高尔夫球，最后是该外方高层领导个人埋单。当然也有不少例外，因人而异。

合资公司内中方的习惯是，请客方式是礼尚往来、轮流坐庄；而外方员工之间在一起吃饭时的习惯是AA制。

3.2.2.4　关于敬酒习惯的不同

关于敬酒的习惯，在一般情况下合资公司的中方人员，包括上下级之间在宴请时，都是相互敬酒和劝酒，以烘托气氛和表达友情或尊重之情；而外方人员包括上下级之间在宴请时，一般情况下都是自斟自饮，不劝酒或很少敬酒。也有的外方人员在中国工作和生活的时间较长的，受到潜移默化的影响，开始学着敬酒。

3.2.2.5　关于签名方式的不同

在签名方式上，合资公司外方的做法与我国的传统写法正好相反，外方总经理或管理者签名的习惯是：先签人名，然后是职务，最后是公司名称。表现的是，以人为本、以人为先的外方习惯做法，也体现了个人至上的观念。而中方总经理或管理者签名的习惯是，先签公司，然后是职务，最后是人名。

3.3　休假方式的不同

在有的中外合资公司存在休假的两个标准问题，外方总经理和外方调派人员是逢假必休，这也是无可非议的。但是当合资公司需要加班或需要放弃休息时，为了合资公司的利益，中方总经理和经营团队都可以做到，而外方总经理和调派人员大多是做不到或基本做不到的。而最让中方总经理和经营团队感到不理解和不满意的是外方大多是在放假前早走几天，休假结束上班时晚回来几天，并习以为常。这样就引起了合资公司的大多数员工的不满和抱怨，造成了很大的负面影响。这时候，就需要中方总经理向外方总经理和外方调派人员严肃地指出其错误的做法和不良的影响，这样做会使外方调派人员的错误行为得到纠正或有所收敛。

3.4 商务沟通方式的不同

中外合资公司或外方独资公司的外方在商务沟通的方式上，一般采取邀请客户来公司访问或陪同客户观光游览，同时，宴请客户和赠送客户纪念品或礼物；而中方在安排上述活动的同时，还会邀请客户开展各种球赛和活动，如邀请客户打乒乓球、羽毛球、网球、台球和高尔夫球等。

案例3—2

以“球”会客，开拓市场

一家中外合资公司中方总经理考虑开拓市场和活跃员工文化生活的需要，准备引进几名有特长的员工组建一支员工业余羽毛球队。而外方总经理坚决反对，其理由是：

（1）哪项新业务是打羽毛球打来的（对商务球获得新业务的推动和促进作用没有认识到）；

（2）企业不是慈善机构，不能养不创造财富和价值的人；

（3）企业不是政府，没必要搞专业队代表公司参加各类比赛。

中方总经理动之以情、晓之以理，耐心与外方总经理沟通，并说明道理：

（1）开拓市场、与客户交流，打好商务球可以促进合资公司新业务的获得（如中美乒乓外交的成功案例）；

（2）组织和训练员工开展羽毛球健身活动，活跃员工文化生活，可以增强员工体质，增加工作之外沟通的机会；

（3）有特长员工在打好商务球和带动员工健身的同时，也是可以做好本职工作的。

由于这家中方总经理坚持不懈地做外方总经理的思想工作，促其转变了对公司羽毛球队的看法，并与中方总经理达成了羽毛球队的人员编制和商务任务以及羽毛球队队员在各个工作岗位的工作任务，做到了工作和羽毛球两手抓、两促进。

通过合资公司羽毛球队与各个客户的羽毛球友谊赛和商务球陪练活

动，实现了羽毛球队可促进合资公司市场开拓和新业务获得的目的。同时，这家合资公司的羽毛球队还先后代表其母公司参加了集团公司的羽毛球比赛，先后获得两次冠军和一次亚军，极大地提高了合资公司的知名度和声誉。

3.5 文化差异下的沟通

3.5.1 为什么要进行沟通

合资公司的很多问题都是因为沟通不畅引起的，足见沟通的重要性。沟通是为了解决问题、消除隔阂，通过沟通促进公司的团结与和谐。因此，合资公司中外方总经理都需要放下架子，主动与对方进行沟通，只有顺畅的沟通，才能相互了解、相互理解、相互支持。只有交流的双方都听明白了对方的意思，才能达到沟通的目的，取得沟通的效果。因此，“沟通、沟通、再沟通”，只要中外双方派驻人员沟通得好，就能实现相互理解、相互信任和相互支持。

3.5.2 建立正确的沟通机制

一家合资公司一定要用好“和谐和包容”。和谐文化的成功建设，是合资公司建设和发展的基础。合资公司内部有时出现不同的声音和纷争，也不足为怪。要允许“百花齐放和百家争鸣”，合资公司的中外方管理者在应对不同声音和纷争时，都要讲究策略和沟通的艺术性，不能“硬碰硬”，如果“硬碰硬”，就会两败俱伤。

因此，合资公司应建立中外方的协商沟通机制，首先中外方总经理的良好沟通至关重要，甚至具有决定性作用。中外方总经理沟通得好，合资公司就能够运营得好；中外方总经理沟通不好，则合资公司就运营不好；如果合资公司中外方总经理无法沟通，则合资公司就无法运营，甚至会走向破产和倒闭。

合资公司还要建立公司中外方总经理与员工的沟通机制和对话制度，中外方总经理应定期和不定期地与员工或员工代表进行座谈和对话，并形成制度。中外方总经理和经营管理团队倾听员工或员工代表的意见或建议，有助于正确的决策，有助于统一思想，有助于上下一心形成合力，有助于发挥员工的积极性和创造性。

3.5.3 建立沟通的平台，组织适宜的联谊活动

合资公司还要开展经营管理团队和员工之间沟通的联谊活动或建立制度。如成立文学社、摄影协会、羽毛球协会、高尔夫球协会、篮球协会；还可以设立英、日、法等语言辅导站以利于员工交流等。

同时，还可以建立献爱心慈善协会，帮扶本公司和社会需要帮扶的人员克服困难走出困境。要使中外合资公司或企业充满阳光、健康与和谐的文化氛围，要让员工在公司能够快乐地工作、快乐地成长。

3.5.4 沟通的要点和方法

沟通是人与人交流的一种方式，也是人与人交流的一种艺术。人们常说，“一句话说笑了，一句话说跳了”，就非常形象地说明了沟通的重要性和艺术性。沟通的方式和方法有很多种，具体到中外合资公司该如何进行沟通，笔者根据在中外合资公司工作中沟通的实际情况简单介绍以下几种：

3.5.4.1 越熟悉的越要沟通

有的合资公司的经营层、管理层和基层管理人员认为天天见面，大家都很熟悉而忽略了沟通。其实不然，越熟悉的人员越需要沟通，只有通过良好的沟通才能达成共识，才能使推诿扯皮变为相互理解和支持。

3.5.4.2 越难沟通的越要沟通

在中外合资公司中，中外方存在的分歧和障碍，80%以上是沟通问题。中外方总经理的沟通如何？是否和谐？是否能及时达成共识？这些问题对中外合资公司来说是至关重要的，有时会决定公司的生存和发展。

在中外合资公司有时会听到这样的说法，“外方的脑袋是方的”。这是指有的外方人员机械的思维方式和处理事情的呆板，这就增加了沟通的难度。但是越难沟通越要沟通，与难以沟通者沟通好了，合资公司的工作也会更加顺畅。中外合资公司中由于中外方总经理和管理者的文化、理念、语言、工作学习和生活习惯及方式的不同，而存在沟通的困难和障碍，所以沟通就显得更为重要。

3.5.4.3 沟通的语调和表情

中外方在沟通时要特别注意沟通的语调和表情，语调和表情不同，沟通效果也完全不同，有时还会适得其反。例如，“对不起”的表达，在表示歉意时

说“对不起”应微微鞠躬或低头轻声说“对不起”，而不是昂首挺胸地大声说“对不起”！后者就是不想道歉或不服气，会适得其反。所以，我们在沟通时要特别注意沟通的语调和表情，这一点是很重要的。

3.5.4.4　沟通的时机把握

中外方在需要沟通时，要注意沟通的时机：如中方或外方对现状满意时；中方或外方需要对方支持时；中外方之间没有明显分歧，情绪稳定时。

有时遇到难以沟通的外方，也要恩威并重。必要时，中方总经理也可以适当表现出强势的一面，但必须有理，外方派驻人员也是讲道理的，否则会事与愿违。

3.5.4.5　沟通中各让一步

当中外方各抒己见，且都想达到自己的目的时，可以考虑妥协的方法，即各让一步达成共识。如在用人、投资等方面各让一步。如果其中一方不肯让步，固执地坚持自己的意见，就会出现僵局，导致沟通的失败。

例如，国内的一家中外合资公司在制定五年业务计划时，中外方总经理发生争执。究其原因，是因为外方在这家合资公司的股份准备出让，中方具有优先购买权，准备将外方拟转让的股份买下。卖股份的外方要求把合资公司五年业务计划做得更高、更好，而准备买股份的中方则希望和要求把五年计划做得更保守一些、更低一些。中外方争执不下，使这家合资公司的五年业务计划“难产”。

遇到这样的情况，双方首先要实事求是地检查一下，所做的五年业务计划是否从实际出发，是否实事求是。中外方要在实事求是的基础上，双方都拿出诚意来，各让一步，才能达成共识，才能使合资公司的五年业务计划顺利出台。

3.5.4.6　沟通的场合和氛围

在合资公司工作的中外方经营团队成员，在与外方或中方沟通时，要特别注意沟通的场合和氛围，不同的场合和氛围会导致不同的沟通结果。如在公众场合沟通有时会令对方感到拘谨和不舒服；如果在轻松的氛围和适当的场合进行沟通就会收到良好的效果。选择邀请外方一起去打高尔夫球，在打球的轻松氛围下，沟通就会容易许多，沟通的效果也会好许多；也可以邀请外方共进晚餐，在比较轻松的氛围下，进行沟通也会收到意想不到的效果；还可以根据外方的爱好，邀请其参加一些活动，如郊外钓鱼、骑自行车旅行、打羽毛球、打乒乓球、摄影等，在这些活动中中方与外方进行沟通，会收到良好的效果。

3.5.4.7　沟通的桥梁和纽带

中外方在对某事项的看法出现分歧时，均可以委托各自信任的人员作为沟通的中介，让中介发挥桥梁和纽带作用。

例如，国内 W 公司外方总经理对中方总经理和经营团队不信任，而这家公司的外方按照合资合同的规定在国内招聘的财务部长是中国人，对中国的法律和政策等比较熟悉，对中方看待和处理事情的方法也比较了解和理解。因此，这家合资公司的中方总经理和经营团队通过做好财务部长的沟通工作，从而间接打消外方总经理的疑虑，解决了外方总经理不信任的问题。这种利用中间人迂回沟通的做法，也是值得借鉴的。

3.5.4.8 沟通时的准确理解能避免误会

这一点特别重要，在中外合资公司中，有的外方（如有的 M 国人）对你说“OK”，并不是说他同意你的意见，而是他知道了，这往往是一种习惯性或礼节性的回应。只有他和你明确地说“我同意（你的意见）”，才是真正的同意。

当然，在中外合资公司中有的外方，如 D 国人等对“同意”还是“不同意”的回答是非常明确的，同意就是“同意”，不同意就是“不同意”。

3.5.4.9 沟通要建立在相互尊重、相互信任的基础上

有的外方由于不熟悉中国情况，或上任时间较短不熟悉公司的情况。因此，对人对事和做人做事都十分谨慎，不了解透彻或彻底搞清楚是不会轻易表态赞同的。

同时，有的外方原所在的国家受其社会制度和环境的影响以及所受的教育不同，而对中外合资公司中的中方缺乏信任或不信任，对中方和中方提出的事项总是存在疑虑和猜忌，有时错误地认为中方的管理者和员工在糊弄他。这是中外合资公司存在的一种较为常见的现象。要解决信任问题，需要中外方总经理的有效沟通，尤其是中方总经理的积极主动沟通。

第一，中方总经理和管理者一定要以身作则严格执行国家法规和公司的各项制度，让外方总经理切实感受到中方总经理和管理者对公司、对员工是负责任的。

第二，中方总经理的经营管理能力要强，让外方总经理对其认可和服气，让外方感到中方在中外合资公司中的作用不是可有可无的，而是不可替代的。

第三，中方总经理的沟通能力要强，善于沟通。如果中方总经理或管理者具有中外合资公司的工作经验，应能够让外方总经理既感到中方对他的信任，同时又要让其感到信任的压力。要让外方感到只有信任中方，才能在中外合资公司站稳脚，并获得成功；只有信任中方总经理和双方的合作团队，才能解决信任的危机。

在合资公司有这样的说法，“点头不算摇头算”。对正确的摇头要予以支持，对不正确的摇头要抵制、要沟通。说服这样的外方，要采取分析、比较等“润物细无声”的沟通方式。必须牢记在合资公司的中外方管理者应该是平等的、相互尊重的、相互信任的，大家都是“运动员”。

3.5.4.10　沟通的“方”与“圆”

第一，对合资公司有利的事要“方”，要坚持做到、做好、不让步。例如，国内某中外合资公司的中方总经理提出，合资公司发展需要购买建设第二工厂的土地。但是外方总经理一直不同意买土地和建厂房，只同意租用土地和厂房。中方总经理为了实现合资公司的发展坚持买地、建厂的想法，并以“水滴石穿”的精神与外方总经理多次分析和坚持不懈的努力沟通，终于感动了外方总经理，做通了外方总经理的工作，使其同意了购买建设第二工厂急需的土地和第二工厂厂房建设及设备的投资，确保了合资公司的现生产用地和发展用地，确保了制造能力的提升，满足了合资公司所有客户装车的需要。

第二，对合资公司不利的事要“方”，要坚决顶住不做、不让步。例如，国内某中外合资公司的外方总经理提出转让第一工厂土地和厂房的不当提议，中方总经理质问外方总经理说：“我们合资公司是要分手吗?”外方总经理说：“不是。”中方总经理说：“我们合资公司要民营化吗?”外方总经理说：“也不是，我们今后还有新项目吗?”中方总经理说：“当然，今后我们会获得很多的新项目，我们需要保留第一工厂的土地和厂房。”外方总经理无奈地说：“那我们就不转让第一工厂的土地和厂房了。”经过中方与外方的多次沟通和做工作，终于使外方放弃了转让第一工厂土地和厂房的提议。

第三，对合资公司没有影响或影响不大的事要“圆”。对合资公司没有影响或影响不大的非法规要求、非原则性的事项和一般性事项要“圆”，可以适当妥协和让步。例如，国内某中外合资公司的外方调派人员在合资公司年节假日的放假前，一般是提前1～2天外出休假，待假期结束后，一般也晚回来几天上班。外方调派人员的特殊做法，引起了中方员工的不满。不少中方员工说：“如果我们中方员工也和外方调派人员一样，产品没有人制造了，向客户的交付也没人管了，公司这几天岂不是要关门了吗?”在这一点上，中方总经理和经营团队一方面要做好中方员工的工作，不要和外方调派人员攀比；另一方面要做好外方调派人员的工作，要求其在没有特殊情况的前提下，也要和中方员工一样，遵守合资公司的放假和上班的时间要求和有关规定。

3.5.4.11　“拍桌子”要抓住时机

在合资公司的中外方总经理和经营团队要对合资公司的和谐发展负责。由于中外双方的思维方式、经营理念和管理方式等存在着差异，在有的时候合资公司中也会存在“拍桌子”的现象，尽管这一现象会影响合资公司的和谐，但是有时候“拍桌子”是难免的。

要把握好“拍桌子”的时机和方法，不拍则已，一拍就要发挥作用，有时“拍桌子”的时机把握得好，会起到事半功倍的效果。

案例 3—3

“拍桌子”要把握“尺度和时机”

国内某中外合资公司在中方的努力下，董事会批准这家合资公司在外地建设一个新工厂。而这家合资公司上任一年多的外方总经理无视董事会的决议，无视合资公司对客户的建厂承诺，以种种借口找碴儿迟迟不签合同。究其原因其实是其任期制的短期行为和不愿承担责任的思想在作怪。外方总经理似乎认为合资公司的投入和发展或不投入、不发展与他无关，客户给不给新业务也与他无关。外方总经理的行为导致这家合资公司在外地建厂的时间一拖再拖，距董事会批准时间已经半年多了外方总经理仍不签字，客户多次指责，严重影响了这家合资公司的信誉和后续业务的获得。中方经营管理团队对外方总经理的态度非常不满。

在一次讨论外地建厂的会议上，外方总经理不但坚持不签字，而且情绪激昂，首先“拍桌子”，并把中方总经理递给他（外方总经理）需签字的合同摔到一边。这时候中方总经理怒发冲冠、拍案而起，怒斥外方总经理的不负责任的态度。中方总经理抓住时机“连砸桌子三拳”，使得外方总经理受到震撼并清醒了，感受到了工厂建设拖延造成的严重后果和压力，很快在合同上签了字。

因此，中方总经理在该“拍桌子”的时候一定要拍，而且要拍得重、拍得响，拍得让外方总经理服气。决不能搞一团和气，一味地迁就外方总经理的错误行为。否则，将危害合资公司的建设和发展。

对此情况，合资公司董事会需要制定约束中外方总经理的规章制度，必须明确任期责任制中中外方总经理应负的责任，并实行责任追究和与其薪酬挂钩。

有的合资公司的外方总经理和外方管理者或专家因为自己的国家是发达国家，所以在合资公司有高人一等的优越感和自豪感。这种优越感和自豪感随时体现在言行和工作中，有时也会出现中外方人员在工作时间和休假时间等方面出现人为的两个标准的问题。这使中方团队在自尊心和工作积极性方面都会受到影响，不利于合资公司的建设和发展。因此，中方总经理和设计研发与管理团队要卧薪尝胆、励精图治、拼搏进取、立志超越，在技术创新和管理创新等方面赶超发达国家，以实现“师夷、平夷、胜夷”的发展奋斗目标。

要求中外方经营管理者要相互尊重、相互学习、相互信任、相互支持，共同对合资公司负责。中方总经理还要特别要求中方团队的人员积极主动与外方人员搞好团结，在工作中与外方人员成为好朋友、好伙伴，为创建和谐的合资公司做出贡献。

第 4 章　中外合资公司经营战略管理

经营战略是企业面对激烈竞争和严峻的市场环境，为求得长期生存和不断发展而进行的总体性谋划。它是企业战略思想的集中体现，是企业经营范围的科学规定，同时又是制订规划（计划）的基础。

对于合资公司来说，经营战略的关键是实现合资公司子公司和母公司的双赢，有利于两者的长期发展。因此，必须在五个重点上有所突破：开拓市场有大的突破；研发能力有大的突破；创新能力有大的突破；制造能力有大的突破；优化重组有新的突破。经营战略的实现要加强五种竞争能力建设：本地化人才队伍建设；本地化市场开发能力建设；本地化设计研发能力建设；本地化管理创新能力建设；本地化制造能力提升建设。

4.1　合资公司经营战略的指导思想：实现双赢或共赢

4.1.1　为什么要实现双赢或共赢

合资公司各方在合资以后就成为一个利益共同体，因为共同的责任和义务使各方同在一条船上，只有共同付出才能共同获益，实现双赢和共赢。只有各方心往一块想、劲往一块使，齐心协力，才能确保这条航船的平稳航行和正确方向。

例如，国内某中外合资公司合资近 20 年，合资的中外双方能够齐心协力、求大同存小异，实现中外双方的优势互补，使这家合资公司从小到大、从弱到强，实现了跨越式的大发展，已经成为国内同行业之首，将成为中国在世界上又一个具有很强竞争力的跨国公司。

4.1.2　如何实现双赢或共赢

合资公司双方或各方实现双赢或共赢的关键就是“相互信任、相互支持和优势互补”，合资公司各方既然同在一条船上，就要“心往一块想，劲往一块使”，同心同德，做到相互信任、相互支持、优势互补。其中相互信任是最重要的，这也是合资公司能否搞好的关键所在。相互信任具体体现在：外方强势主导时，对中方给予信任和支持；后来公司发展形势发生变化中方强势主导时，中方对外方同样给予信任和支持。这样，中外合资公司才能实现双赢和跨越式的大发展。

4.2　合资公司战略制定的前提

4.2.1　母公司对合资公司的发展战略要重视和支持

母公司发展带动子公司发展，这是共同发展的原则。这一点在合资公司也不例外，母公司对旗下合资公司发展战略的支持是合资公司做优、做强、做大的强大的基础和保证。例如，国内某合资公司得到了母公司的全方位支持，包括在市场上的强有力支持、资金投入上的支持以及政策上的大力扶持，从合资起步到今年经过 18 年又好又快的发展，现已成为国内同行业技术领先、管理领先、年销售收入领先的最优、最强、最大的汽车零部件合资公司之一。如今这家中外合资公司已走出国门，正在向成为国际上同行业最优、最强、最大的国际化公司跨越式前进。

国内也有的零部件企业和合资公司的发展和发展战略受到了制约，母公司的集团公司内部的整车合资公司各自为政，母公司的集团公司内部的各零部件板块和其旗下的零部件、分子公司同行业竞争、重复性投入严重，政策扶持难以兑现或者上边有政策下边各有对策等。

因此，母公司的集团公司分管管理者的倾向性是非常重要的。虽然大家都说不要行政干预，但在现实的经营运作过程中，由于母公司的集团公司的管理者的分工和分管的板块与事业单元不同，因而存在着分管的倾向性和各自为政、都要业绩、都要发展的“春秋战国”局面。这导致集团内部板块之间不管内部分工如何，不管是否是自己的业务范围，只要是有利的业务就争就抢，从而出现无序竞争、重复投入。集团分管领导的行政干预在现实工作中是客观存在的，是不以人的意志为转移的。

4.2.2 高层领导的全局观念和意识更为重要，具有决定性作用

所谓的全局观念和意识就是要做到以下三点：统一领导、统一规划、有序发展。

第一，必须统一领导（这是统一领导、统一规划、有序发展的三点之中最重要的一点）。例如，集团内部分管整车的副总经理要对自己分管的整车负责，就会认为整车的利益高于零部件的利益，所以就会首先考虑整车利益；然而，集团内部分管零部件的各个板块的各位副总经理则会千方百计地支持自己分管的零部件板块的发展。在这种情况下就需要请集团公司总经理亲自挂帅、亲自管理全集团的零部件所有板块，亲自定期或不定期地协调在其旗下的整车与零部件板块的业务资源，这是解决整车和零部件板块发展的头等大事，也是集团发展的头等大事。因为零部件与整车的发展是相辅相成的，集团没有旗下系统化、模块化的强大的零部件企业支持，整车国产化就难以实现。同时，集团没有旗下整车的发展和带动，零部件企业也更难以发展。

公司可明确指定一位集团公司副职领导负责协助总经理管理全集团公司的所有零部件企业，以避免各个零部件板块都有分管的集团公司领导，出现集团公司主要领导为协调和解决各零部件板块的业务和关系，召开协调会议和战略研讨会等各种会议的现象，而且效果也并不明显。否则，仍然会存在各自为政、重复投入、内部同业竞争的无序现象。

第二，集团公司对各零部件板块内部的业务进行统一规划，明确分工，明确各零部件板块业务发展战略和业务范围。

第三，由集团公司规划部门检查、监督各个零部件板块按照集团公司的业务分工和要求有序发展的情况。

以上三点如果能够实现，效果会比较明显，能够调动集团公司内部各层次的积极性，促进集团公司旗下的各整车公司和各零部件板块及分子公司、合资公司的协调有序、可持续健康发展。

此外，也可以考虑按照市场化的原则运作。即集团公司各零部件板块都按照市场的规则运作，母公司的集团公司的有关领导都不说业务给谁或不给谁，实行公平、公正和公开的市场竞争机制。这也是集团公司旗下的零部件中外合资公司所期盼和希望的，用公平竞争解决行政干预带来的难以解决的困难。做好母公司和母公司的集团公司高层的工作，取得母公司和母公司的集团公司高

层领导的支持，对合资公司来讲是至关重要或者说是最为重要的。

4.2.3　“零部件”和“整车”是相辅相成的，缺一不可的

中外合资公司经营管理实践告诉我们，缺少重要零部件生产支撑的汽车集团的自主品牌是难以发展的，没有强大的零部件系统的支撑，不可能有强大的自主品牌汽车。

依靠外力（外部零部件的设计开发和制造商），即外部零部件的支撑是不可能长久的。外部零部件公司在其母公司旗下的汽车公司需要自己的零部件在开发设计制造等方面支持时，在不同客户的开发和交付业务交叉且涉及资源冲突时，其会首先支持自己的母公司，而需要外部零部件支持的其他汽车公司就会在竞争中出现问题，是不可能有竞争力的。

作为大的汽车集团必须建设强大的零部件组成的系统化、模块化的零部件分、子公司，这样的汽车集团公司才能保持竞争力。

一个汽车集团的发展，需要有一批产品质量成本优、产品性价比好，具有系统化、模块化且形成规模化和具有较强的研发设计与制造能力的零部件分、子公司的支撑。否则，是不可能制造出满足最终用户需求的汽车的。一个汽车集团的关键和主要零部件组成分散的结果是，谁也做不好、做不优、做不强，最后被竞争对手各个击破。

因此，要重视和发展汽车集团公司内部的关键零部件和总成的系统化、模块化的设计开发和制造能力的建设，要把分散的“筷子”集中起来才能有力量。这是致力于发展自主品牌汽车公司的必由之路、制胜之路。

4.3　合资公司战略制定的要点

4.3.1　发展战略目标

合资公司的发展战略目标是非常重要的，战略目标决定了中长期事业发展的方向和发展的整体规划。公司的发展战略目标必须有利于合资公司效益的持续增长和长远发展。

有一家中外合资公司制定的发展战略目标是：价值、品质、世界一流；培养一流的团队、拥有一流的技术、实施一流的管理、创造一流的业绩，打造成

为世界一流的国际化公司。采取的发展战略措施是："师夷、平夷、胜夷"，学习和引进先进的研发设计技术和管理方式与方法，实现技术创新、管理创新；建设一支拥有先进技术和管理能力的本地化人才队伍，变中国制造为中国设计制造。

另外一家中外合资公司在"积极创新、科学发展、规范运作"的指导思想下制定的经营战略目标是："以行业领先的技术、有竞争力的价格，迎接市场挑战，战胜竞争对手"，即通过领先的技术和性价比优的产品来迎接挑战和赢得市场，追求公司合法利益的最大化。保持合资公司的销售收入和利润的持续、健康、稳步增长是实现经营战略目标的基本保证。

4.3.2 经营战略要点

中外合资公司的经营工作要做到"方圆结合"，执行法规要"方"，开拓市场要"圆"，管人要"方圆"结合。执行法规要"方"是指执行国家的政策和法律法规和合资公司的规章制度要不折不扣、百分之百，一就是一、二就是二。开拓市场要"圆"是指技术和商务报价圆满（有竞争力）、同步开发圆满（设计、开发、质量和进度让客户满意）、与客户的关系融洽圆满（客户对某些供应商的公司"喜见乐闻"，很愿意与某些供应商的公司打交道）。管人要"方圆"结合是指管人首先要严格治军，按规矩办事，即"没有规矩不成方圆，有了规矩不画还是不成方圆"。在管人严格的同时还要有"人情味"，这就是管人的原则性与灵活性相结合的运用，在坚持"方"的同时，又要体现"圆"的灵活性。让公司的员工在按照规范工作的同时，也能实现快乐的工作，实现健康的、良好的、和谐的人际关系，以体现出管人的"方圆"结合。

合资公司的经营在做到"方圆"结合的同时，还必须重视人才、产品、市场、技术，对创新要有实现的信心和以诚对待客户及供应商的良好的信誉。

4.3.2.1 人才是企业竞争之核心、制胜之本

人才资源是第一资源，企业的竞争取决于人才的竞争。因此，合资公司要"海纳百川，广聚人才"，要做到培养本地化人才和引进人才相结合，对人才实行"重用、重薪和重奖"，使用好人才、留住人才、充分发挥人才的作用。对人才实行"想干事的给机会，能干事的给岗位，干成事的给地位"的策略，使人才真正成为合资公司的核心竞争力，成为合资公司的制胜之本。

4.3.2.2 产品是企业生存之根、发展之本

产品是否适应市场和客户的需求，产品是否具有竞争力，这是合资公司生存和发展的根本。

例如，W 合资公司成立初期仅有 1～2 个产品，难以维持下去。就在这家合资公司举步维艰时，一个主要客户的两个重要项目预定点给了国外的一家公司，因为国外这家公司的母公司是客户的股东之一。这一举动对 W 合资公司可真是"雪上加霜"，在这紧急时刻，W 合资公司的中方总经理毅然越级向集团总部主要领导汇报，得到了集团总部主要领导的支持，争取到了与国外的那家公司进行公平竞争的机会。W 公司中外方总经理和经营团队在参加客户的 A 和 B 两个项目招标时齐心协力，并在确保项目研发、质量、进度的同时，在价格上也胜对手一筹，终于赢得了 A 和 B 两个项目，使濒临解体的公司得以绝处逢生，并逐步实现了可持续的跨越式发展。

又如，D 合资公司在参加 S 汽车公司一个零部件的竞标，客户的这一个零部件的价格压得很低，D 合资公司的外方总经理认为，这个项目风险很大，对拿这个项目持反对的态度。而中方总经理认为，这个项目的风险的确很大，但是这个项目是合资公司后续产品发展的一个核心产品和战略产品，合资公司的后续产品不能断链子，因此，要克服困难，控制好成本（设计开发费用、采购费用、制造费用等），才能拿到这个产品。D 公司中方总经理在带领有关部门制定采购零部件和材料的目标价格后，又带领采购部与相关的供应商一家一家地谈布点事项，最终确保了这家合资公司的这个项目的利润目标。

经过 D 合资公司中外方团队的不懈努力和与客户的沟通，在这个项目的技术和商务报价的竞争中胜出，并获得成功。

4.3.2.3　技术是企业产品竞争之法宝、盈利之本

合资公司的效益不仅是制造出来的，更是设计出来的，也就是说设计出效益。效益必须从源头抓起，即从设计开始，根据客户的要求再加上合理的利润后，对客户需要的产品进行设计。即按照一分价钱一分货的原则进行设计，按照客户需要"西装"来设计"西装"，按照客户需要的"工作服"来设计"工作服"。这样既可以满足客户的需求，也能满足合资公司的利润和效益的要求，体现了设计和技术是企业产品竞争之法宝、盈利之本。

下面介绍一些技术制胜之例。S 合资公司刚刚成立不久，正逢客户的 T 产品招标，主要竞争对手是国内同行，一家具有一定实力的民营企业，其在进度，尤其是价格上有竞争力，但是其技术研发能力和质量保障能力较弱，被客户在议标时否定。而 S 合资公司在自身具有一定的设计开发能力和质量保障能力的基础上，还有合资公司的母公司的技术支持和质量管理控制的支持，最终被客户选定而胜出。

又如，国内某汽车公司准备上市一款新型轿车，为了使驾驶座舱系统与整

车风格匹配和谐完美，这家汽车公司提出仪表板模块化和驾驶座舱系统打包招标的方案。准备参加招标的四家企业，其中A、B两家只具备仪表板本体等部分一级零部件的设计开发能力，而不具备仪表板模块化和座舱系统的设计开发能力，因此被淘汰。另外参加竞标的C、D两家公司都具备仪表板模块化和座舱系统的系统化、模块化的设计开发能力，其中C公司是设计开发和价格都有竞争力的中外合资公司，D公司是设计开发有竞争力而价格缺乏竞争力的国外独资公司。最终，是既有设计开发竞争力也有价格竞争力的C中外合资公司中标，这充分说明了技术是制胜的法宝、盈利之本。企业在拥有设计开发技术的同时，再拥有价格竞争力，就会所向披靡，获得成功。

现在的汽车市场为适应消费者的需求和激烈的竞争环境，更新换代非常快，这无形中就压缩了新车型的设计和开发时间。这时，主机厂通常要求零部件供应商具备在技术上与其同步设计开发的能力；否则，在预定点时就不予以考虑。可见，技术开发能力对企业获取新业务是至关重要的。

因为市场上激烈的竞争，成本的压力也凸显出来。在内部管理过程中的降低成本已做到极致时，就只能通过技术降低成本，通常惯用的方法是VA/VE（价值分析和价值工程）。

此外，我们说技术是盈利之本，是因为在开发设计的过程中，已经根据合资公司盈利情况和客户的需求进行设计，其中重要的一点就是充分考虑了合资公司的盈利情况，保障了合资公司的合理利润。

4.3.2.4 信心是企业经营之利器、业绩之本

有的合资公司的员工安于现状，危机意识淡漠，看重待遇，争待遇不争贡献，推责推诿不愿作为，缺乏进取精神和斗志。即缺乏创业时的艰苦创业精神和拼搏精神，存在安于现状的现象和有利争、无利推等扯皮的现象。缺乏信心和进取精神是合资公司经营管理中要注意的关键问题。

合资公司要实现中长期事业计划和完成年度经营目标的关键是，看公司的经营管理团队和员工有没有克服困难、战胜困难的信心。

信心足的团队会把困难和风险看成机遇，因此，看到的机遇就会大于困难和风险；信心不足的团队会把机遇看成困难和风险，那么看到的困难和风险就会大于机遇，就会“一叶障目”，被困难和风险所压倒。请牢记“信心是企业经营之利器、业绩之本”。

4.3.2.5 创新是企业发展之源泉、活力之本

企业是否能够源源不断地向前发展，就在于企业是否具有源源不断的创新能力。创新能让企业不断获得新项目，能让企业充满活力和希望，能让企业做

优、做强、做大，能让企业实现跨越式的大发展。创新包括思维创新、技术创新、产品创新和经营管理创新等。思维创新是创新之灵魂，技术创新是企业竞争之法宝，产品创新是企业发展之源泉，经营管理创新是企业活力和兴旺之根本。

例如，国内的一家中外合资公司首先创新使用了汽车饰件（门内护板）阴模真空成型吸塑技术，既满足了客户对产品的外观要求，又节省了制造成本，而且质量上也有保障，为合资公司带来了销售收入和利润的增加。

4.3.2.6　诚信是企业竞争之魂、兴旺之本

一家企业在市场竞争中要具有竞争力和立于不败之地，就必须讲诚信、有诚信、守诚信、重诚信。

企业不讲诚信、没有诚信，就没有市场、就没有客户。个人不讲诚信、没有诚信，就没有朋友，在社会上就难以立足。因此我们说，诚信是企业竞争之魂、兴旺之本、立足之本。

4.4　合资公司经营矛盾和对策

4.4.1　竞争力弱与业务拓展的矛盾

公司要发展就需要不断地开拓业务，但是在开拓业务时又会出现技术、质量、成本和服务缺少竞争力的情况。当出现这种矛盾的时候，就需要我们首先要对自己所在的合资公司有坚定必胜的信心，然后针对存在的不足，制订提升技术、质量、成本和服务的行动计划，关键是要按照行动计划立即采取措施行动起来，不断改变现状，提升合资公司的竞争力。这样才能解决这一矛盾，获得新业务，实现可持续发展。

如果面临客户质量要求高、成本要求低的矛盾该怎么办呢？当今的供应商几乎都面临客户的近乎苛刻的要求，即对产品质量的要求标准越来越高，对产品价格的要求是压得越来越低。解决的方法：一是加快培养低成本和质量达标的供应商队伍；二是改变和改进制造工艺，在确保质量的前提下，选择低成本材料和协配件；三是在选择供应商和改变自制工艺时，都必须坚持质量优先的原则。

4.4.2 投入不足或滞后与制造能力的矛盾

有一些合资公司的外方对投入持反对和消极的态度（世界金融危机对外方的投入态度也有一定的影响），而导致合资公司的制造能力不足，影响或严重影响合资公司向客户的交付。

针对这一问题的解决的方法：一是合资公司的中方团队要按照系统工程管理的方法，采取预测和预控措施，提前进行防范，组织安排适当的外委和利用休息与节假日建立适当的储备，以确保向客户的交付。二是与合资公司的外方进行沟通，耐心地做外方的工作，争取做通外方的工作，按照实际需要进行必要的和及时的投入。合资公司确保向客户的交付是刚性的硬道理。

4.4.3 人力资源不足与劳动生产率低的状况

当前劳务市场是求大于供，招工难、招人才更难。另外，有的公司还存在劳动生产率低的状况。

对人员招聘难的解决方法：首先，要做好关于招人待遇的工作，把公司现有和拟招聘的工人（小时工）的薪酬标准调整到公司所在省市的同行业的平均或略高一点的水平；其次，把现有和拟招聘的设计人才的薪酬标准调整到本公司所在省市同行业的同类人才的最高标准等。

对劳动生产率低的解决方法是，采取市场薪酬标准与计件考核相结合，即按照市场产品价格工时进行计件考核。计件考核的具体方法是，考核产品完成的质量、数量和交付的进度。还有一种方法是按工时进行考核，关键是工艺节拍和工时必须准确。

4.4.4 内部业务资源外流与内部业务不足的矛盾

内部业务资源外流与内部业务不足的矛盾目前是客观存在的。例如，某集团公司旗下的整车公司把内部零部件分、子公司主营业务中的产品给了外部，并将外部企业确定为战略供应商。

针对这一问题解决的方法是，市场需要零部件合资公司所在集团和集团内汽车公司或汽车合资公司在市场与政策等方面的支持。

例如，国内的某汽车集团公司在本地和向外地发展时，对旗下整车和零部件企业（包括旗下的合资公司）采取同步规划、同步配套、同步发展的集团发展战略。

又如，国内某汽车集团对旗下的整车和零部件企业采取大协同发展战略，也是解决内部业务资源外流与内部业务不足矛盾的有效措施和方法。

当然，这更需要零部件企业和零部件合资公司自身的努力，合资公司既要具备一流供应商应具备的竞争能力和市场经济条件下所必须具备的能力，也要学会借助集团公司的“东风”，乘势而上，把合资公司建设好、发展好。

4.4.5 客户的图纸和数据与产品实物装车状态不符的矛盾

在合资公司和企业的经营运作中，有时会遇到客户定点的新产品的图纸和数据与投产后的产品实物装车不符的矛盾。而在这种情况下，供应商如果按照客户发放的图纸和数据做出产品，是无法装车的，不是装不上，就是装上后间隙过大不符合要求。供应商要求客户更改图纸和数据，客户会一口回绝：“图纸和数据都不能改。”

那么怎么办呢？供应商没有其他的选择和办法，只有按照装车的需要被迫修改本已符合图纸和数据的模具，以确保装车任务的完成。修改后的模具做出的产品，虽然可以保证装车，但是却不符合客户提供的图纸和数据的要求，因此，还不能被客户确认为是符合要求的产品。

但是，为了确保新产品能够按照计划上市，客户也只好给供应商发放产品让步接收的文件。这是有的客户的产品修正概念的体现。即如果需要修改模具，有的客户会要求供应商修改模具，去匹配客户自己的不符合数据的模具。此外，按照模具修改的惯例，应该是坚持改小不改大的基本原则和做法。

4.5 合资公司的技术合作

在中国的中外汽车零部件合资公司，在国际化、工业化和市场化的大潮中，要占有一席之地，就必须适应客户“同步开发、全球发包”的要求。而目前在中国境内的中外零部件合资公司并不都具有这一能力，并不都能满足客户的要求。因为要满足客户的要求，就要具备客户要求的条件，即要在客户所在的国家与客户同步设计和开发，并与客户在世界多国的公司配套。这样的要求，是在中国境内的很多中外零部件合资公司或国内企业目前难以做到的，这就要求这些公司寻求能满足客户要求的国外公司或国际化能力强的公司进行技术合作。

4.5.1 双赢和共赢是技术合作的前提和基础

国外具有同步开发和全球配套能力的零部件公司因成本（出于在中国某地建立独资公司和建立合资公司的成本考虑）和战略发展的需要，也需要在中国某地寻找一家符合条件的合作伙伴为客户配套。而中国境内符合条件的零部件中外合资公司也需要获得新业务，这就为技术合作奠定了基础。技术合作能否成功的关键就在于双方的技术合作是否能实现双赢和共赢。那如何实现双赢和共赢呢？利益分配就至关重要，利益分配达成共识就可以实现双赢和共赢，就可以调动两方（或合资各方）的积极性。

4.5.2 技术合作利益的合理分配

（1）国外具有同步开发和全球配套能力的零部件公司的三项基本利益：①一次性技术转让费（没有固定的模式，需要双方根据项目大小和盈利情况协商确定）；②技术转让的权益金（一般情况为转让项目销售收入的2%～3%，双方也可以根据项目大小和盈利情况协商确定）；③技术支持费用（派遣专家和工程技术人员的每天费用，一般情况为1小时100美元，双方也可以根据派遣人员的具体情况商定）。

（2）中国境内符合条件的零部件中外合资公司的基本利益：①投资回报率（IRR）一般情况在×%左右；②销售利润率（ROS）一般情况在×%左右。

第 5 章　中外合资公司组织结构调整和人员管理

分权有序、层层负责、相互支持、掌控适度、和谐统一，是中外合资公司有效的管理方式。通常先由分管部门提出主导性意见，其他部门提出修改和完善意见，并进行会签，最后由公司高层共同决策，如中外方总经理的双签制度。这样避免了某一个部门或某一位领导说了算的现象。

5.1　合资公司的组织架构

合资公司应建立“以客户为导向的业务组织化经营机制，以保证合资公司的快速反应能力和高效率”（见图 5—1）。

为了适应市场发展的需求，企业必须建立一个以客户为导向的经营管理机制。这个机制是以客户为中心展开的，基本设置为：

——客户部，其下面按不同客户或业务板块分设若干个分部，如可分设：欧美系客户分部，主管与欧美有合资合作的主机厂业务；日韩系客户分部，主管与日本和韩国有合资合作的主机厂业务；中国系客户分部，主管本土自主品牌等主机厂业务。

——项目部，其下面的分部设置与客户部一一匹配，以方便与客户之间关于新业务和在开发业务的沟通。

——技术中心，其下面分设若干个设计科，根据产品类别分设若干个产品科，另外，还要设置产品验证科和配备相应的实验设备。

——制造工厂，其按区域设置，以便与不同地方的主机厂进行更好的配套服务。

——其他服务部门，包括负责供应商定点及开发管理的供应链管理部、负

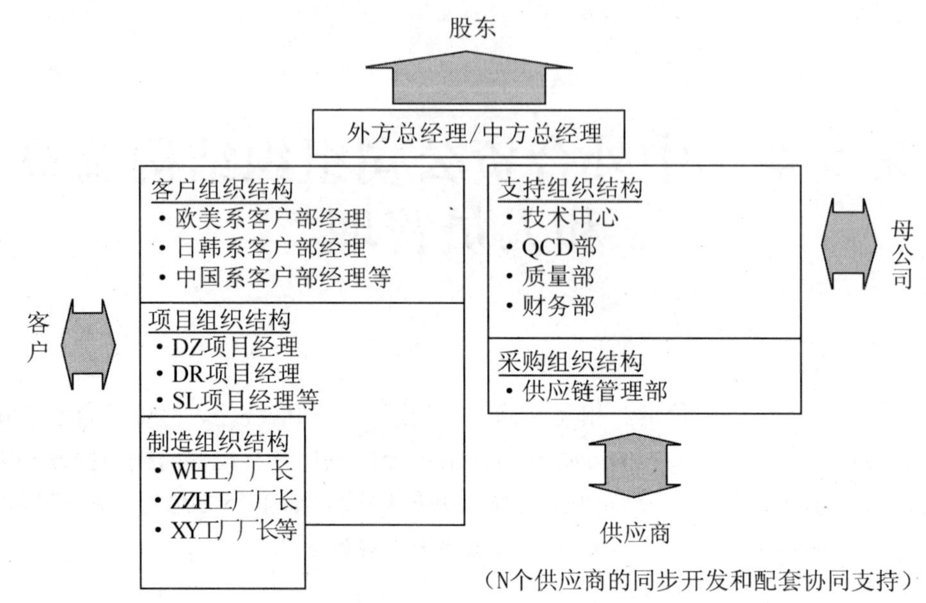

图 5—1　合资公司的组织架构

责提供人力资源和培训管理的人事部、负责监控财务预算的财务部、负责行政管理的综合管理部等。

这种经营管理机制，方便各个部门通力合作，与客户衔接，以便按客户要求做出快速反应，体现公司经营机制的高效率。

5.2　合资公司的重要机构

5.2.1　中外合资公司的董事会

5.2.1.1　董事会的设定

中外合资公司的董事会是合资公司的决策层，是合资公司建设和发展最重要的组织机构。董事会有权决定合资公司以下重要事项：①经营管理层的重大人事薪资变动和调整，如中外方总经理和各部长的任免、薪酬的调整发放以及分红与利润留存等。②发展投资，如与另外公司的合资或入股、收购或兼并等重大事项。③股比调整，即一方、两方或各方的股比增加与减少等。如一方提出股比由40%调整到50%，并希望合并报表，这就需要合资公司各方股东的共同确认和修改合资合同及章程等。④能力建设投入，如购买土地、厂房建设、“精大稀关”的重要设备等。⑤市场划分，如为避免一方股东在同一地区同一客户与本公司争抢业务的事情发生，需要在合资合同中确定或在董事会上做出决议等。包括但不限于上述事项的，涉及合资公司的重大事项，且需要董事会决策的事项都必须经董事会批准。

5.2.1.2 董事会会前的沟通方式

为确保合资公司董事会的成功召开，达到预期的目的，在董事会召开之前的沟通是非常重要的，下面介绍几种会前沟通的方式：

（1）一方主动沟通的方式。如涉及合资公司重大的人事薪资变动、股权调整、发展投资、能力投入和市场划分等重大事项，合资双方、三方或各方股东，在董事会中任董事长、副董事长和董事的要相互积极主动地沟通。合资公司的一方董事长、副董事长或董事在董事会召开前一个月至三个月或半年，就要分别和另一方或另两方及各方进行分别沟通，逐一达成共识。

（2）专题会议的方式。合资公司中外方可以在董事会正式召开前，召开一次或几次小范围的特别董事会的专题会议，请各方董事充分酝酿、各抒己见，在讨论中找到解决问题的方法，并在董事会正式会议之前达成共识，以免在正式董事会上出现僵局。

（3）酒会的沟通方式。合资公司经营管理层在正式召开董事会的前一天晚上，组织一次酒会，提请董事长或副董事长牵头，并向所有董事发出邀请，即邀请所有董事及列席董事会的有关人员参加酒会。

在酒会的轻松、温馨、和谐的氛围和环境中进行沟通，有时会取得意想不到的效果，使复杂的事情变得简单，使僵持的事项得到缓解和理解，在对合资公司负责就是对股东负责的共同利益驱使下达成共识。

5.2.1.3 董事会的沟通策略

合资公司在一些重大事项采用事先沟通的方式仍不能解决的情况下，可以采用各让一步的方式，以期打破僵局，达成共识，解决问题。

对于股比为50∶50的中外合资公司总经理的调派，一方股东希望总经理由自己一方派遣，而另一方股东认为应该由自己一方派遣。遇到这样的问题，第一，各方首先应考虑由哪一方派总经理对合资公司最有利，从有利于合资公司的建立、建设和发展来考虑第一任总经理由哪一方派遣；第二，从第二任起可以采取总经理轮换派遣制；第三，从合资公司成立之日起就实行总经理和常务副总经理共同负责制（总经理和常务副总经理应由两家最大的股东分别派遣），合资公司的人、财、物等所有重大事项均实行双签制。这样各让一步的做法，使各方股东都能接受，并达成共识。

5.2.2 合资公司党委

按照2006年1月颁布的《中华人民共和国公司法》中有关条款的规定，中外合资公司应按照规定设立党委，并明确了中外合资公司“两公开、两纳入”设立党委的要求。法规和要求为中外合资公司党委的设立和建设发展奠定了基础，并指明了方向。

例如，国内有一家中美合资公司在设立党委时，外方表示不理解，他们不明白企业不是政府，为什么要成立政党组织，如果这样是否也要把美国的政党引进中美合资公司。中方对此做了大量的沟通与交流工作，阐明在合资公司设立党委和运作的依据：

(1) 中国法律的规定（2006年新《公司法》），中美合资公司也应设立党委。

(2) 在中国的中外合资公司中的中国共产党的各级组织（党委、党总支、党支部、党小组）是支持中外方总经理和经营管理团队依法经营，并实现经营目标的。

(3) 中外合资公司的党委和各级党组织是合资公司企业文化建设的领导者、倡导者和实践者。

经过中方的耐心沟通，外方同意合资公司设立党委。但是在中方按照上级党委要求的专职党务工作人员比例提出党委工作人员名额时，外方又提出了新问题，不同意按照规定比例给予编制，外方认为党委工作人员不能创造经济价值，有人做就可以了。中方又再次耐心地与外方沟通和交流，经过多次沟通，终于说服外方同意按照党建规定和上级党委要求的比例给予党群干部人员按照6/1000定编、定岗、定薪，给予合资公司党组织按照公司年度工资总额5/1000的活动经费，并列入合资公司年度预算，同时对合资公司党组织在合资公司活动和活动时间给予认可。这家中外合资公司的两级党组织发挥了很好的作用，促进了合资公司的精神文明建设、物质文明建设、社会文明建设和环境文明建设等。

5.2.3 合资公司工会

在中外合资公司设立工会组织，外方和中方的意见基本是一致的，是同意和赞成的，这也是国际上通行的做法。

合资公司的工会工作与国企的工会工作是有所不同的，合资公司工会面对的不仅是中方的员工，而且还有外方的员工，如何在发挥工会组织作用的同时，兼顾合资公司的特点，创新合资公司的企业文化，是合资公司工会所面临的一项新的任务。

例如，有一家中外合资公司的工会在依法维护员工和企业权力的同时，还充分发挥了桥梁和纽带作用。根据党委和员工及企业以及外方的要求，这家合资公司工会在注重中方员工要求的同时，也十分注重外方员工或派驻人员的要求。这家中外合资公司工会在组织开展工会活动时，积极主动邀请外方员工和派驻人员同中方员工一起参加文艺和体育活动，充分地调动了中方和外方员工的积极性。这家工会在合资公司中发挥了工会与行政、工会与中外方员工的桥梁和纽带作用。由于这家合资公司工会的组织和协调作用的充分发挥，以及积极地与合资公司的中外方员工进行沟通和交流，为合资公司企业文化建设和创建和谐的企业文化做出了贡献。

同时，这家合资公司工会还根据公司的各方客户语言涉及英、法、日的特点，以及员工学习外语的要求，先后成立了文艺协会和体育协会。文艺协会包括文学社、英语午餐会话、法语沙龙、日语角、歌咏队、舞蹈队等；体育协会羽毛球队、乒乓球队、网球队、足球队、篮球队和高尔夫球队等。工会繁荣和活跃了员工文化体育生活，促进了合资公司与合资公司中中外方员工的和谐发展。

5.2.4 构建“五个和谐统一”的企业文化

和谐文化强调的是不同事物的和衷共济，也就是孔子指出的“和为贵”与“和而不同”、“和为主导，求同存异”。

合资公司建立和发展“五个和谐统一”的企业文化，不仅是党群部门的事，也是中外方总经理和经营管理团队的任务。基于合资公司跨越式发展的共识，因此，加强中西文化的融合，形成“五个和谐统一”的企业文化就显得尤为重要：

（1）努力实现公司和股东、员工、客户、社会的和谐统一。

（2）努力实现合资公司“今天的事业今天的钱、明天的事业明天的钱和后天的事业后天的钱”的和谐统一，而不能顾此失彼，更不能有短期行为。

（3）努力实现自主研发、自主创新和引进技术的和谐统一。

（4）努力实现公司与员工劳动关系的和谐统一。

（5）努力实现合资公司发展和稳定的和谐统一，使合资公司的利益和员工的利益都能得到保障。

5.3 合资公司的重要岗位及人员增减

5.3.1 重要岗位

中外合资公司的各方对合资公司重要岗位都很重视，这些重要岗位主要有中外方总经理、技术中心主任、财务部长、采购部长等。

合资公司中外方股东和董事在对派驻到合资公司的中外方总经理特别重视外，还对三个岗位特别关注和重视，即技术中心主任、财务部长和采购部长。技术中心是公司核心竞争力的关键部门，控制了技术中心就等于控制了公司的核心部门。有些外方对财务部长岗位的重视程度与总经理岗位一样。因为控制住了财务部门就控制了公司经营核心部门，控制了采购部门就控制了公司70%左右的资金流动。

5.3.2 重要岗位人员的派遣

5.3.2.1 总经理、常务副总经理的派遣

在50：50的中外合资公司可以实行总经理和常务副总经理共同负责制度。即在合资公司人、财、物、投资和发展等大事方面实行双签制度，中外方总经理或常务副总经理的权力对等，并实行任期轮换制度，可三年一个任期。

如第一个任期总经理由外方派遣，常务副总经理由中方派遣。第二个任期总经理由中方派遣，常务副总经理由外方派遣。

而在40：40：20的中外合资公司可以实行总经理和常务副总经理共同负责制（中外方的总经理或常务副总经理可以由各占40%的两方股东分别推荐其中一名，由董事会聘任），并实行任期轮换制度。各占40%的两方股东可以协商达成共识，第一任期总经理如果由外方派遣，常务副总经理由中方派遣；则第二任期总经理由中方担任，常务副总经理由外方担任。

另外，根据合资公司的工作需要和有利于合资公司的发展，也可以不按照股比多少，经过各方协商达成共识后由某一方选派总经理或常务副总经理，由另一方选派技术中心主任、财务部长及采购部长。

5.3.2.2 财务部长和采购部长的派遣

在合资公司成立前的合资合同谈判中，外方一般都会提出财务部长岗位和

采购部长岗位由外方选派的要求。一般情况下，合资公司财务部长应由控股股东或最大股东选派，同等股比的情况下，由中外方协商解决。如果是只有两家股东的中外方合资公司，可以考虑财务部长和采购部长由两方各选派一名，分别任财务部长和采购部长。如果是三家股东，可以考虑由前两家大股东选派，也可以三方股东协商达成共识后选派。财务部长和采购部长等重要岗位可以采取本地化，也可以考虑需要在第一任期由中方和外方各派遣一名任财务部长和采购部长，在第二任期以及以后任期最好实现本地化，有利于降本增效。三家股东中，较小股份占比20%的股东方可以派遣一名管理者，担任财务部长或采购部长，采购部长和财务部长也可以实行本地化的任期轮换制度。其他股比组建的合资公司，可以根据合资公司的股比多少，经董事会充分协商达成共识后，由确定的某一方选派财务部长和采购部长等。

5.3.2.3　技术中心主任的派遣

对于合资公司技术中心成立初期，因研发能力还处于起步阶段，技术上还需要国外母公司的支持，所以，第一任技术中心主任最好由国外方股东派遣。这样，在需获取国外的技术支持时，沟通起来会比较方便。特别是现在的OEM为降低开发成本和采购成本，通常实行全球化定点，这意味着某些新业务的定点与开发是合资公司与国外母公司，或母公司在国外的兄弟子公司同步开发的。这时，接受母公司调派的技术中心主任在开发设计与沟通方面可带来很多便利，信息的共享与互通也较好。当合资公司的技术中心具备成熟的设计研发能力后，可聘请本地化人才做技术中心主任，以实现“师夷、平夷、胜夷”的发展战略目标。

5.3.3　人员增减

合资公司在没有预算的情况下是不允许增加人员的，这是刚性的。另外合资公司还有两项要求：一是销售收入的增长比例要大于人员的增长比例；二是在下一年度的预算中人员与销售收入基本持平时，则要求裁减5%左右人员。但是在特殊情况下，即确实急需增加人员又没有预算的情况下，而且外方也不同意增加人员的时候，中方应抓住工作最需要人的时机，如在新拿到的项目需要增加人员时提出用人的需求，比较容易被外方接受。此外还有一点，就是在合资公司销售收入和人员的同比增长的情况下，增加人员也比较容易得到外方的同意和认可。

5.4 国内外中外合资公司的用人和培养

5.4.1 国内中外合资公司培养人才和引进人才

国内中外合资公司也与其他企业一样，常为招聘不到合适的人才和留住人才而烦恼。然而，培养人才才是公司源源活水的主流，以合资公司的专业技术和经营管理骨干及专业对口的大学生为源头和主流，送出去培养和请进专家进行培养培训；以引进的人才为公司的源源活水的支流，引进拥有专业技术和管理能力的中高级人才；以外部技术和管理支持为辅流，引进高精尖的技术和适用有效的管理方式，以提升合资公司的技术研发能力和管理能力。这样合资公司的发展如源源活水滚滚来，像长江和黄河一样奔腾不息、源远流长。

在合资公司关于人才招聘不仅面临着外部的竞争，而且有时也面临着内部的博弈。例如，国内的一家中外合资的 D 公司在当地与另外两家企业展开人才招聘竞争。当地的一家外资 F 公司在需要人才时，总是以高出 D 公司一倍的薪酬去挖 D 公司的人才。而中外合资的 D 公司则以高出 50%的薪酬挖当地一家地方企业的人才。这样的外部人才招聘竞争是市场经济体制的必然体现，快鱼吃慢鱼，强鱼吃弱鱼，大鱼吃小鱼，小鱼吃虾米，弱肉强食，企业条件好、出薪高总会胜出。

又如，国内某中外合资公司拟从国外招聘一名具有较强现场改善和 VAVE（价值工程与价值分析）能力的 QCD（指整个公司对质量、成本、交付上的持续改善）专家，这家合资公司的外方总经理极力推荐其母公司从 F 国调派一名 QCD 专家，而中方总经理则希望招聘一名 R 国的有经验的 QCD 专家。中方总经理认为，QCD 起源于 R 国，其在经验和实践方面更丰富；且从 R 国聘请的 QCD 专家的费用只有其外方合资伙伴从 F 国调派的 QCD 专家的 1/3。因此，这家中外合资公司的中方总经理毅然谢绝了外方总经理的推荐人选，而坚持从 R 国招聘 QCD 专家。由于中方总经理的建议对合资公司更有利、更有益，外方总经理无可奈何，只好接受了中方总经理的建议，使这家中外合资公司顺利招聘了一名来自 R 国的 QCD 专家。

5.4.2 国内中外合资公司人员聘用和管理

国内中外合资公司的母公司应加强对派驻到合资公司的管理者和工作人员的管理、培训、培养和教育，并将派驻人员的个人发展愿景目标与母公司的发展愿景目标结合起来，让派驻人员看到希望和前途。

母公司对派驻员管理的边缘化和管理支持的弱化，会加快派驻人员的职业化和中性化，导致派驻的经理和管理人员被外方聘走或被竞争对手挖走，造成母公司和合资公司人才的流失和竞争力的削弱。

合资公司中外方总经理对本公司人员的管理和相互制约，应本着有利于合资公司和对合资公司负责的原则。

在合资公司，外方总经理和管理人员对中方的母、子公司的人员在合资公司工作期间得到提职是十分敏感的，一般情况下是不愿意提拔和使用曾经在中方母公司或子公司工作过的人员，外方会以合资公司应该多元化加以抵制。

例如，有一家国内的中外合资公司，经中外方总经理协商后达成共识，一致同意提拔了两名表现和能力都很优秀的主任级管理者为公司的两个部门的部长级管理者。但是当这位外方总经理进一步了解到这两名试用期满的部长级管理者是来自合资的中方子公司的人员时，这位外方总经理就感到很不舒服，在这两名试用期满的部长级管理者转正时，外方总经理拒绝签字，至今拖延了快一年了，仍然没有签字。这位外方总经理对中方管理者缺乏信任，缺乏“任人唯贤”和“举贤内不避亲，外不避仇”的正确态度。

又如，国内有一家中外合资公司成立五年后，中方总经理本着对合资公司负责的精神，对外方派遣的一名不称职的人员提出终止其合同的要求。中方总经理要求终止合同的这位派遣人员是一名F国毕业不久的大学生，不仅不能独立工作，而且还需要中方安排管理者带其工作。然而其是以外国专家的名誉来合资公司工作的，拿着外国专家的很高的薪酬，工作能力却很差，其能力和合资公司付出的薪酬严重不符，外方总经理虽然同意了中方总经理的意见，但是当时心里还是感到很不愉快。后来，经中方总经理与外方总经理的多次沟通，外方总经理对此表示了理解。

5.4.3 国内中外合资公司留住人才是成功之本

5.4.3.1 国内中外合资公司人才流失情况严峻

目前外方独资企业和民营企业大量涌入中国中西部区域，这些企业急需要招聘本地化的总经理、副总经理或部长级管理者，而且给出的年薪和待遇非常有诱惑力和竞争力。在这种情况下，按部就班的调整合资公司的人才薪酬待遇，已经远远不能解决人才流失问题。

国内的一家中外合资公司目前就面临着这种较为尴尬的局面，这家开业十年的合资公司，在十年的跨越式发展中，不但销售收入从合资公司刚成立的零起步，发展到今天的年销售收入 12 亿元；而且培养了一批拥有先进技术和管理经验的本地化人才队伍。可是由于近年来大量的外方独资企业和民营企业进入中国中部区域，人才的需求和对人才的招聘竞争非常激烈。加之这家合资公司人才上升的空间很小，薪酬待遇提升的空间也很有限，所以出现了人才被不断挖走的尴尬被动局面。

而这支人才队伍是合资公司的宝贵财富，必须留住他们，合资公司才能保持可持续的发展。在这种情况下，解决的办法是，如果这家中外合资公司想留住关键人才，就必须打破常规，采取特殊的超常规的做法，给想要留住和必须要留住的少数的关键核心人才与外方独资企业和民营企业相近或相当的薪酬待遇，否则是不可能留住想要留住的人才的。

具体做法有三种：①参考市场分值，人员的能力、业绩和贡献等分别采取所在城市分类中的上中下分值；②参考主要竞争对手的市场分值情况；③根据本公司的现状和需要改进的实际情况（对关键人才和核心人才采取超常规的薪酬待遇）。

同时，要特别注意避免新形势下的“吃大锅饭”和“平均主义”以及因循守旧的“平衡”做法等，这些做法都是有害的，也是不利于留住人才的。

例如，国内一家中外合资公司在成立之初招聘了一位中方总经理助理（秘书），后经过合资公司近十年的培养，现其已成长为一位出色的商务部长，业务能力和语言沟通能力都很强。但由于这家合资公司待遇偏低，而且发展空间很小，所以，当有一家国外独资公司以高于国内这家合资公司 5 倍的年薪聘请其为中国区域商务部长时，这位中外合资公司的商务部长就离开现在的公司。这种外方独资企业和急需用人的民营企业挖人的超常规做法和现象有继续蔓延和扩大化的趋势，以至于目前这家中外合资公司面临着人才不断流失的严峻考验和挑战。在市场经济的环境下，待遇留人显得更加突出和更加重要。

5.4.3.2 待遇留住人才是最重要的方式

国内的中外合资公司在事业留人和感情留人的同时，更要注重待遇留人，待遇留人是合资公司留住人才的关键和根本措施。否则，只能是空谈留人，不可能留住人才的。

我们非常清楚公司与公司之间的竞争，最关键之一就是人才的竞争。拥有了人才，就拥有了企业的今天、明天和未来。在当今激烈的人才竞争中如何留住人才呢？笔者认为可以在考虑人员成本的基础上，采取三个 1/3 的办法留住人才。

第一个 1/3 是必须留住的人才：合资公司内部在设计开发、工程技术、经营管理、项目管理等各个岗位经过考核排名前 1/3 的人员的薪酬等于或大于本合资公司所在省、市同行业的企业中相同岗位最高薪酬的 10%左右，而对稀缺的难以招聘的产品设计人才的薪酬，可以大于本合资公司所在省、市同行业的企业中相同岗位最高薪酬的 20%以上，甚至可以对关键的设计人员采取与全国同行业中最高的薪酬标准持平或高出的方式。这样才能确保留住人才。

第二个 1/3 是应该留住的人才：合资公司内部在设计开发、工程技术、经营管理、项目管理等各个岗位经过考核排名中间 1/3 的人员的薪酬可以等于本合资公司所在省、市同行业的企业中相同岗位的平均薪酬，也可以根据需要略高一点，但是不能低于平均薪酬。

第三个 1/3 是表现和能力一般的人员：合资公司内部在设计开发、工程技术、经营管理、项目管理等各个岗位经过考核排名后 1/3 的人员的薪酬可以等于或低于本合资公司所在省、市同行业的企业中平均薪酬的 10%以内。

当然上述划分具有一定的难度，也可以在每三个 1/3 的之间设置过渡薪酬标准，以减少每三个 1/3 的段差和坡度以及减少分配上的矛盾。

5.4.4 国内合资公司驻外人员的发展和培养

曾经有这样一种说法，“国外干三年等于国内干十年”。这种说法是说，在国外工作三年的经验相当于在国内工作十年的经验，这种说法也不是完全正确、全面的。因为地域文化的差异，思考问题的方式方法会有差异，管理水平也有差异，国内和国外的工作经验的确是不同的。但是具有国外工作经验的员工和管理者，今后派驻到国外或国内合资公司工作还是对工作有利的，对母公司也是有利的，可以很好地发挥他们在合资公司工作的经验和能力。中方对派驻合资公司的人员应定期或不定期地进行培训。

例如，国内有一家中外合资公司，成立初期在中方的建议下，选派了一批德才兼备的人员到 M 国合资伙伴的母公司进行为期 1～2 年的中长期培训。这一批在国外培训后回到国内合资公司的人员，在产品设计技术和项目管理以及实现本地化设计制造等方面发挥了非常重要的和决定性的作用。

这家国内的中外合资公司的中方还建议外方合作伙伴从 M 国选派优秀的设计技术人员、项目管理人员到合资公司工作，这家国内中外合资公司通过引进技术和管理专家，加快了这家合资公司设计技术、项目管理、制造装备、制造工艺和团队建设本地化的能力。

同时，这家国内中外合资公司对表现优秀和能力突出的派驻员工和管理者，在职位、职级提升和加薪、奖励等方面予以优先，在选贤任能、多出人才、用好人才、留住人才、充分发挥合资公司人才的作用等方面为国内的其他的合资公司做出了表率。

5.4.5　国外派驻人员的薪酬

在待遇问题中，在国外的中外合资公司中的中方派驻人员的待遇问题是稳定的基础和头等大事。

中国改革开放以来，国内企业走出国门发展的越来越多，由于中国企业的规模和实力的不同，因此，外派人员的待遇也是不同的。如果待遇问题解决不好，就会出现外派人员不愿去或去了之后一边做公司的事一边做自己的事，甚至有的跳槽或脱离派驻的公司自己去单干。这时就需要采取行之有效的措施和办法：

（1）制定符合实际、科学有效的薪酬待遇体系和考核评价方式（制定的薪酬待遇要与派驻国家同类人员的待遇相等或高于派驻国家同类人员的待遇）。

（2）在给予年薪的基础上，可以给予派驻人员国外工作津贴或补贴，可以给予奖金或奖励性福利基金以及特别嘉奖等。

5.4.6　国外派驻人员的探亲或随任问题

在国外的中外合资公司中方派驻人员的探亲和随任问题也是一个稳住人才的问题。如果这个问题解决不好，就会出现很多其他问题，甚至造成不良的国际影响。

针对中方派驻人员在国外工作时间长、困难多和情况复杂等问题，可采取亲属探亲和外派人员探亲结合的方式，条件允许和符合条件的也可以采取亲属随任的方式，以起到稳定作用。

例如，有的在国外的中外合资公司的中方母公司采取派驻人员亲属到国外探亲，来提高中方派驻人员的工作效率，并起到稳定作用；还有的在国外的中外合资公司的中方母公司采取派驻人员亲属到国外随任的方式，来提高中方派驻人员的工作效率和起到稳定作用。上述两种方法经实践检验，都能发挥很好的作用。

5.4.7　国外中外合资公司的用人方略

国外中外合资公司的用工方法和策略应结合所在国家的法律和当地的政策来进行，用工方法得当，会节约人员成本；否则会“事倍功半”，不但增加成本，而且效果也不好。

关于招工事例，比如，在K国请政府劳动部门代为招工和企业自主招工有很大的区别：自主招工具有成本低、效率高和灵活性强等优点；而政府劳动部门代为招工则具有成本高、效率低和灵活性差等缺点。

例如，有一家在K国的中外合资的H公司，在刚成立时不了解所在国家的情况，就请政府有关部门代为招工，招聘的人员中身体状况参差不齐，甚至个别员工有残疾，其工作表现也不尽如人意。但是因其是H公司委托政府部门招聘的长期固定员工，企业也已经签订劳动合同，所以，还不能随便解除合同，如果企业要解除员工合同，就需要按照所在国家《劳动法》的规定，给每个员工一大笔赔偿金。因此，H公司是进退两难，苦不堪言。

然而同样在K国另外一家T公司却很有经验，不找政府部门代招员工，而是根据K国《劳动法》中关于“劳资双方达成的劳务和薪酬合同或协议受K国法律保护”的规定，并根据K国供大于求、“僧多粥少”的劳动市场实际情况和市场订单情况以及对员工的需求情况，按月或按季度进行自主招工和辞聘员工。市场订单少时，留下表现好、能力强的员工，辞掉表现差和能力差以及表现和能力一般的员工。在市场订单多的时候，按月签订合同或协议，表现好、能力强的留下，企业不满意的到期辞掉，下个月需要多少再招多少，应聘人员资源丰富，源源不断，取之不尽，用之不完。这样，收到了成本低、效率高和自主灵活性强的良好效果。

但是这种方法只能在人力资源丰富、供大于求的国家适用。而在国内目前人力资源普遍紧缺的状况下，这种方法是不适用的。

5.5　合资公司的规模盲目扩张后的机构弊端

合资公司做大后，机构层次增加，人员增多，分工过细，工作流程烦琐，效率低下，薪酬福利待遇越来越好，各职级管理人员越提越多，导致越来越不平衡。

部分人员对谋求更高的职位和更好的薪酬待遇及福利的追求与期望过高，对工作消极和推诿的现象出现，对市场和客户的要求反应迟钝和麻木，等等，这些现象导致“大公司病”的产生。“大公司病”曾使一些世界著名的大公司破产或寻求破产保护。

例如，某国外一家跨国公司组织机构庞大，人员众多，分子公司、合资公司遍布世界，其总部管理难度和幅度太大，造成机构臃肿，人员待遇和福利优厚，人浮于事，推诿扯皮，分工交叉，都管都不管。没事谁都管，有事谁都不管。最后导致这家跨国公司曾一度宣布破产保护。因此，要避免“大公司病”，任何合资公司的组织机构设置和人员配置必须本着精干、高效的原则。

又如，某国外一家著名的跨国公司鼎盛时期名列世界五百强之中，而今，因为在全球摊子铺的太大、太广，管理不到位，官僚主义盛行，机构层次太多，人员分工太细（因人设岗，而不是因需设岗），人员薪酬丰厚，福利待遇极佳；但是工作却是人浮于事、推诿扯皮、效率低下，公司负担太重、不堪重负，严重缺乏竞争力，无法获得新项目、新业务，结果搞得资不抵债，只好宣布破产保护。

因此，这家著名的跨国公司的大股东财团目前只能把现有众多亏损的分、子公司，一家一家地卖掉，把现有的业务一个一个丢掉。其教训是深刻的、触目惊心的，我们应引以为戒。

第6章　中外合资公司中中外方总经理的选拔、聘任和职责

中外方总经理是公司日常工作的主持者，是董事会聘任的高级管理人员。以中外方总经理为首的经营管理班子，其负责执行董事会的决策，在董事会授权范围内拥有公司事务的管理权，直接处理公司的日常经营事务。公司的全体成员都应该在中外方总经理的领导下，开展日常工作。人们常说的“鸟无头不飞，火车无头不跑”就非常形象地说明了这一点。不同的中外方总经理和经营管理团队的经营结果是不同的，所谓的“码头论”者，只不过是庸者和无所作为者的掩饰、搪塞与借口而已。

合资公司或一家企业的决策者和他或他们领导的经营班子对这家合资公司或企业而言是至关重要的，甚至具有决定性作用。事实和实践证明，一家合资公司或企业的优劣和发展快慢以及能否做优、做强、做大，并能否持续健康的发展，中外方总经理和他们的经营管理团队所发挥的作用是决定性的。因为“事在人为，成事在人，不同的人，就会有不同的结果”。

案例6—1

承担责任和压力　对合资公司负责

有一家中外零部件合资公司在其母公司的集团公司的自主品牌轿车项目汽车饰件招标时，因为时间进度比常规缩短1/3，并且目标价格很低几乎无利可图，还有更为重要的一点是，该项目是其母公司的集团公司总经理的“一号工程”，如果稍有闪失，将直接追究中方总经理的责任。因此，这家合资公司的大部分中外方管理者都认为风险很大，劝中方总经理不要争取这个项目，万一做不好，被母公司的集团公司主要领导追究行政领导责任，将会得不偿失。但是这家合资公司的中方总经理认为：

（1）国外品牌被外国人控制着，我们想做，有的外方不愿意给我们做，而自主品牌是中国民族品牌，我们责无旁贷。

（2）如果我们不去拿这个项目，就会使合资公司的经营出现脱节和断链子的情况，这是非常严峻的。

（3）我们要对合资公司负责，要对母公司和母公司的集团公司负责，不能因为怕做不好或拖延进度被追究责任而放弃，我们必须全力以赴、克服一切困难做好自主品牌项目，确保项目进度和项目质量。

这家合资公司中方总经理的坚定不移的态度，感染了合资公司中外方的经营管理团队，大家都纷纷表示：中方总经理都不怕承担责任，我们大家还有什么可说的呢？大家都支持中方总经理去拿这个自主品牌新项目，大家都表示决心做好这个项目。其“气可鼓不可泄和志在必得”的精神，使这家合资公司不仅拿到了这个项目，还确保了项目的质量和进度，受到了客户和母公司的集团公司的好评。

6.1 合资公司中中外方总经理的重要性

中外合资公司是否能够建设好、发展好，合资公司的各方能否合作好，关键是双方或各方派遣的中外方总经理能否合作好，能否发挥应有的作用。选派的中外方总经理和各方董事会成员合作得好，发挥作用好，合资公司就能建设好，就能做优、做强、做大。因此，合资公司各方合资经营的绩效，实际上就是合资公司中外方总经理和决策者（合资公司的各方董事会成员）合作如何的体现。

例如，华东某中外合资公司的合资经验。这家中外合资公司的中外方总经理和决策者（合资公司的各方股东和董事会成员）求大同、存小异，互谅互让，充分发挥了优势互补的作用。M国外方伙伴在为合资公司引进先进的技术和管理方式等方面发挥了优势和重要作用；而中方在为合资公司发展本地化的技术能力、管理能力、制造能力、市场开发能力和解决问题等方面发挥了重要的不可替代的作用。由于合资双方的股东、董事，尤其是经营管理层的中外方总经理的精诚合作和共同坚持不懈的努力，对合资公司的组建、运作和可持续的跨越式发展等方面起到了决定性作用。使这家合资公司在成立 18 年后，就成为国内同行业的领军企业和航空母舰，成为国内中外合资公司的典范和一面旗帜。

中外合资公司的工作实践证明，中外方总经理和他们领导的经营管理团队的首要任务是，实现合资公司效益的最大化，确保合资公司科学可持续发展，对合资公司负责、对员工负责、对股东负责、对社会负责。

6.2　合资公司中中外方总经理选聘和解聘的原则

6.2.1　中外方总经理的选聘

要选择称职的符合合资公司要求的中外方总经理，并非易事。合资公司的总经理要能够超越自己、超越竞争对手，并具有卓越的智慧和能力。我们在选择时可以采取“赛马”和“打擂台”的方式和方法，而不能采取“指马”和“钦点”的方式和方法。

具体的原则应该是：看经营决策能力和效果，不看高谈阔论或优柔寡断；看才能，不看学历；看功劳，不看苦劳；看结果，不看理论；看业绩，不看困难；看贡献，不看客观；看体能，不看年龄；看品德行为，不看溜须拍马；看数据考核，不看印象；看管理和管理细节到位与否，不看雾中之花和花架子；看对企业的责任心和忠诚度，不看老好人的形象；看德才实际，不看选票高低；看发展能力和潜力，不看固步自封；看创新能力，不看因循守旧；看诚信守约，不看华而不实、弄虚作假；看沟通能力，不看独尊自大；看号召凝聚力，不看天马行空；看任人唯贤，不看任人唯亲；看国际化能力，不看国内称大；看一人百步，不带动百人一步。

6.2.2　中外方总经理的选聘和解聘是一把“双刃剑”

在合资公司还有一种情况，不论是中方或外方总经理，其中只要有一位不称职，谁想换都换不了。如果中方股东提出撤换外方总经理或管理者的提案，那么外方也会提出撤换中方总经理或管理者的提案。对等的原则，在这时候就体现出来。一荣俱荣，一损俱损。

在实际中经常会出现这种情况，一般情况都会认为自己派的人好，对方越说不好，就认为他越好。如果对方说他好，有的母公司股东反而认为他不好了。

例如，国内有一家中外合资公司的外方总经理（美籍华人）工作责任心强、工作能力强、敬业精神强和沟通能力强。受到中方股东和经营团队的赞扬和好评。但是其外方母集团公司在提拔高一级的管理者时，则反其道而行之，选拔了一位不受中方欢迎，工作扯皮、业绩平庸，有他不多、没他不少，遇到问题绕着走的纯外籍的管理者。

又如，国内有一家中外合资公司的外方总经理是个“谁都不相信、谁都不理睬、谁的字都不想签、什么责任都不负”的“四不主义者”。这家中外合资公司的中方团队和员工们都不欢迎他，都想赶他走。但是这家外方总经理的母公司的上司认为他干得还不错，认为他管控得好、管控得严（尤其是对投资项目不签字正符合其母公司在全球的紧缩策略）。在这种情况下，中方总经理和团队一定要尽量去适应外方总经理。同时，也应该想办法让外方总经理适应中方总经理和经营团队，做到相互磨合、相互融合，实现共赢。

6.3 合资公司中中外方总经理应具备的基本条件和素质

6.3.1 德才兼备、以德为先的典范

合资公司的中外方总经理应该是知“道”、循“道”、倡“道”、引“道”的模范。即得道者多助，失道者寡助。这个“道”应该是学习和遵守所在国家法律、法规的模范，应该是遵守合资公司合同、章程和各项规定的模范，应该是勤政廉政、廉洁从政、严于律己的模范，应该是工作责任心强、敬业精神强、工作能力强和工作带头、以身作则的模范，应该是与外方或与中方能够相互尊重、相互信任、相互支持和团结和谐共事的模范，应该是中西方文化融合的模范，应该是充满正义、正气和具有很强的人格魅力及正面影响力的模范，应该是能够对合资各方股东负责、对合资公司负责、对员工负责、对社会负责的模范。

6.3.2 出类拔萃、具有成就事业的杰出能力

俗话说，“兵熊熊一个，将熊熊一窝”，“要使火车快，全凭车头带”，“不怕没好事，就怕没好人”。这个好人不是通常说的“老好人，”这个好人是指一个负责任的能成就事业的人。一家企业的总经理是非常关键的。找一个老好人当总经理，他会守着摊子；找一个能干的总经理，他会守住摊子；找一个善于变革、有创新和发展思路、能认真负责、想干事、能干事、能干成事业的人担任总经理，他会使企业实现科学发展和可持续的跨越式发展。这也是一家企业走向成功或失败的关键因素之一。

6.3.3 要有一个明确的奋斗目标

一家合资公司或企业的中外方总经理和其领导的经营管理团队，必须要有一个明确的目标。没有目标就没有奋斗的方向。

例如，国内某中外合资公司提出了“价值、品质、世界一流”目标。尽管这一目标高不可攀或遥不可及，但是，必须要有这样一个明确的目标，并为之奋斗和拼搏，一定要有信心，相信总有一天会实现这一目标。没有明确目标的合资公司或企业，是难以发展和壮大的。

有了明确目标的合资公司，并且有敬业、负责、精明的中外方总经理和其经营管理团队的努力践行，这样的合资公司是一定会获得成功的，也是一定会实现奋斗目标的。

6.3.4 具有明确的经营管理思路

“思路决定出路”。因此，作为一名中外合资公司的中外方总经理一定要有灵感和思路。中外方总经理要能够正确对待和感谢上级、公司、员工和市场给的压力，压力让其产生灵感和思路。对此，笔者深有体会。

例如，国内有一家中外合资公司的第一任中外方总经理在合资公司成立之初共同提出的宗旨、目标和经营管理思路以及发展战略：

公司宗旨：成为世界上最好的汽车零部件供应商；

公司目标：价值、品质、世界一流；

公司经营战略：以“行业领先的技术、有竞争力的价格”迎接市场挑战，战胜竞争对手；

公司发展战略：“师夷、平夷、胜夷”，建立一支拥有先进技术和管理能力的本地化人才队伍。

6.3.5 能抓住产品和项目，具有围着客户和市场转的意识和能力

产品是企业生存之根、发展之本。一家企业必须有好的产品，所谓好的产品，即符合合资公司或企业追求效益最大化的产品就是好的产品。这也是合资公司或企业的关键所在。具体地说，投资回收快、回报率高的产品就是好产品。也就是说，适合本合资公司或企业的发展方向的，本合资公司或企业有能力开发的（具有人、财、物等资源的），制造过的有经验的更好（但是这一点不是必需的，只要看准、看好、分析好、做好就会积累经验）。其中最重要的是市场或客户需求的、适销的、客源长期稳定的、具有竞争力和具有相当技术含量的产品。合资公司或企业的中外方总经理一定要抓住产品和项目，要围着客户和市场转。对一家合资公司或企业来说，新项目就像一条链子上的一节，一旦丢失就会断链，断链就有导致企业崩盘的危险。

因此，锲而不舍、全力以赴地抓好经营，做好商务和项目管理工作，获得有合理利润的产品，为客户提供符合要求的产品，以期不断获得更多的产品，才能确保合资公司或企业有“今天的钱、明天的钱和后天的钱”，这对确保合资公司或企业的可持续发展是至关重要的。这也是合资公司或企业中外方总经理义不容辞的责任和主要的任务。同时，要不断地提升合资公司或企业的研发、质量、制造、交付和成本以及供应商管控等竞争能力，才能使合资公司的今天和明天更美好。

例如，有一家国内中外合资公司的中方总经理为获得一项竞争十分激烈的新业务，有一次晚上到机场去接客户，客户正点是晚上七点到达，由于当晚是大雾天气，从晚上七点等到下半夜两点多，最后飞机备降到其他机场。虽然没有接到客户，但是这家中外合资公司的中方总经理没有吃晚饭、没有睡觉、以诚待人的行动，确实令客户十分感动。真可谓是“精诚所至、金石为开”。

6.3.6 具备“有信心、有激情、有吸引力”的人格魅力

一家合资公司或企业的中外方总经理对公司经营和发展、对员工队伍、对自己的能力都要充满信心，信心决定思路。对工作要有激情，对工作要有“变不可能为可能”的冲劲、韧劲和志在必得的精、气、神。

例如，国内某中外合资公司在与国外一家实力很强的公司争夺两个 IP 项目，当时客户为了新车型尽快上市，已经预定点给国外的这家公司（原配供应商）。这时这家国内的合资公司的中方总经理得知信息后做出快速反应，马上向母公司的集团公司的最高层领导汇报并取得支持。

然后与竞争的这家国外公司开展价格、技术和进度的竞争，在S公司的两个IP项目的史无前例的招标会上，客户的中外方总经理、技术中心主任、质量部长、采购部长和客户纪律检查委员会的三位领导共同主持这个招标会（客户为什么这么重视？因为国外参加竞争的公司是客户S公司合资的外方旗下的子公司，而参加竞争的国内这家合资公司的中方则是S公司合资的中方母公司的集团公司旗下的子公司）。国内这家合资公司的中外方总经理身着工作服，手持标书参加招标会，而其竞争对手国外的这家公司藐视国内的这家合资公司，只派了一名参加工作不久的女秘书参加，一问三不知。经过开标对标，国内的这家合资公司中标。由于国内的这家合资公司中外方总经理的高度重视和充分的准备以及志在必得的信心，在这次几乎是绝无仅有的公平、公开的招标竞争中其一举战胜国外竞争对手（原配供应商），获得圆满成功。

另外还有一个实例，国内某中外合资公司在其一家合资子公司成立之前到某省商务厅和工商局申办注册时，因一项关键条件和手续不够完备，在合资子公司注册登记时遇到麻烦和困难。这家合资公司的中方总经理带领有关人员经过坚持不懈的努力和凭借变不可能为可能的一往无前的精神，夜以继日、千方百计地做通了关键审批领导的工作，获得合资公司工商登记的注册成功。

同时，合资公司的中外方总经理对客户要有吸引力，要成为客户的挚交好友，要恰到好处地运用“请客户吃饭，不如请客户流汗（羽毛球、网球、高尔夫等）”的商务沟通方式与客户沟通，吸引客户，让客户满意。

6.3.7　具有“对合资公司负责就是对母公司和股东负责”的正确态度

中外方总经理必须要有一个明确的态度，对合资公司负责就是对母公司负责、对股东负责、对员工队伍负责、对自己承担的职责负责。

在合资公司，要杜绝和避免利益和行动的单边化。在原则上不能让步（例如，按照国家新《公司法》规定成立党委以及合资公司建立技术中心等重大事项）。在非原则问题上（例如，外方员工休假有时占用部分工作时间等问题）灵活掌握，适当让步。在合资公司的双方或各方的合资关系上，笔者认为，“既要永久的利益，也要永久的朋友”，这也是笔者从事合资公司组建和在中外合资公司工作近20年的重要体会之一。

6.3.8　具有“身先士卒，关键时刻带头上”的精神

“鸟无头不飞，火车无头不跑”。合资公司要求经营管理者和员工做的事，

合资公司的中外方总经理和经营管理团队首先要做到。

例如，国内某中外合资公司在2010年春节期间，因确保对客户交付的需要，中方总经理带领工厂厂长和各部部长加班（开发新项目、安装新设备、工艺布局调整和建立储备等），起到了榜样力量的示范作用，也是最有说服力的。

尽管这家中外合资公司在新项目开发和制造过程中还存在一些问题，但是，他们全力以赴的拼搏精神，得到了客户的充分理解和好评。当然，客户理解不是目的，而我们的目的是对客户负责，实现质量、数量和交付时间的三个百分之百。

此外，不允许员工做的，中外方总经理和经营管理团队坚决不做，在遵纪守法、廉政建设方面需要严格要求和身体力行。

6.3.9 具有“敢于承担责任、压力和风险”的能力

一家合资公司或企业的中外方总经理要敢于承担责任、压力和风险。按部就班、风平浪静、因循守旧的合资公司中外方总经理和经营班子是难以实现合资公司或企业可持续发展的，没有风险和压力，也就没有合资公司或企业的可持续发展和效益。

例如，国内某中外合资公司第一任中外方总经理对新项目的孜孜不倦的追踪、争取和获得，体现了为合资公司承担责任、压力和风险的能力，表现了对合资公司长远可持续发展的负责精神（要避免短期行为，杜绝只顾眼前不管将来的做法）。

又如，国内某中外合资A公司与国外一家拥有某项专业技术的B公司进行技术合作。但是，由于这家国外B公司在国内与另外一家C公司成立了合资公司，与国内这家中外合资A公司形成业务竞争，而停止了与国内A公司的技术合作，停止了技术支持。

这时客户对这家中外合资A公司能否完成已经获得的新项目持怀疑态度，并做A公司的工作，让其把已经获得的新项目交给国外的这家B公司与国内的一家C公司刚刚成立的合资公司。而这家中外合资A公司的中方总经理对此事的态度是旗帜鲜明的：第一，向客户表示一定按照客户的技术、质量和时间节点完成新项目开发任务；第二，组织本公司的技术中心和项目组等有关部门破釜沉舟、背水一战，克服新项目技术开发难度大、时间紧、任务重等重重困难，以科学的态度和拼搏的精神夜以继日地进行项目和技术开发。经过努力，A公司终于按照客户要求的技术、质量和时间节点完成新项目开发任务，受到客户的赞誉和好评。同时，也为中国人争了气。

6.3.10 具有开拓和改革创新的精神

一家合资公司的中外方总经理要有开拓和改革创新的精神，要做到就必须先想到。因此，首先要有超前的思维和思路，要有超前的措施和行动。

案例 6—2

改革和创新是企业走出困境的有效途径

国内某合资公司中方总经理在 13 年前以改革、创新和发展的超前思路，在上级和董事会的指导和支持下采取的三项发展战略，已经取得了超前的先期效应。其先行一步的三项经营发展战略是：

（1）先行一步调整产品结构，确立了以××××××为主业的发展方向（剥离辅业）。

（2）先行一步寻求国际合作和成功的国际合作。

（3）先行一步“培养一支拥有先进技术和先进管理能力的本地化人才队伍”的发展思路已初见成效等。

6.3.11 具有很强的应变能力

一家合资公司总会面临经济和社会（政治）的变化以及突发事件，如何应对和处理好变化及突发事件对公司的影响，这就需要合资公司的中外方总经理和经营管理团队抓住主要矛盾的关键点去解决问题，就是要找到绳结、解开绳结，做到一把钥匙开一把锁。起到事半功倍的效果。

例如，2001 年××公司调整产品结构，停止××零件生产时，遇到非常大的阻力，由于抓住了关键的人和关键的几个人，做通了关键的人和关键的几个人的思想工作，从而带动和影响了很多的人，也因此获得了成功。这一成功的事例，是总经理和经营管理团队成功的沟通和应变能力的体现。

又如，2005 年××公司准备停供多年来一直由企业提供的热水，是××集团公司旗下在××地区第一个“吃螃蟹”的单位，也遇到很大的阻力，由于应对措施好和沟通得好，同样也获得了成功。

6.3.12 具有良好的心态和释放压力的能力

合资公司的中外方总经理要有良好的心态和保持良好的心态，同时要有健康的身体。要有感恩的心和知足的心，正像人们常说的那样“知足者常乐也”。同时，还要学会释放压力，这也是非常重要的一点，释放压力有益于健康、有益于工作。

例如，在业余时间与同级或下属聊聊天、谈谈心，或者参加一些健康有益的活动，如参加羽毛球、乒乓球、网球、高尔夫球、钓鱼和棋牌及自行车友谊赛等活动。

6.3.13 具有“培养人、用对人”的能力

培养和建设一支拥有先进技术和管理能力的本地化人才队伍，是实现“师夷、平夷、胜夷”目标的关键所在。“一个好汉三个帮，一个篱笆三个桩”。用人和打仗排兵布阵一样重要。

人各有所长、也各有所短。用人之长，安排人在适当的岗位能发挥他的长处避其短处，即为用人之长。我们把人员安排到适合他、能够发挥他作用的岗位，他就是人才，也就是我们常说的“人尽其才”。如果安排得不当，不能发挥其作用，则会适得其反，把人才变成了“蠢才”。

这方面的例子很多。在通常情况下，搞技术出身不太适合搞商务（当然也不是绝对的，只是相对而言），而搞商务和管理的不适合搞技术和设计工作。

此外，和谐的社会、和谐的企业都需要宽容。古语云：“泰山不拒细壤，方能成其大；河海不择细流，故能成其深。”我们在工作中也需要用好“让”和“容”字。即“宰相肚里能撑船”。中外方总经理要对人宽容、对己宽容（凡事不能不认真，不认真做不好工作。但也不能太较真，太较真也做不好工作，不但会伤害他人也会伤害自己）。中外方总经理的任务是要研究和实践，如何管好人、用对人、发挥人的潜能和作用；而不是钻牛角尖，去研究“人的头发是怎么长出来的”!

例如，有一家中外合资公司的外方总经理到合资公司工作将近两年，表现的特点是特别偏执、特别固执己见、很难与人沟通，使合资公司的各项工作受到很大的影响。经过中方总经理和中方团队的“润物细无声”的不懈努力，外方总经理的固执有些软化，有了一定的进步。

但是，像这样的偏执和难以沟通的外方总经理适合在其母公司独资的子公司工作，而不适合在合资公司工作。

合资公司要培养管理者做成事的能力，合资公司的管理者要有做成事的能力。强调客观，做不成事的管理者，是不称职、不能用的管理者。不作为是最大的错误，而守摊式管理者没有错误也不能使用。

对中外方总经理而言重要的不是职务，而是合资公司的事业，是对社会、对公司、对员工所承担的责任。

6.3.14 具有客户至上的观念和与之相适应的行动

合资公司的中外方总经理和经营管理团队对客户的要求要做出快速的反应，对客户召开的会议要按照客户要求参加的人员、时间、地点准时参加，这一点有时是不容易做到的。

例如，上级和客户同时召开要求本公司总经理参加的会议，在国企或有的企业一般是要参加上级召开的会议。而在中外合资公司的中外方总经理是一定要参加客户的会议的，这样才能真正体现出“客户是上帝”的市场观念。

还有客户来人无大小，中外方总经理只要能抽出身来，都应会见和接待，以真正体现“客户至上”的理念。对这一点笔者体会很深，也是这样践行的。

例如，某集团公司的一位在整车合资公司工作的领导带队为集团内部的零部件分、子公司服务和准备提供产品和市场支持，组织召开了一个服务支持会议（实际上是内部客户召开的会议）。而这时这些零部件分、子公司的上级也安排了会议，时间冲突了，但是，这些零部件分、子公司的总经理大多数去参加上级组织召开的会议了，而去参加内部客户召开会议的总经理寥寥无几。很多人都说市场重要、客户重要，实际上是说到容易做到难。

6.3.15 具有锲而不舍、坚韧不拔、水滴石穿和一往无前的敬业精神

合资公司中外方总经理和经营管理团队要有锲而不舍、坚韧不拔、水滴石穿和一往无前的敬业精神，去建设和发展合资公司；去建立技术中心，形成与客户同步开发能力；去开拓市场、去争取客户、去获得新业务，做好新业务，为争取公司效益的最大化而努力奋斗。

例如，有一家国内的中外合资公司的中外方总经理为了获得一项新业务，在寒冷的冬天去拜访客户的总经理，而客户的总经理正在开会，这家中外合资公司的中外方总经理就在寒风刺骨的门外站着等候了近三个小时，令客户总经理很是感动。

6.3.16 具有严格的执行力

中外合资公司的中外方总经理和经营管理团队的严格执行力来源于对股东、董事会、合资公司、员工、社会的责任和全面的负责精神。合资公司要求所属部门和各部门员工要有严格的执行力，这是建设一支敢打硬仗、能打硬仗的员工队伍的需要，也是确保合资公司经营事业计划顺利达成和合资公司跨越

式发展的需要。为了使合资公司的各部门与各部门员工都能有严格的执行力，合资公司的中外方总经理和经营管理团队必须率先垂范，要模范地遵守国家的法律法规、执行董事会的决议和遵守合资公司的各项规章制度。

只要有严格执行力的中外方总经理和经营管理团队，就会有严格执行力的所属部门，就会有严格执行力的员工队伍。

6.3.17 具有很强的沟通能力和技巧

我们常说，"一句话说笑了，一句话说跳了"，就是说明了沟通的重要性。在中外合资公司任职的中外方总经理的语言表达能力也是很重要的，无论是作为职业经理人，还是作为中外方派遣人员，能够熟练地与合作伙伴进行直接沟通，不需要翻译最好，这会为沟通加分和添彩。

沟通技巧有循序渐进的沟通、分层级式的沟通。如某合资公司中方总经理与外方总经理在谈某个新项目投入的问题时，往往一次沟通很难达成共识，这就需要采用循序渐进的反复式的沟通方式进行沟通。如果还未达成共识，就还需要分层式的沟通方式予以辅助，如让其他不同部门以各部门从工作需要的角度阐明投入的必要性和紧迫性以说服外方总经理。

以上是笔者对如何选择合资公司中外方总经理，以及合资公司的中外方总经理（经营管理团队）应具备的素质、条件和能力等的简单描述。

我们选择合资公司的总经理还需要考察其动机，有人说，"不想当将军的士兵不是好士兵"。最近有一些将军说，他们从来就没有想过当将军，但是，他们当上了将军。

事实证明，不想当将军的人当了将军，而想当将军的人却没有当上将军。究其原因是，德、才、勤、绩、能、廉的综合评价所决定的。光想不做和光说不练是不能有所作为的。

6.4 选择外方总经理的注意事项

6.4.1 外方总经理的优劣势

6.4.1.1 外方总经理的优势

（1）有的外方总经理思维活跃，创新能力较强。

（2）有的外方总经理为合资公司带来先进的管理经验和技术。

（3）有的外方总经理在执行法规和循规守纪方面较为严格。

（4）有的外方总经理做事很认真、一丝不苟，不讲人情、严于管理，如某些国家的外方调派高管。

（5）有的外方总经理工作勤奋，拼劲儿十足，身先士卒，能够和中方总经理一样废寝忘食地工作。

（6）有的外方总经理把西方的文化带入中国，与中国文化相融合，促进了中西文化的融合与交流等。

6.4.1.2　外方总经理的劣势

（1）有的外方总经理第一年上任初始熟悉情况，第二年进入角色开始开展正常工作，第三年开始考虑和着手回本国后的工作安排等。有的外方总经理还有一点不同于中方总经理的特点就是，“逢假必休，休假重于工作和事业”。还有的外方总经理是，公司还没有放假他先走两三天，公司放假结束后上班他要晚两三天回来。

（2）有的外方调派的高管（总经理、部门经理等）由于是任期责任制，存在较为明显的短期行为现象。因此，对在任期内的投入基本持反对和否定的态度（因为任期内投入会增加成本，减少收益；影响其当期的业绩）。

（3）对任期内获取新业务一般情况下不太感兴趣，因为任期内获得的新业务投产一般情况需要两年左右，有收益的要等到第三年，外方调派的高管三年任期，新获得的业务收益难以在任期内分享。因此，对获得新业务不积极，甚至阻扰，以致影响公司的新业务的获得，这也是外方派驻总经理和外方管理者及任期存在的不足和弊端。

（4）有的外方总经理在人事管理等大事上，不是与中方总经理一起研究如何引进人才、管好人、用好人、发挥人的潜能和作用，而是去研究人的“头发”是怎么长出来的，尽钻牛角尖儿。等其研究过了，回过头来再讨论早就应该做的工作，其已经影响工作三个月甚至半年之久了。对此客户和合资公司内部意见很大，可谓“怨声载道”，但是有的外方依然是“我行我素”。

（5）有的外方总经理或外方专家的选派和招聘时间一般比较长，需要在选派前有近一年的时间选择和磨合期，至少不少于半年时间。如果选择时间太短是很难选择到合适的人选的，因为有的外方专家和管理人员也并不很稳定，有的干一个月或几个月后，因不适应就走了或跳槽了。

6.4.2 识别外方总经理的三种类型

一定要注意外方总经理中的三种人，以便扬长避短，有针对性地选好外方总经理。

第一种人是：你干他也干，而且是和你一样齐心协力地干，对工作兢兢业业、认真负责，敬业精神和对合资公司负责的精神很强，应该主动引进和大力支持。

第二种人是：你干他不太干或不积极干，但是他不反对你干，基本能支持你干，这样的人不捣乱，还是可以凑合用。

第三种人是：你干他不干，而且不让你干、反对你干。这种人的具体表现是，“四不”的做法，即“不相信、不理睬、不签字、不负责”，严重地影响合资公司的建设和发展。

案例 6—3

“四不”的行为是涣散队伍的腐蚀剂、制约公司发展的绊脚石

国内有一家中外合资公司的第三任外方总经理就是这种“四不”总经理，以致这家合资公司有不少部长、经理和技术、管理骨干感到在这样的合资公司没有希望，都想离开这家合资公司，另谋出路，并且已经有一些骨干离开了这家合资公司。有很多员工说这样的外方总经理是来搅局的、拆庙的，不是搞发展的。

关于这家中外合资公司外方总经理的“四不”具体表现是：

（1）不信任。尤其是不相信中方经营团队，包括中方总经理。这位外方总经理曾几次对中方总经理和经营团队说，合资公司的部长、经理和骨干 1/3 来自中方的母公司或分、子公司，要求人事部今后不准从中方的母公司或分子公司招聘人员。并且要求合资公司人事部用高薪去聘请“外国人”或非中方的母公司或分、子公司的人员。

这是这位外方总经理对中方经营团队不信任的表现，这样做的结果会影响合资公司的建设和发展，不利于人才队伍的本地化建设。

（2）不理睬。对客户提的要求也不理睬，本公司的好坏好像与他无关。好是他，不好也是他，总之他就是他，该拿多少钱拿多少钱，无所谓，谁也拿他没办法。

例如，这家外方总经理被客户点名要求向客户汇报在 Z 市的新厂房和某产品 CPM 线建设等相关情况，他拒绝参加。为了缓解客户强烈的不满情绪，中方总经理被迫连夜赶往客户所在地Z市，向客户汇报说明情况。客户多次要找这位外方总经理谈项目和新业务等情况，这位外方总经理基本回绝不去或不见，客户对这家中外合资公司和外方总经理的意见很大，同时也对这家中外合资公司很失望和不理解。

(3) 不签字。例如，这家中外合资公司每年3月均按照董事会批准的员工工资调整方案，进行调薪。但是，这家合资公司的外方总经理总是以种种借口阻拦调薪，合资公司员工非常不满调薪的严重拖延，几次出现群体怠工事件。这家合资公司党委、工会、人事部和工厂做了大量的工作才避免了工厂的几次群体性罢工，这位外方总经理一直拖了半年之久才签字。

此外，这家合资公司在Z市的工厂建设问题，Z市的工厂建设在2010年11月召开的董事会上已经获得批准。根据这家合资公司向客户承诺的时间节点，最迟要在2011年3月底动工建设。但是，这位外方总经理一直以各种借口阻拦，就是不签字，导致这家中外合资公司在Z市的工厂建设人为地拖延了半年之久。当时这家中外合资公司在Z市工厂还是一片庄稼地，而相邻的两家公司的厂房、办公楼和水电动力系统等已经全部完成建设任务。由于这家中外合资公司外方总经理的拖延，导致客户无法按照预定的时间节点，对制造场地和产品进行评审，这家中外合资公司只好从W市运输前期装车的零件，使这家中外合资公司的物流成本大幅增加。客户对此非常不满，造成很恶劣的影响，认为这家合资公司没有信誉，严重影响了后续业务的获得。

(4) 不负责。外方总经理对这家中外合资公司根本不负责任。例如，这位外方总经理的母公司旗下在A国的子公司拒付这家中外合资公司给予的人员支持费用，这位外方总经理完全站在其母公司旗下A国子公司立场上，指责中方总经理和中方经营团队不应该向其收取人员支持费用。这家合资公司的中方总经理给这家外方总经理的邮件说："这位在中国的中外合资公司的外方总经理好像是其母公司旗下在A国的子公司的总经理。"这家中外合资公司的中方团队对这位不负任何责任的外方总经理嗤之以鼻，纷纷指责其不负责的行径。因此，这种人不配在中国的中外合资公司担任总经理。

以上三种人最好是选择第一种人，其次是第二种人，第三种人是坚决不能要的。否则，负面的问题太多，会严重制约公司新项目获得，影响公司的建设和发展。

6.4.3 优选建议

中外合资公司在选择外方总经理时，中方在建议外方股东选派外方优秀总经理的同时，也可以建议外方股东选派优秀的外籍华人到中外合资公司担任外方总经理。

合资公司选择外方总经理对合资公司来说是最重要的、是第一位的。中国改革开放以来，很多中国人走出国门，学习先进的技术和经营管理经验，很多的外籍华人既掌握有先进的技术和经营管理经验，又具有很强的事业心与责任感，这些在海外事业有成的外籍华人回到国内企业或被外资公司录用派到国内合资公司，这些专业的职业经理人员或专家式的经营管理者和技术专家不仅便于沟通，而且事业心和责任感很强，同时还具有中华文化理念，便于交流和沟通。因此，选择合适的外籍华人也是很好的选择之一。

例如，国内有一家中外合资的汽车零部件公司成立初期，开发新项目使用的工厂和设备都是租赁的，经营团队除几位调派人员外，基本都是在本地新招聘的，规章制度也是新建立的。总之，新公司、新团队、新机制、新工厂、新产品等，一切都是新的。俗话说，万事开头难，可谓是“创业艰难百战多”，尽管这家中外合资公司起步阶段，人、财、物严重缺乏，能力严重不足，客户信任度很差，新项目很少，困难重重；但在充满挑战和激烈竞争的艰苦创业的进程中，由于公司第一任外方总经理（美籍华人）与第一任中方总经理和经营团队精诚团结，心往一块想、劲往一块使，中外方总经理及经营团队一起废寝忘食、艰苦创业，一起千方百计与客户沟通争取获得新项目，一起加班加点做项目，一起抓制造能力建设，一起抓公司发展，同时外方总经理还积极参加中方团队和党组织、工会、共青团安排的活动，积极主动参加地震、水灾、旱灾等赈灾和献爱心等慈善活动。中外方经营团队携手并肩，励精图治，辛勤耕耘，经过他们呕心沥血的努力和拼搏，凭借一个坚强的信念和对这家合资企业与这份事业的热爱，拼搏的艰辛与丰收的喜悦同在：这家中外合资公司在成立7年之际，销售收入就突破了10亿元大关，实现了跨越式的发展；这家合资公司不仅成为国内某汽车集团所属整车企业发展的重要支撑力量之一，也成为某汽车集团公司积极开展国际化合作、进军核心零部件领域的成功典范和一面旗帜。

这家中外合资公司第一任外方总经理的真诚团结和艰苦拼搏精神，使这家合资公司从建立之日顺利起步，并成功地实现跨越式发展，实现了 1＋1＝3 或＞3 的作用。

同样还是这家企业，在公司成立 7 年后第三任外方总经理（F 国人）上任后，由于这位上任至今近 2 年的外方总经理是位有名的固执者，他采取的态度就是典型的“四不”，即“不信任（包括合资公司创始人之一的中方总经理）、不理睬（包括客户）、不签字（项目进度严重滞后，他对公司董事会已经向客户承诺的投入，就是不签字。要问他为什么，他会对提问者说，我不想签就不签）、不负责”（案例 6－3 中提到）。

这样一来就严重影响了新项目进度，严重影响了公司在客户处的声誉，严重地涣散了干部员工队伍，让大家感到失望和迷茫，合资公司的设计技术人才和核心管理人员纷纷另谋出路，严重影响了合资公司的建设和发展。

有一次这家合资公司在外地 Z 市的新建工厂召开专题服务会议，讨论解决新工厂的人员配备、工装工位器具投入、物流设备投入和资金支持等方面存在的问题。在会上新工厂厂长就存在的问题、困难和希望解决的问题，一个一个地提出，与会人员一个问题一个问题的进行讨论，在会上中外方经营管理团队就新工厂提出的问题一个一个地达成共识，同意解决或马上办，外方总经理在会上也明确表示同意解决。但是，散会之后，新工厂厂长拿着会议纪要请外方总经理签字时，这位外方总经理却拒绝签字。为了对客户负责，对合资公司负责，这家中外合资公司的中方总经理又苦口婆心地做外方总经理的工作，最终让外方总经理在人员招聘和投入拨款申请等急需要解决的事项上一一签字。确保了新工厂的产品及时向客户交付，维护了合资公司的声誉。

通过以上实际例子，充分说明了中外方总经理合作好的合资公司的事业发展就会顺利，中外方总经理合作差的合资公司的事业就会难以发展。不作为的外方总经理使合资公司的中外方总经理的合力为 1＋1＝0.5 或 0，合资公司就难以获得新业务，合资公司的事业也就不可能会顺利，也不可能发展，其对合资公司的恶劣影响是深远的，教训是极其深刻的。这足以说明选择敬业的、对合资公司能够负责任的外方总经理的重要性，其事关合资公司的事业的成败和兴衰。

6.4.4　纠正外方总经理的短期行为，督促其对合资公司负责

在中外合资公司由于是任期责任制，有的外方总经理在获取新业务、新项

目和投入发展等方面持消极态度，甚至是反对态度。

例如，国内有一家中外零部件合资公司接到某客户一项新产品项目的询价单（RFQ），客户要求这家零部件合资公司在报价具有竞争力的前提下，还要对现生产的产品做出降价一定比例的承诺，这样客户才可能把这个新项目定点给这家零部件合资公司。这家零部件合资公司的中方团队积极与客户沟通，配合客户报价，并提出对现生产的产品适当的降价。

但是这家零部件合资公司的外方总经理不仅不同意现生产产品降价，并对这家合资公司去争取获得新项目表示公开反对。这位外方总经理考虑的是，现在为拿新项目付出任何代价都不值得，因为现在拿的新项目是为将来产生销售收入和利润，是其离任后的事情了，故与其无关。这体现了这位外方总经理的短期行为思想作怪和对合资公司不负责任的态度。这就需要合资公司的中方团队注意把握和及时地纠正及补位。

6.5 选择中方总经理的注意事项

选择中方总经理和选择外方总经理一样重要，如果选择不当，同样会严重地影响合资公司的建设和发展。中方总经理在具备了“德、能、勤、绩、廉”的同时，还应该具备以下几点素质要求：

6.5.1 要有强烈的责任感和事业心

中方总经理必须具备对合资公司负责、对股东负责、对员工负责、对社会负责的能力和责任感、责任心，这种能力和责任心、责任感是长期工作实践、磨炼和积累的结果，也是人格魅力的体现。

在选择中方总经理时应注意避免选择守摊式的人物；避免选择“当一天和尚撞一天钟”式的人物；避免选择事事处处依赖上级，不能负责和不愿负责的人物；避免选择缺乏上进心和责任感的人物。

6.5.2 要有坚强的信念和信心

人们无论是在工作和生活中都要有坚强的信念和信心，作为中方总经理在合资公司的工作中必须具备坚强的信念和信心，这是做好一切工作的精神力量和基础。

在选择中方总经理时应避免选择在工作中摇摆不定的“墙头草”式的人物；避免选择“瞻前顾后、裹足不前、缩手缩脚”式的人物；避免选择“小富即安”、不求进取的人物；也要避免选择缺乏信念和信心的人物。

6.5.3 要有工作激情和活力

作为合资公司的中方总经理应充满激情和活力，这种激情和活力将影响和带动合资公司的经营管理团队，使合资公司经营管理团队和员工队伍也能够具有激情和活力。

在选择中方总经理时既要注意避免选择那种“嘴尖皮厚腹中空”式的人物；又要注意避免选择“得过且过、凑合工作、敷衍了事”的人物；也要避免选择“暮气沉沉”缺乏激情和活力的人物。

6.5.4 要有改革、创新和进取精神

合资公司的中方总经理应具有改革、创新和进取精神，这种改革、创新和进取精神引领合资公司经营管理团队意气风发、蓬勃向上，确保合资公司建设和发展的正确航向。

因此，在选择中方总经理时既要注意避免选择“呆板守旧跟着走”式的人物；还要避免选择“只能围着官帽转，少德缺才不能干”的人物。

6.5.5 要有特别的沟通和交流能力

作为中外合资公司的中方总经理应具有特别的、很强的沟通能力，这种能力包括沟通的语言艺术和技巧、沟通的外语能力、沟通的亲和力、沟通时机的把握的能力、沟通时恩威并重、沟通时对业务或项目全面或细节的把握能力等。

因此，在选择中方总经理时既要注意避免选择词不达意和语言表达能力差的人物；又要避免选择“一句话能把人冲上南墙”式的人物；还要避免选择缺乏亲和力和良好沟通能力的人物。

如果在选择中方总经理时，被选择人员在具备沟通的语言艺术和技巧、沟通的亲和力、沟通时机的把握的能力、沟通时恩威并重、沟通时对业务或项目全面或细节的把握能力等的同时，再具备外语沟通能力那将是完美的和锦上添花的。

6.5.6 要有建设和谐发展的中外合资公司的能力

合资公司的中方总经理负有建设和谐发展的中外合资公司的责任，因此，必须具有建设和谐发展的中外合资公司的能力。

所以，在选择中方总经理时，选择“过软或者是过硬”的人物都不适合，要选择“恩威并重、软硬适中”的人物；要避免选择缺乏全局和谐观念和锋芒太露式的人物，这样的人物不利于中外合资公司的建设和发展。

第 7 章　中外合资公司的运营管理

在生产模式的设置上，合资公司需要建立工厂厂长对工厂实行全面领导的厂长负责体制，让中外方总经理和他们领导的经营管理团队去抓市场、抓研发、抓发展、抓人才队伍建设等，真正发挥“兵对兵、将对将、对的上”的作用。公司中外方总经理和经营管理团队的目标与工厂厂长的目标是一致的，即对公司的经济效益最大化负责、对股东负责、对员工负责、对国家和社会负责。为了完成上述任务和实现上述目标，公司中外方总经理应该把合资公司的工厂交给工厂厂长管理，工厂厂长应对工厂全面负责和行使全部职权，并确保工厂任务的全面完成和目标的实现。

而对于公司的市场运营，合资公司应建立以客户为导向的市场营销体系和机制，这个体系和机制的核心是，主要领导重视和亲自挂帅、亲自指挥、亲自参与，两级或三级分公司的总经理都要把市场和客户放在一切工作的首位。合资公司应根据客户的营销中长期事业规划和年度预算的销售目标，制定本公司相对应的中长期事业规划和年度的营销目标，并采取确保措施，确保中长期事业计划和年度营销计划的实现，这样才能根据营销工作重点和本公司客户的特点，建立符合自己公司的营销体系与机制。

7.1　合资公司的经营创新

创新体现了一家公司的活力和未来发展的潜力，尤其是对于合资公司，我们知道合资公司的规模一般都较大，而且实力较强，在市场上具有一定的竞争能力，很容易产生僵化和固步自封的状态；同时，合资公司人员多，组织结构相对复杂，如果不积极创新，很容易对市场变化反应不敏锐，从而落于人后。那么笔者认为合资公司的创新可以从以下五个方面来考虑。

7.1.1 机制创新

建立以客户为导向的经营管理机制和业务组织化结构，以确保合资公司的快速反应能力和高效率。机制创新首先要思路创新，开拓广阔而深邃的视野。

传统的机制有的是正面的，值得保留的，例如，国内 W 合资公司建立的以客户为导向、以客户为中心的经营管理机制，牢固树立了“客户是上帝”的思想，做到了“一切围着客户，一切为了客户，一切满足客户”；而有的机制如同飞机票登记里程一样，则是一种循规蹈矩，安于机制现状的思想和顾客对路径的依赖的体现。

在当代全球化的市场激烈竞争下，无论是十年合资公司还是百年公司，要发展和前进，就要根据形势的变化和客户的需要，不断优化和创新机制，以机制创新来适应市场和满足客户的需要。而僵化的、故步自封的和没有活力的机制都会被创新和发展的大潮所淹没。

7.1.2 技术创新

合资公司的技术开发和技术创新是非常重要的，要创造出国际和国内认可的具有独占性专利和适用性专利的产品，这是中外合资公司竞争能力的体现。

例如，世界著名的占世界照相胶片 80%以上市场的美国柯达公司，在产品创新方面没有抢先把数码技术应用到产品上和推广到全球市场上，而导致功亏一篑，输掉了市场。这充分说明了技术创新是企业生存的根本和关键所在。

例如，国内某中外合资公司在国内汽车饰件行业第一个开发成功负式阴模真空吸塑成型技术，创造了与搪塑技术类似的经济效果。而且负式阴模真空吸塑成型技术的应用成本只有搪塑技术应用成本的 1/3 左右，充分展示了技术创新的效益和成果。

7.1.3 产品创新

中外合资公司在产品创新方面应该走在前面，要引领客户，做到规划超前、设计超前、实验超前、新技术应用超前、提供新产品超前。

例如，国内某中外合资公司在 S 客户将推出新产品前，对 S 客户可能推出的新产品的配套零件进行先行设计，并做出多套配套样件供 S 客户选择，最后被 S 客户选中了一套，使这家中外合资公司的产品有了客户和市场。

7.1.4　客户管理创新

第一，与客户互动，客户没动我们先动，想在客户前、干在客户前；设计超前有新意，商务报价有竞争力，客户对产品设计很满意。

第二，与客户结盟，与客户成为战略同盟，获得同等条件下的优先权。

第三，与客户结友，与客户成为工作伙伴，与客户成为生活中的朋友。如成为球友、渔友、牌友、旅友和舞友。

7.1.5　经营管理创新

中外合资公司的中外方在经营管理中应优势互补和发挥各自的作用，中外合资公司在重大战略（对外投资、合资，市场定位和经营调整等）的制定和发展等重大事项方面，需要中外方总经理和经营管理团队的充分研究和讨论，达成共识后执行。在日常的工作中充分发挥中外方的各自作用，实现优势互补，提高效率，促进合资公司的建设和发展。

例如，国内某中外合资公司成功经验是外方在一般情况下不参与日常的经营管理工作，如公司内部的人员调整、安排（公司重要部门和旗下的分、子公司、工厂的主要领导的调整、提升等重大事项除外），正常情况下的产品生产和制造管理，在预算内的资金使用和公司内部的物资流动等，由中方团队负责日常的经营管理和产品制造等；外方则负责新技术的引进和设计人员的本地化，负责全球化布点的产品引进国内的中外合资公司等，这样分两条战线齐头并进，发挥了中外方人员在合资公司的各自长处和各自作用，实现了优势互补。同时，也有效地避免了在正常情况下的日常经营管理中中外方人员无谓的扯皮和摩擦，提高了合资公司的工作效率，有效地促进了合资公司的建设和和谐发展。

7.2　中外合资公司大生产模式的设立

合资公司设立大生产的模式需要明确中外方总经理和工厂厂长的各自任务。

7.2.1　中外合资公司总经理的首要任务和四项主要工作

中外方总经理的首要任务是什么？中外合资公司的工作实践证明，中外方总经理和他们领导的经营管理团队的首要任务是：实现合资公司效益的最大化，确保合资公司科学的、可持续的发展，对合资公司负责、对员工负责、对股东负责、对社会负责。

中外方总经理要完成首要任务，还必须抓好四项主要工作，即人才队伍建设、市场开发、设计研发、规划发展。

7.2.1.1 要致力于抓好人才队伍建设

有一句俗话说得好，“不怕没好事，就怕没好人”。笔者认为，现实也是这样，我们不用担心市场、技术和效益，我们只要拥有了、掌握了先进技术和先进经营管理经验的人才队伍，我们就会拥有市场、技术和效益，我们的企业（合资公司）就能实现可持续的发展。

这是中外方总经理的主要工作任务之一。尤其是中方总经理和团队一定要加快本地化设计研发人才的培养，要建设一支拥有先进技术和管理能力的本地化人才队伍，这是建立合资公司的关键所在，更是我们实现“师夷、平夷、胜夷”的发展战略目标的关键所在。

7.2.1.2 要致力于抓市场，要去拿新业务、新项目

无论是新建立和已经建立的合资公司都必须要有产品和市场的支撑；否则，合资公司就没有建立和发展的基础，就会成为“无林之木，无源之水”。

对一家企业来说，新产品和新项目就像一条链子上的一环，必须环环相扣，不能断链子。新业务一旦丢失就会断链，断链就有导致合资公司崩盘的危险。

因此，我们要把现有的业务看成是——今天的钱，要把正在开发的业务看成是——明天的钱，要把正在追踪的业务看成是——后天的钱。我们必须把今天、明天和后天的业务紧紧地连在一起，我们才能实现可持续的发展。

7.2.1.3 抓设计研发，是合资公司实现本公司设计制造的关键所在

中外合资公司抓设计研发和加强本地化设计开发人才队伍建设，是其“变本公司制造，为本公司设计制造”的关键所在，更是我们实现“师夷、平夷、胜夷”的发展战略目标的关键所在。

中外方总经理在抓研发的同时，要加快本地化设计研发人才的培养。尤其是中方总经理和经营管理团队肩负着重要的历史使命和振兴民族工业的希望，要把建设一支拥有先进技术和先进管理能力的本地化人才队伍放在一切工作和任务的首位。

这是我们向国际化迈进和自立于世界企业之林、与世界同步发展以及参与全球化竞争的关键所在，更是我们组建中外合资公司的根本目的所在；这也是中外合资公司做优、做强、做大，实现跨越式发展的需要。

7.2.1.4 抓规划发展，“发展才是硬道理”

中外合资公司要确立“价值、品质、世界一流”的发展总目标。合资公司发展总目标的实现，同样也需要以市场的发展情况来决定，合资公司的发展应适应市场的发展、带动市场的发展、促进市场的发展。

因此，在中外方总经理的首要任务和四项主要工作中，经营效益是企业的目的，人才队伍是核心竞争力，市场是企业效益的基础和根本保障，设计研发能力强弱是企业成败的关键所在，企业规划是合资公司发展的需要。

中外方总经理不是直接去抓制造、抓现场、抓安全、抓质量等。总经理不直接抓不是不重视，中外方总经理要将制造、现场、安全、质量等工厂制造管理方面的事，交给工厂厂长去完成，赋予工厂厂长责任和权利。

例如，有一家中外合资公司的外方总经理希望中方总经理和他一起每天参加公司质量晨会，开过几次质量晨会后，中方总经理发现外方总经理只是利用晨会了解一下质量情况，而没有真正去抓质量问题的改进。而中方总经理认为中外方总经理应该把每天的主要时间用在最需要解决的问题上。如加强与客户的交流和沟通，争取更多的新项目，公司技术中心和人才队伍建设，重要项目的人、财、物等问题的解决，公司和分、子公司的建设和发展大事等。

中方总经理还认为，需要中外方总经理参加的质量晨会应有以下几点：

（1）由于本公司的责任造成的客户停线事故。

（2）发生重大的批量质量事故。

（3）质量体系建设和实物质量改进需要公司在人员、资金和物资等方面的协调和支持等。

我们认为应该由工厂厂长（对自制件的质量负责）、质量部长（对公司质量体系和实物质量负总责）和采购部长（对供应商产品质量管理和控制负责）三位管理者共同主持召开每天的质量晨会（也可以由质量部长牵头组织召开质量晨会）。若有重大质量事项，工厂厂长、质量部长和采购部长要及时向中外方总经理汇报，由中外方总经理马上组织召开专题质量会议。

7.2.2 工厂厂长的首要任务

中外合资公司的工厂厂长的首要任务是什么？是三个负责：对客户负责（确保向客户交付的产品：数量、质量、时间节点三个100%），对合资公司负责（成本控制、效率和效益），对工厂全体员工负责（安全、环境、薪资福利等）。

7.2.2.1 对客户负责

合资公司工厂厂长对客户负责必须实现三个100%：向客户交付的产品的

数量100%，向客户交付的产品的质量100%，向客户交付的产品的时间节点（计划实现的准确率）100%。

7.2.2.2 对合资公司负责

合资公司工厂厂长对合资公司负责：严格控制制造成本，组织抓好降本增效工作，确保实现工厂效益的最大化，这样才能确保合资公司的效益最大化。

7.2.2.3 对工厂全体员工负责

合资公司工厂厂长对工厂全体员工负责：确保全体员工收入和福利待遇与工厂效益的增长实现同步增长，确保全体员工的制造安全和环境安全，确保员工队伍的稳定和发展。

7.2.3 合资公司为什么要实行工厂厂长负责制的大生产模式?

合资公司应建立工厂厂长对工厂实行全面领导的工厂厂长负责体制。如前所述，我们认为设立合资公司中外方总经理领导下的工厂厂长负责体制的最大的好处是：解放中外方总经理和他们领导的经营团队，让其放心去抓市场、抓研发、抓发展、抓人才队伍建设等，去做他们应该做的工作，真正发挥“兵对兵、将对将、对的上”的作用。公司中外方总经理和经营管理团队的目标与工厂厂长的目标是一致的，对公司的经济效益最大化负责，对股东负责，对员工负责，对国家和社会负责。

虽然中外方总经理与工厂厂长的目标是一致的，但是各自负责的侧重点是不同的。

因此，为了完成上述任务和实现上述的目标，公司中外方总经理应该把合资公司的工厂交给工厂厂长管理，工厂厂长应对工厂全面负责和行使全部职权，并确保工厂任务的全面完成和目标的实现。

7.2.4 实行大生产的模式是工厂厂长的任务，也是合资公司中外方总经理和各部门部长的任务

合资公司和其旗下的各工厂厂长对其所主管的工厂负有全责，包括工厂管理、工厂员工队伍管理、安全管理、质量管理、制造管理和工厂效益的最大化等。但是工厂厂长最重要的一项任务和职责是，必须确保向客户交付的产品的三个100%。这是合资公司今天的钱和效益的来源，也是合资公司获得明天的钱和后天的钱的基础和关键。

合资公司的中外方总经理和经营管理团队中的各部门部长必须全力支持和确保工厂厂长实现三个100%，只有工厂实现三个100%，合资公司的效益目

标才能确保。因此，这是合资公司的中外方总经理和经营管理团队中的各部门部长义不容辞的责任和任务。没有合资公司各个部门在人、财、物和经营管理等方面的及时的有力的支持，工厂是不可能完成任务的，合资公司也是不可能完成任务的。所以，合资公司各个部门对工厂反映的问题必须快速反应、快速地解决，决不允许推诿扯皮和拖而不决。

合资公司实行大生产的模式和工厂厂长负责的管理体制，有利于中外方总经理和经营管理团队集中精力抓市场、抓项目、抓研发、抓发展、抓人才队伍建设，集中精力围着市场和客户转，实现合资公司效益最大化的目标，确保合资公司实现科学的、可持续的又好又快的发展。

7.3　合资公司有效营销体系的建立

7.3.1　建立营销体系及机制的思路

（1）合资公司要重点抓好母公司（集团公司）的内部市场协调，这是非常重要的，抓住母公司集团公司内部的整车市场，就抓住了龙头，就抓住了纲，也就抓住了重点。如果内部搞不明白，外部就更难搞明白了。

（2）合资公司要重点抓好外部市场的协调，组织和带领分、子公司开拓外部市场，主要是运用合资公司的大平台设计研发的技术优势和项目管理的优势与外部市场客户确定整车开发打包的整体项目。

（3）合资公司要重点抓好市场的规划布局和发展规划工作，根据客户目标把握市场，确定公司的市场营销目标，两级或三级公司都要承担压力和责任。

7.3.2　要建立一个两级营销管理的模式

（1）我们要明确营销的目的是什么？满足客户需求（在创造客户价值的同时，创造本公司价值和员工自身的价值），追求效益的最大化（对公司、对股东、对员工、对社会负责），树立“价值、品质、世界一流”的愿景目标，成为具有国际化同步开发、同步配送能力的世界一流供应商，建立以客户为导向的经营管理机制，以体现高效率和快速反应能力。

（2）我们还要明确本合资公司和各分、子公司的营销工作重点，并根据工作重点建立营销体系和机制。我们可以采取先内后外、先重后轻、先大后小的方式，发挥两级或三级公司的积极性和主动性。

(3)“先进的技术，低成本的优势”的营销战略，以确保经营机制的高效率和快速反应能力，促进合资公司的持续发展。

7.3.3 建立有效营销体系的部门设置

为了适应市场发展的需求，企业必须建立一个以客户为导向的经营管理机制。这个机制是以客户为中心展开的，基本设置为：客户部，可分设欧美系、日韩系和中国系等；项目部，可分设欧美系、日韩系和中国系等，包括所有的项目组；技术中心，能覆盖本行业产品的研发技术能力，并具有与客户同步开发的能力；制造工厂，包括在各地区的工厂、以支持客户部和项目部为需要而设置的各部门；供应链管理部，用以供应商的管理和控制等。各个部门通力合作以便对客户的要求做出快速的反应，体现公司经营机制的高效率。某公司以客户为导向建立的营销部组织机构如图 7—1 所示。

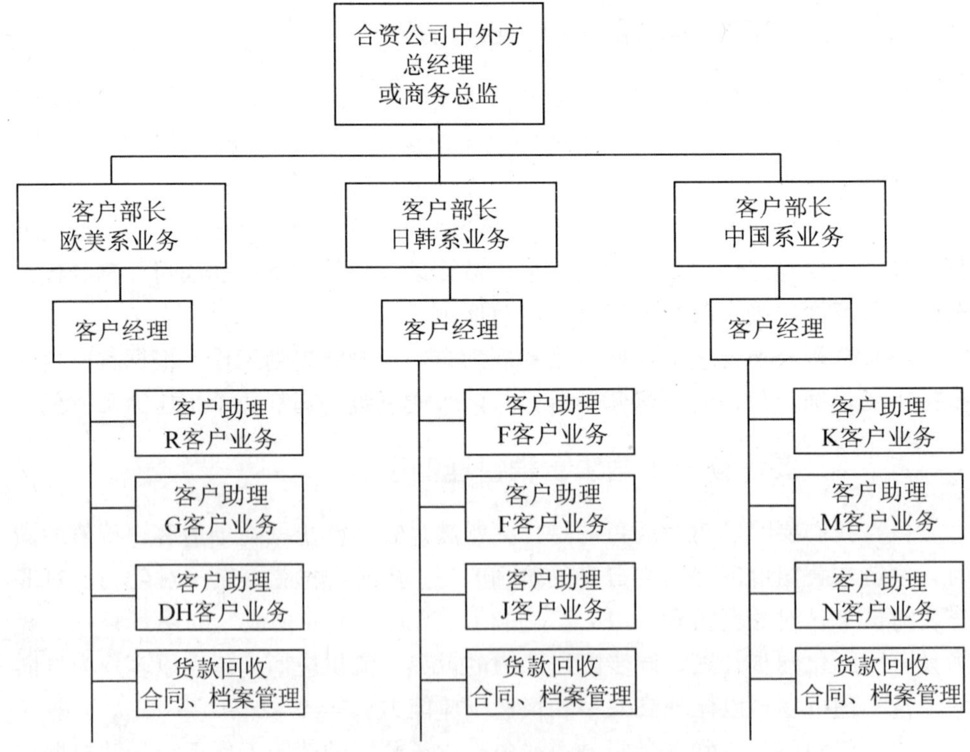

图 7—1 某公司营销部组织机构

7.4　合资公司的客户关系管理

7.4.1　合资公司的新客户拓展策略

针对新客户的拓展，我们要应用“兵对兵、将对将”的对口交流，要针对目标客户“走进去、请出来”，以获得客户对项目产品设计、质量管控和开发进度以及产品价格的认可。技术中心主任（技术总监）、质量部长、客户部长、项目部部长、项目经理、产品设计经理（工程师）、产品工程经理（工程师）、模具工程经理（工程师）、检具工程师和质量工程经理（工程师）等，与客户相关部门和相关人员“兵对兵、将对将”沟通得好，新项目的获得和项目后续的开发就成功了一半，甚至是一大半。

7.4.1.1　运用“一上、一下、一中”的方式，把握市场，赢得客户

“一上”是自下而上的突破。即从客户的最基层的项目（平台）、产品设计、质量、采购等工程师开始沟通；与客户的项目（平台）产品设计、质量、采购等科级经理（主管）沟通；与客户的项目（平台）、产品设计、质量、采购等部门的部长（主任）进行沟通；与客户采购、项目、产品设计、质量等主管副总经理和中外方总经理进行沟通。这是针对常规的大客户的通常做法。

“一下”是自上而下的突破。与“一上”相反，但是这种方式有时会起决定性作用。例如，有的客户从战略上或本集团的全局利益与要求来考虑，由客户高层表态，对同属一个集团内的零部件供应商予以同等条件下的优先。

“一中”是采取中部的突破。即以客户中间的核心部门为突破口，向上下或两头延伸。如以客户的技术中心、采购部和项目平台等主管部门为突破口实现突破。即采取“一个扁担两个筐”的方式，先做好中间环节的工作，有时是非常有效和快捷的。在做好中间环节的沟通工作后，请中间环节和我们一起做上下两头的工作，做两头的工作要以我们为主，客户的中间环节为辅，但是要注意调动中间环节的积极性。

7.4.1.2　开拓新客户的几点体会和做法

（1）开拓市场要有事在人为，有变不可能为可能的坚强意志。例如，有一家整车合资公司在一项重要业务上，由于考虑到引进的两个新车型能够尽快在国内上市，准备选择国外整车公司的原配供应商为引进的两个新车的某零部件

总成的供应商。而国内的一家做同类产品的中外合资公司中方总经理得知这一事项后，及时向母公司的集团公司高层汇报（整车合资公司和国内的这家零部件合资公司同属一个集团），并取得母公司的集团公司高层的支持，得到了参加竞标的权力，并在比质、比价、比技术、比服务和比进度等的激烈竞标中取得了成功，实现了变不可能为可能的成功典范。

与竞争对手竞争新项目，必须在价格、质量、服务等方面具有竞争优势和竞争力，这如同点球大战一样残酷无情，一定要做到每球必进，这样才能生存和发展，做到适者生存，适者才能发展。这就需要我们有事在人为、变不可能为可能的坚强意志和信心。

（2）要有锲而不舍、水滴石穿的执著精神。开拓市场要有钉子般的挤劲和水滴石穿的钻劲，要有志在必得、一往无前的精神，要有持之以恒的韧劲。

例如，我们在与客户沟通时，不能像有的商场的空调，要不就是冻得让人受不了，要不就是热得让人受不了，要始终把温度控制在让人感到舒适和温馨的温度才好，这样客户才能感到满意。

又如，有一家中外合资的零部件公司在承担某整车公司的某新项目时，由于国外一家提供技术支持的公司单方撕毁技术支持合同，停止技术支持，给这家零部件合资公司开发这一新项目带来巨大的压力和困难。这家零部件合资公司承担着压力，克服困难，项目部、项目组和技术中心密切合作，全力以赴，以锲而不舍、水滴石穿的执著精神，按照客户要求的时间节点，出色地完成了设计开发和制造任务，受到客户的赞誉和好评。打赢了一场独立自主开发新项目的争气战，为所在的合资公司争了气，为中国人争了光。

（3）要有精诚所至、金石为开的精神。笔者在中外合资公司与客户打交道多年感悟到，“没有不通情达理的客户，只有不会办事的商务人员”。只要我们的商务人员具有“精诚所至”的精神，就一定能取得“金石为开”的成果。

例如，有一家合资公司在追踪了一年多的一个新项目快要定点时，由于竞争对手的一再竞相压价，动摇了客户定点给这家合资公司的信心。这家公司的中方总经理为了获得这一新项目，有一次在下雨没有带雨伞的情况下，冒雨在客户主管领导家的楼下等了两个多小时。虽然这家合资公司的中方总经理没有等到这位主管采购的领导，但是当客户主管采购的领导得知这位供应商总经理为等他淋得湿透的情景时，很是感动和感慨。这家合资公司中方总经理的精诚所至、金石为开的精神，深深地感动了客户，最终在同等条件下，把这一项新业务定给了这家供应商。

因此，合资公司的管理者要像为自己的事一样去拿项目，要像做自己的事一样去做项目，这样大家合心合力，合资公司才能大有希望。

（4）与客户沟通需要把握时机。我们在与有的客户打交道时往往会感到沟通比较困难，尤其是客户调整人员后新上任的采购部门的经理、部长和技术中心主任、平台主任及新开发的客户沟通更加困难。对于客户新上任的人员和新客户，我们不要着急，要采取循序渐进的“只要工夫深，铁杵磨成针”的方法与其沟通。我们在与客户的沟通时要特别注意把握好时机，时机把握得好就会收到意想不到的令人满意的效果。

例如，有一家公司的客户部人员在与某客户一位技术主管打交道时，感到与其沟通比较困难，请其打球、打牌不出来，请其吃饭、唱歌也不参加。正在这家客户部人员为此大伤脑筋时，他们忽然听到一个消息，客户的这位技术主管在家下楼梯时，不慎一脚踩空摔下楼梯，其手臂骨折了。他们感到机会来了，准备了鲜花和营养品登门去看望这位技术主管，一下子就拉近了距离，使关系融洽起来。这个事例说明了机会时刻在我们身边，我们只要把握好机会，客户工作就会获得成功。

（5）要有年节假日不休息，能够舍得的牺牲精神。中外合资公司的中方总经理、主管市场的部长、经理和销售人员以及项目组成员等在年节假日是很难休息的。因为年节假日是与客户沟通的最好时机，如在年节假日与客户一起郊游、聚餐、喝茶、打球、K 歌、钓鱼等。

因此，中外合资公司中方总经理和营销团队的营销人员、项目组成员等要有年节假日不休息的舍得精神和牺牲精神。合资公司的外方人员的习惯是，一般情况下休假和休息时间内是不工作的，也是不与客户谈工作的。

（6）要有信心与激情，要有志在必得的精神。“信心比什么都重要”，信心和激情是做好营销工作的动力和源泉。例如，有一家中外合资公司的中方经营管理团队的管理者们，在争取新项目时总是充满信心和激情，总是具有志在必得的精神，准备的技术报价和商务报价非常充分，非常有竞争力。因此，他们总是能够战胜竞争对手，获得新项目、新业务。

（7）香槟和蛋糕的激励。合资公司在获得每一项新业务时，都要在办公大厅即时举办一个小型的、短时间的庆祝活动。打开香槟、切好蛋糕，让在场的每一位员工像庆祝生日和取得胜利一样，来庆祝公司新项目的获得。只有获得新项目，做好新项目，才能使公司不断地获得新项目，不断地获得新的效益增长点，才能使公司不断地、可持续地发展和做强、做大。

（8）对客户的选择定位。合资公司要争取成为重要客户的战略供应商和首选供应商（我们要使合资公司成为拥有三个以上重要客户的战略供应商和首选供应商，与竞争对手“寸土必争”），也要成为一般客户的重要供应商（作为扩大市场增加销售收入的又一个渠道和补充）。

7.4.2　合资公司的客户关系维护

我们认为作为供应商首先要把产品和工作做好，即在做好产品和工作的基础上或者在做好产品和工作的同时，处理好与客户的关系。虽然俗话说得好“酒香不怕巷子深”、“货好不怕没买家”，但是我们与客户的关系也是非常重要的。现在的市场竞争如此激烈，仅靠产品的优势还是无法完全争取到客户的，即使争取到客户，如果不好好维护好关系，客户也有可能流失，因此，要特别重视客户关系管理和维护。

7.4.2.1　客户关系维护的理念和原则

（1）客户至上。不论是合资公司还是内资企业，都必须体现“客户至上”的理念，如中外方总经理陪同来访的客户参观、中外方总经理参加客户召开的会议、中外方总经理重视落实客户的要求等，均体现了“客户至上”的原则。

合资公司要围着市场转、围着客户转，牢固树立“项目是饭碗，客户是上帝”的理念。合资公司应以客户为大、客户至上为荣，公司的会议和上级的会议要让位于客户召开的会议，公司和上级安排的活动要让位于客户组织的活动。这样，才能把客户至上的企业文化和企业精神落到实处。否则，只能是挂在嘴上空谈市场和客户的重要性。

（2）永远不要对客户说“不”。抵制和拒绝客户是非常要不得的，抵制和拒绝客户就等于拒绝自己的饭碗和拒绝自己公司的财路。这是事关合资公司新业务获得和生存发展的头等大事。但是，在现实中确实有的合资公司的外方总经理可以以任何理由拒绝与客户见面、拒绝客户要求解决的问题、拒绝回答客户提出的问题等。

例如，有一家很有名的M国的国际化大公司的外方副总裁提出要见客户总经理，该公司投资的国内的一家中外合资公司的中方总经理按照股东方这名外方副总裁确定的时间和地点与客户提前联系好了。但是这位外方副总裁以约定的时间是周末休假为由，拒绝了与客户总经理的会晤。这样的事重复了两次，客户对此非常恼火，从此不再接受与这位外方副总裁的会见，给合资公司带来了很大的负面影响。

又如，国内有一家中外合资公司在做一个新项目时进度严重滞后，客户指名要与这家中外合资公司的外方总经理会谈，而这家合资公司的外方总经理以刚收到邮件（实际上客户半个月前就发了邮件），不了解情况等为借口，不但不回复客户，而且还拒绝与客户会面。这家中外合资公司的中方总经理获悉情况后主动及时补位，连夜赶往客户要求会晤的城市，按照客户约定的时间和地点，准时到会与客户进行了沟通和交流，得到客户的理解和谅解。如果中方总经理不及时补位，将给这家中外合资公司带来很大的负面的影响，给合资公司新业务的获得带来很大的损失。

7.4.2.2 客户关系维护的要点：了解客户需求、满足客户需求

我们争取新项目时要与客户互动，首先要了解客户需求，成本低、质量优、服务好、节点准。我们要按照客户要求和“一分钱一分货”的原则去引导客户和进行设计、去进行制造能力准备，并要满足公司投资收益率（IRR）××%、销售利润率（ROS）××%的拨款申请（APP）的要求。

在合资公司的现实经营运作中，往往存在这样的矛盾：客户要求供应商的产品要达到“西装”的质量和性能，而支付给供应商的价格却是“工作服”的价格。这给合资公司的经营带来了很大的困难。针对客户要求新项目的技术和质量标准过高以及价格过低的问题，解决的办法是需要供应商和客户充分协商、互相理解。供应商和客户采取以下两点措施：一是双方各让一步达成共识；二是按照“一分价钱一分货”的原则提供产品，以确保客户和供应商实现双赢，这样才能调动客户和供应商两方的积极性。

公司在开发市场时，可以采取先于客户的方式进行设计开发，然后将设计方案和样件提供给客户，以供客户选择和评审。一旦客户选中，那么我们获得新项目的机会就有了70%以上，只要价格与客户达成共识，就有了100%的胜算。

例如，有一家中外汽车零部件合资公司在客户推出新车型前，先行设计出客户需要的同一种零件的几种式样，以供客户选择，一旦客户选中其中一种，这家合资公司就获得了这项新业务的主导权，再将价格与客户谈定，就会顺利获得此项新业务。

7.4.2.3 做好维护客户关系的商务工作

合资公司客户关系的建立和发展是一项非常重要的商务工作，商务工作是一部关系学，关系是因人而异的，关系是一点一滴建立和积累起来的。商务工作也是一部人品学，在客户公司和客户员工最需要帮助的时候，给予帮助，以诚信取得客户的信任和支持。商务工作还是一部能力学，你和你所在的团队要确保个人和公司所表现出的能力让客户信服：对正在制造的产品要确保满足客户的要求，实现质量、数量和交付时间节点的三个100%，确保今天的钱；要做好正在开发的新项目的技术性能、质量和交付的进度，确保客户对新产品开

发能力的信服，确保明天的钱；合资公司要紧密追踪客户的每一款新车的RFQ（询作要求）发布时间和要求，在技术报价和商务报价时，能够有竞争力，争取获得新项目，确保客户对新项目报价能力信服，确保后天的钱。

7.4.2.4 要注意慎用“令人满意的答复”的外交辞令

在零部件公司与整车公司谈新项目开发或年度降价时，如果零部件公司对整车公司客户说，会给予客户“令人满意的答复”的。那就应该是在新项目开发中的质量进度等方面的问题已经解决，令客户满意；那就应该是在年度降价方面达到客户要求的年度降价的目标，令客户满意。否则，会令客户先寄予较大的期望，然后得到答复后又失望。

例如，国内有一家中外零部件合资公司外方总经理在与客户代表谈年度降价和新项目定点事项时，对客户代表说，改天我会给你们一个“令人满意的答复”的。但过了一天后，客户代表得到这家零部件合资公司外方总经理的一个书面答复，是一个比这家中外零部件合资公司已经书面正式承诺的结果还差了许多的答复。对此客户高层和客户代表都非常气愤，认为这家中外零部件合资公司的外方总经理不讲信誉，这位外方总经理讲的“令人满意的答复”是“外交辞令”，实际上是不能“令人满意的答复”，只是令他自己满意，而不是让客户满意。

这位外方总经理的不负责任的答复，使这家中外零部件合资公司险些丢掉后续的所有新项目。中方团队发现问题的严重性后，马上采取“亡羊补牢”的措施，及时与客户沟通，及时说明情况，才得到客户的谅解。

中外零部件合资公司要注意慎用“令人满意的答复”的外交辞令，尤其是对客户更要慎用。因为我们回答客户，要给客户一个“令人满意的答复”，就等于我们已经承诺一定会给客户好于先前的答复。否则，客户会产生被欺骗、被愚弄的感觉，会对我们不信任或不理睬，另外寻找新的供应商资源，使中外零部件合资公司处于被动的局面。

7.4.3 客户关系维护的保证——档案管理

对中外合资公司来讲，做好客户管理是非常重要的一项工作，对客户要以诚相见，以诚待人，心诚则灵。当然，公司的技术、质量、价格、成本和交付控制等竞争能力是与客户建立永久性战略合作伙伴关系的基础和关键所在，也是做好客户管理的目的所在。有了这一基础，企业与客户的关系才能“根深叶茂”，企业发展之路才能越走越宽。

做好客户管理，其中一项重要工作就是建立客户档案：

（1）建立客户历年的业务档案用于参考和分析。同时，建立当年的业务计划档案和五年业务发展规划档案，对当年将发包布点的新项目进行跟踪分析和模拟技术及商务报价工作，并进行同步开发的前期准备工作。

（2）要分三个层次建立客户人员档案。第一层是客户的中外方总经理、副总经理；第二层是客户的部长，如负责采购、技术、质量、财务和制造等部门的部长，项目平台主任、项目经理等；第三层是客户部门下属的科股级经理、项目主管、工程师（采购、产品、质量、检测验证、制造和物流主管等）。档案内容可根据需要存档，客户档案属于商业秘密，必须严格保密，严禁对外披露，要特别注意和审慎管理。

7.5 合资公司的财务管理

要使企业管理科学化，必须以财务内控管理为中心带动整个企业的科学管理。财务管理在企业中属于较高层次的管理，是对企业价值的综合管理，在中外合资企业格外重要。它首先接收各种市场信息，综合处理有价值的信息，以此作为短期和中长期规划的依据，并据此提出决策方案，参与经营决策，在管理控制、资源分配、业绩评价中起核心主导作用，能够对与决策有关的诸多要素进行平衡，从而在经营管理决策中起核心作用。

7.5.1 资金筹措

在筹资决策中，资源筹措能够平衡筹资成本和财务风险，选择最优资本结构，利用各种强化资金管理的方法和手段，调整资金存量、流量和流速，最大限度地优化资本结构，实现资本增值。

在中外合资公司，由于资金来源于多个母体公司，是涉及人、财、物的大事，所以，必须按照合资合同和公司内部的规定来进行资金的筹集，即需要中外方总经理双签，以体现合资公司中外方的共同责任和权利，也体现出中外方之间的相互尊重。虽然这样耗费的时间较长，但是体现了公平和公正，也不容易出错。但是有时候在资金筹集或者申请的过程中也会出现一些状况，如单方审核时间太长从而影响进程中的项目开展。

例如，国内一家中外合资公司每次在向合资公司各方董事报拨款申请时，按照程序办，但总是有一方或两方拖延很长时间，有的项目拨款申请一拖2～

3个月就过去了，严重影响了项目的进度，导致这家合资公司经常受到客户的批评和指责。如何解决这个问题？笔者现将国内一家中外合资公司的做法介绍给大家，与大家分享。

7.5.1.1 首先要搞清楚申请拨款的目的是什么？

申请拨款的目的是为了确保客户新项目的按时启动，确保公司可持续地发展，因此，需要得到全体董事们的支持，并获得批准。

7.5.1.2 要搞清楚报什么样的拨款申请，董事们才能很快在拨款申请上签字

根据董事会对拨款申请的要求，投资回报率（IRR）为××%，销售利润率（ROS）为××%，只要达到和接近以上两个指标，董事们就会签字批准。达不到拨款申请要求的，董事们如果批准，董事们是要承担责任的；如果达到了拨款申请要求的，董事们批准是没有问题的。

如果合资公司在项目开发完成后没有达到拨款申请的要求，则由合资公司经营管理层负责，而不需要董事们负责。这是董事们批准或不批准的基本原则和分水岭。

7.5.1.3 要注意申报的方式和方法，申报不能用特快专递一发了事

合资公司应该选派各方派到合资公司工作的派驻人员分头向其母公司面对面进行汇报，以确保各方母公司的董事充分理解客户新项目情况和拨款申请的必要性或紧迫性，这样拨款申请才能很快得到董事会全体董事们的批准。

7.5.1.4 把批准“拨款申请”的上级部门当客户

申报的合资公司的经营管理层还可以把母公司的董事们和规划、财务等部门的管理者，当做客户来对待。有的股东方会要求自己一方的规划和财务等部门先行审核，然后再根据这些有关部门的审核意见，决定是签字还是拒签。按照规定和程序办是合资公司的基本原则，但是在按照规定和程序办的过程中可以采取更加灵活的方式和方法来达到我们想要达到的目的。

7.5.2 采购成本控制要点

合资公司在投资、用资的过程中要贯彻优化资本运营的思想，实施资产结构调整和资产重组，使资产合理流动、优化配置，促使企业经济资源资本化、货币化、市场化，实现收益性与流动性的和谐统一。基于此点，国外的中外合资公司与国内的中外合资公司一样，在采购成本控制方面都要加强控制，达到降本增效的目的，促进公司的建设和发展。控制采购成本一方面要选择在质量和价格上具有竞争力的供应商，另一方面要在付款条件方面做合理化管理。

例如，有一家在国外的中外合资公司在成立之初，需要采购一批办公用桌椅和各种文件柜等。当时这家公司总经理（中方派驻的）考虑到合资公司刚成立，要充分发挥本地副总经理的作用，就委托这位副总经理去采购这一大批办公用具和用品。过了一个多月，这位副总经理拿来几家的报价，请总经理确定，总经理一看，几家报价大都为人民币450万～500万元。这家公司的总经理感到这些报价都太高，就利用周末亲自带人到几家办公用具和用品制造工厂去比质比价，最终找到性价比最好的办公用具和用品制造商。经过比质比价最后确定的这家供应商，比原来几家供应商报价清单的办公用具和用品种类多、质量好，价格只有原来几家报价的1/5左右。这家公司总经理回公司后，征求外方副总经理的意见，这位副总经理既佩服又赞同，同时也感到很惭愧。

市场的激烈竞争，同样使中外合资公司面临着质量与成本的选择，当今的竞争既是质量的竞争，也是成本的竞争。而在成本竞争能力与质量竞争能力两者中选择时，大多数供应商和客户会把成本竞争能力放在首位，这也是市场竞争的激烈和市场的巨大压力所致。

但是对中外合资公司来说，质量竞争能力是应该永远放在首位的，质量竞争能力决定市场竞争的胜负。绝不能因为降低成本而放弃质量竞争能力。

例如，有一家国内的中外合资公司在与本地化的一家民营公司竞争一个新项目时，客户给双方的目标价为260元，而这家中外合资公司购买材料的成本就需要300多元，根本达不到客户的目标价。但是本地化的这家民营公司不但达到客户目标价，而且还有15%的利润，最终客户将这个新项目给了这家民营公司。而这家中外合资公司却没有获得这个新项目。在质量与成本的选择中，我们还会面临另外一种情况的竞争压力，这时候，合资公司仍然要将质量放在首位，即使要降低成本，也要给客户明确建议质量满足要求的技术降本方案，并且要实施严格的验证。

又如，有一家国内的中外合资公司在以较低价格获得一件总成后，为了降低采购成本，选择了一家价格成本有竞争力，但是质量管理和控制能力较差的供应商。这家供应商质量问题频频发生，不是造成客户停线，就是出现批量质量事故，使这家中外合资公司的员工叫苦不迭，疲于奔命到处救火，严重影响了这家合资公司在客户心中的信誉和后续新项目的获得。

再如，有一家中外合资公司在开发制造一个重要的一级零件时，为了降低成本由原来的一家供应商改为另外一家供应商。而另外一家供应商对质量和工艺管控不好，导致质量管理和控制出现严重问题，使这家中外合资公司和客户蒙受了2000多万元的经济损失。这家中外合资公司为选择低成本供应商付出了巨大的代价。

合资公司在供应商的选择上经常存在这样的误区，认为供应商越多对公司越有利。殊不知供应商越多越乱、越多越滥，不利于供应商质量保证体系的建立，也会损害了合资公司的自身利益。选择质量管控好、产品质量优、价格和技术竞争力强的供应商，是合资公司选择供应商的目标和努力方向，对降低采购成本至关重要。

7.5.3 人力成本控制要点

在国外的合资公司的运营成本中，人员工资所占的比例较大，所以，人员成本控制是非常重要的。首先，重点要控制好中外方股东派驻到合资公司的人员数量和人员薪酬额度。其次，还要控制好公司管理者的人数，要求管理者要“精干高效”，坚决杜绝因人设岗和人浮于事的现象。

如果派驻的管理岗位有 11 个，每个岗位的充实度只有 80%～90%，我们可以只安排 8 人或 9 人，使每个人的充实度达到 100%。我们可以给 100%充实度的人员的每个人增加 10%的薪酬，这样对派驻的管理者会起到很好的激励作用，也有利于提高合资公司的工作效率和充分发挥每一个派驻人员的潜能和作用。这是一举两得的好事，也是公司和被派驻的管理者双赢的方式。

下面举一个在国外建立的中外合资公司如何控制人员和人员费用的例子。

例如，关于人员成本分析和控制。C 国的劳动法律条款在规定了各类工作岗位的最低薪酬标准后，又在最后的条文中列出了一条非常有弹性的条款。即鉴于社会招工或应聘会出现“供大于求或求大于供”的现象，招工单位或部门与应聘者达成的劳资协议或合同受国家法律的保护，不受各类工作岗位的最低薪酬标准的限制。这条灵活的法律条文给招聘单位或部门在降低人员成本费用方面带来了益处，也给困难的求职者带来了希望和竞争力。

国外的中外合资公司，为了控制人员成本和费用，可采取灵活的用工方式。即该给的薪酬要给足，该节省的要节省。对少数最需要的核心技术和管理人才或骨干，应签中长期固定合同，并给予他们高于本地同类型人才的平均水平的薪酬；对普通的各类型工作岗位可以根据公司需要，实行弹性用工策略和弹性签约薪酬。如 C 国有一家做鞋的台商独资公司，在招聘普通操作工人时根据市场销售情况来和工人签订合同，市场销售旺盛时与招聘的工人一次签三个月合同，市场销售不畅时只选择少数工人，而且是一个月签一次，以达到降本增效的效果。

在合资公司的外方总经理喜欢用带外籍血统的纯外籍人，而外籍华人次之。而中方更愿意培养和使用本地化人才。在公司需要引进人才时，外方总经理喜欢用其母公司的外籍人才，而其薪酬是本合资公司直接招聘的同等条件下的外籍或中国籍人才的两倍或三倍甚至数倍。中方总经理和经营团队为了使公司降本增效，更致力于直接招聘人才和培养使用本地化人才。因此，中方经营团队应本着对合资公司负责的原则，把握好用人和用人薪酬的标准，加强与外方的交流和沟通，确保合资公司用人和用人薪酬标准的一致，确保有利于公司的降本增效、有利于公司更好地建设和发展。

第8章　中外合资公司组建的法律和政策环境

合资公司与当地政府的关系处理得好，就会得到政府更多、更有力的支持和帮助（如政府可以提供“土地优惠政策、建设资金支持、发展基金奖励”等），这有利于合资公司的建设和发展。因此，合资公司离不开政府的政策支持，政府也需要企业的建设和发展带来就业和税收等，企业与政府的关系是相辅相成的。

但是企业与政府的职能不同。顾名思义，企业是经营单位，其目的是追求效益的最大化和社会效益的最大化；而当地政府是国家的地方组织，也是政治组织，其目的不同于企业。企业需要良好的社会环境，需要社会的政治稳定，需要政府的促进和支持。

8.1　国内优惠政策的落实问题及对策与建议

国内各地的国家和省级开发区招商引资的政策，既有相同之处，也有不同之处。为此，投资方要充分地了解和掌握投资当地政府的优惠政策，由于“两免三减半”优惠政策的终止，享有优惠政策的中外合资公司，在不再享有此项优惠政策后，要努力创造条件，争取成为高新技术企业，根据自己企业的产品结构和研发新技术的能力，评价是否属于高新技术企业范围，如可以向政府申报以便再次获得政府的优惠政策。

同时，还要用好用足政府给予的其他优惠政策，如土地优惠政策、税收鼓励政策、支持发展的奖励政策等。

各地政府为了招商引资都有不同的土地优惠政策：①一次性的土地价格优惠；②根据投资方的不同投资规模给予不同的土地优惠价格；③先以招拍挂的

方式和挂牌价格给投资方，然后待投资方达到一定的投资比例和规模时，再以支持发展金的方式返还一定数额的购买土地的资金，以体现政府对投资方的支持。

但是国内也有个别地方开发区存在办事拖拉、办事效率低下和说大话说空话等现象和问题。因此，投资方在选择投资地点前，一定要做好拟投资地方的投资政策、投资环境和投资前的可行性分析，一定要实事求是，从实际出发，这样才能充分发挥投资效率，并收到令人满意的投资收益。

8.2　国外优惠政策的落实问题及对策与建议

政府提供的贴息优惠贷款利率高于世界银行提供的贷款利率，这样不利于国外的中外合资公司的建设和发展。而且，国外的合作伙伴对此也不满意。因此，准备到国外成立中外合资公司的企业，要在国内得到与世界银行同等或低于世界银行的贷款利率，这对将在国外成立的中外合资公司是非常有利的。所以，要积极争取获得国内的优惠政策。

政府支持中国企业走出国门，具有政治和经济的双重意义和目的，政府需要的是政治和外交的成果。因此，政府应在政策上加大对中国企业走出国门的支持力度，并给予特定的优惠政策。这也是中国企业走出国门所期望的。当然，中国企业走出国门在获得发展和效益成果的同时，也应回报国家、支持政府达成目标。

国外有的国家为了招商引资发展经济，尤其是有的非洲国家在中国企业准备进入该国建立合资公司时口头承诺的很多优惠政策，在合资公司建立后都很难落实，导致中国企业不能达成预期的目标，进退两难。

中国企业在进入某国建立合资公司前，一定要做好可行性分析，尤其是风险分析要全面、透彻、清楚，一定要在建立合资公司前拿到这个国家政府给予的优惠政策的政府正式文件。否则，在合资公司成立后，就很难得到该国政府的优惠政策，到那时候你再去找该国政府官员，不是回避你，就是推葫芦转瓢，你就是跑断腿、磨破嘴也将无济于事，像这样的事例在国外有很多，举不胜举。

8.3 政治与经济的问题及对策与建议

8.3.1 政治与经济的问题

企业无论在国内国外都与政治关联，在国外的中外合资公司尤为突出。中国驻外使馆代表国家以政治和外交为先，中国驻外经商处在中国驻外使馆的领导下代表商务部以经贸为主。国外的中外合资公司是以发展为主和效益为先。

例如，在西部非洲某国的一家中外合资公司在中国援外制度改革的初期，在“政府搭台、企业唱戏”的思想指导下，于20世纪90年代中期成立，由于地处西部非洲某国，连年来的政治动乱和争权夺利的战争不断升级，导致这家中外合资公司面临关闭的境况。

8.3.2 对策与建议

中国企业走出国门应坚持以发展为主和效益为先的目的，中国企业走出国门，在国外做优、做强、做大，更能彰显中国政府和国家的影响力，从而达到单纯的政治所达不到的政治目的。中国的企业要坚持发展为主和效益优先的国际合作和国际发展的原则。企业是国家发展的坚实的经济基础，只有企业在国外根深叶茂，才能为国家带来正面的影响力。而国家则是企业的根和坚强后盾。

8.4 关于中国高新技术企业的申报

争取和获得国家的优惠政策是促进中外合资公司建设和发展的一项重要工作。由于国家对中外合资公司（外资股比在25%或以上的中外合资公司）“两免三减半”优惠政策的终止，合资公司在条件符合时，申报高新技术企业、获得高新技术企业、享受高新技术企业的税收优惠政策就是一条有效的途径。中外合资公司应该运用自身的技术和创新能力申报中国高新技术企业，争取获得高新技术企业证书。中外合资公司成为高新技术企业后，得到的不仅是10%

的税收优惠政策，而且还会提高合资公司的声誉和可信度，鼓励和促进公司在研发新技术方面每年都有新的突破，为合资公司获得后续的新项目奠定良好的基础，从而促进合资公司的建设和发展。

申报高新技术企业对国内中外合资公司来讲，是一项非常重要的事项，因此，合资公司要掌握申报的条件、规定和要求，要符合申报的条件、规定和要求。同时，还要知晓如何申报才能获得成功等情况，需要特别注意以下几点：

8.4.1 明确申报和审批高新技术企业的条件

《高新技术企业认定管理办法》第十条规定了高新技术企业认定须同时满足以下条件：

（1）在中国境内（不含港、澳、台地区）注册的企业，近三年内通过自主研发、受让、受赠、并购等方式，或通过5年以上的独占许可方式，对其主要产品（服务）的核心技术拥有自主知识产权。

（2）产品（服务）属于《国家重点支持的高新技术领域》规定的范围。

（3）具有大学专科以上学历的科技人员占企业当年职工总数的30%以上，其中研发人员占企业当年职工总数的10%以上。

（4）企业为获得科学技术（不包括人文、社会科学）新知识，创造性运用科学技术新知识，或实质性改进技术、产品（服务）而持续进行了研究开发活动，且近三个会计年度的研究开发费用总额占销售收入总额的比例符合如下要求：

1）最近一年销售收入小于5000万元的企业，比例不低于6%。

2）最近一年销售收入在5000万～20000万元的企业，比例不低于4%。

3）最近一年销售收入在20000万元以上的企业，比例不低于3%。

其中，企业在中国境内发生的研究开发费用总额占全部研究开发费用总额的比例不低于60%。企业注册成立时间不足三年的，按实际经营年限计算。

（5）高新技术产品（服务）收入占企业当年总收入的60%以上。

（6）企业研究开发组织管理水平、科技成果转化能力、自主知识产权数量、销售与总资产成长性等指标符合《高新技术企业认定管理工作指引》（另行制定）的要求。

（7）在满足以上条件的前提下，还要准备以下文件：

1）《高新技术企业认定申请书》（可登录网站下载）。

2）企业营业执照副本、税务登记证书（复印件）。

3）经具有资质的中介机构鉴证的企业近三个会计年度研究开发费用（实

际年限不足三年的按实际经营年限）、近一个会计年度高新技术产品（服务）收入专项审计报告，同时附送中介机构符合资质条件的证明或说明。

4）经具有资质的中介机构鉴证的企业近三个会计年度的财务报表（含资产负债表、利润及利润分配表、现金流量表，实际年限不足三年的按实际经营年限），同时附送中介机构符合资质条件的证明或说明。

5）技术创新活动证明材料，包括知识产权证书、独占许可协议、生产批文，新产品或新技术证明（查新）材料、产品质量检验报告，省级（含计划单列市）以上科技计划立项证明，以及其他相关证明材料。

6）企业职工人数、学历结构以及研发人员占企业职工比例的说明。

7）经县（市、区）级税务机关签署意见的高新技术企业认定申请信息表。

高新技术企业具体的申报和审批条件请详见《高新技术企业认定管理办法》（可登录网站下载）。

8.4.2 熟悉申办高新技术企业的流程

《高新技术企业认定管理工作指引》（国科发火〔2008〕362号）第二部分“认定与申请享受税收政策的有关程序”规定：组织审查及认定应在收到企业申请材料后60个工作日内完成。

要清楚申办高新技术企业的流程有以下九点：

（1）企业在“高新技术企业认定管理工作网”进行注册登记，并准备相关申请材料。

（2）提交申请材料。向辖区科技局提交纸质申报材料，同时在“高新技术企业认定管理工作网”上进行网上填报。

（3）受理审核。

（4）组织专家评审。

（5）省高企认定办依据专家评价意见和中介机构的专项审计报告，提出初步认定意见。

（6）领导审签。

（7）公示。

（8）报国家认定办备案。

（9）发放证书。

8.4.3 申报前的准备工作

必须准备充分才能按照流程申报高新技术企业，公司在正式申报前可以先做以下两项工作：

第一，在申报前，需要对照申报和审批条件自己先审一次，看看是否符合条件的规定。

第二，在申报前，自己公司审核后，请专业咨询公司帮助审核一次，再看看是否符合条件的规定，有无需要补充和完善的方面，如果有需要补充和完善的方面应该及时补充和完善。经过两次审核后，符合条件的公司即可按照申报流程进行申报。申报高新技术企业的公司，最好是聘请一家有实力、有经验的专业咨询公司指导和帮助申报，可以收到事半功倍的效果，以确保申报成功。

第三，要充分了解和清楚申报过程中可能遇到的困难和问题。即对符合条件的企业，政府有关部门是持支持态度的。但是，对可批可不批的企业，其态度是坚决不批，以确保高新技术企业的质量。

另外还需要特别注意的是，如果申报公司是当地的纳税大户，在审批时的难度会增大，税务部门会把关更严、更细，导致更难通过。因此，纳税大户的申报公司的领导和有关人员更要有充分的思想准备和做好做细准备工作。

要成为高新技术企业，首先必须符合申报的条件，其次要按照流程申报，同时找一家有实力的、有经验的、专业的、规范的和公关能力强的咨询公司给予指导。由中介公司帮助申报。切忌找一家不行再找一家的做法，这样做会使简单事情复杂化，并带来劳民伤财的相反的结果。

例如，有一家国内的中外合资公司既拥有多项专利技术又拥有技术中心，并具有完全自主研发能力和拥有一支本地化研发人才队伍，本身具备条件，也符合条件。但是竟然连续三年申报都没有成功，究其原因就是，找了一个又一个咨询公司，把简单问题复杂化了，不同的咨询公司给公司的指导不一样，使这家合资公司误入歧途，走了很多弯路，以致造成咨询公司之间斗法，这样必然会伤及这家申报的中外合资公司。所以，怪就怪这家中外合资公司没有找对、没有找准具有专业水准、有实际经验和实际能力以及公关能力强的中介咨询公司。

因此，申报高新技术企业的合资公司，在找中介公司前，一定要找几家进行认真的分析和比较，要做到“选好、选准、选一”。一旦签约，就要和签约中介公司合作好，确保申报成功，切忌“脚踏两只船”。

下　篇

第1章　客户关系管理

要力争成为关键客户和重要客户的战略供应商和首选供应商，成为一般客户的重要供应商。

1.1　客户的一般定位

1.1.1　客户选择的原则

80%的一般客户带来20%的业绩，80%的业绩却是由另外20%的重要客户带来的，很多低端客户甚至会创造负价值，企业在争取业务时要做好市场分析、客户分析和定位。因而，公司需对客户进行选择定位，成为关键客户和重要客户的战略供应商和首选供应商，成为一般客户的重要供应商。

这样的客户选择定位会给公司带来如下好处：制定成功的、可持续的客户战略；准确识别潜在市场；有效配置客户专有资源；使不获利、少获利的项目减到最少。

1.1.2　客户一般定位

企业客户部应每年一次，根据公司现有产品结构与发展方向等进行市场调查，收集、整理和分析有关市场和行业的动态和发展趋势与方向，并收集竞争对手及其市场业绩的发展趋势、客户的发展趋势等方面的信息，编写年度市场和产品周期分析报告。如遇行业内政策性的变动或相关客户的大变动，应及时更新市场分析报告，报公司决策层审批。

根据市场和产品周期分析报告，公司可采取从公司角度和市场角度两个维度来评价客户，从而识别客户的重要性。首先从市场角度来评价客户的表现，可采用如下指标：上一年营业额，过去 3 年营业额年复合增长率，过去 3 年税前利润率，后续 3 年产量计划及年复合增长率，信用等级（是否按照供需双方的合同按时给供应商付款等），过去 3 年研发投入占销售收入的比值，市场美誉度（J. D Power 报告）等。

其次从公司财务角度来评价客户的优劣，可采用如下指标：后续 3 年销售额及年复合增长率；过去 3 年销售额及年复合增长率；过去 3 年净利润额及年复合增长率；后续 3 年增加的新项目销售收入额；客户支付的专用工装和开发费用占投资的比值；付款周期（折算成 100%现金后）；过去 3 年分摊和折旧占销售收入的比值。

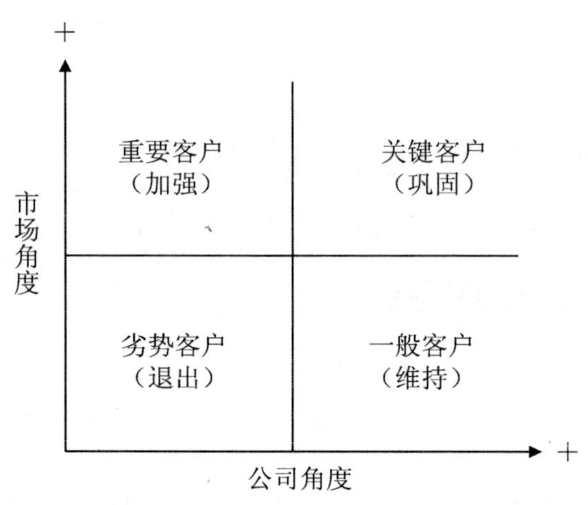

图 1—1　客户定位

客户的重要性定位完成后，要成为关键客户和重要客户的战略供应商或首选供应商，成为一般客户的重要供应商，还需要做详细具体的项目定位分析，可以将新项目分为：公司的核心业务（包括带核心技术的零部件及总成），主营业务一般业务（包括一般零部件或非主营业务）；而对一般业务（非主营业务），可以视其盈利情况而定，盈利情况较好，能够达到 IRR 和 ROS 要求的可以争取；否则，可以不作考虑。此外，还可以将新项目按销量大小和盈利多少进行划分，对销量大有一定的利润的项目，也要争取获得，而对销量小利润差的项目可以不考虑（但是如果该项目是客户的特殊项目，要求公司配合的，可以作为例外考虑，为今后获得客户盈利好的新项目作为铺垫），以确保公司的销售收入和盈利能力，并满足客户的发展需要。

1.1.3 项目分析定位

每年度，客户部要根据市场信息、公司现有能力和后期发展目标、同行或竞争对手的相关信息等组织制定公司一年市场开发计划和五年滚动市场开发计划，即新项目目标，汇总到公司业务计划中。

公司客户部根据业务计划和市场开发计划进行市场开发，主动与客户联系，向客户介绍公司，不断开发新客户和新项目。所有新项目获得客户咨询后，要由规划负责人按公司战略规划进行初步筛选，填写项目分析表（见表1—1），并将结果反馈给决策层批准。公司的报价策略应根据客户定位和项目分析结果而确定。以下介绍一种项目分析的具体工具表单以做参考。

表1—1 项目分析表单

项目：

1. 车型：		5. 项目涉及技术：		8. 已生产时间：		11. 客户：	
轿车 MPV 吉普 客车 载货车	5	具有领导性的前端技术 首次进入市场或工业应用 现常用技术 所有竞争对手都已掌握的	8	<3年 3~6年 6~9年 >9年	6	好 较好 一般 差	7.5
2. 轿车级别：		6. 战略价值：		9. 年产量：		12. 技术来源：	
中级1.6~2.0L 中上级2.0~2.5L(不含 中高级2.5~4L(不含2. 普通1~1.6L(不含1.6) 微型<1L 高级>4L	5	A B C D	10	>100,000 50,000~100,0 49,999~30,00 <30,000	6	好 较好 一般 差	10
3. 饰件评价：		7. 能力评估：（本公司）		10. 市场份额：		13. 合作历史：	
中级 高级 一般 低级	4	能力过剩产 能力均衡产 能力饱和产	8	市场主流 市场一般 市场饱和	4	中级 高级 一般 低级	5
4. 车辆外观评价：							
非常漂亮 漂亮 一般 不漂亮 令人讨厌	3						

综合得分：82分

	应采取的报价态度	得分
※	极高的进攻态度，价格不高于客户的目标价格或市场价格	80～100分
	一般进攻态度，价格应尽量接近客户的目标价格或市场价格	60～79分
	投机式的报价，确保公司较高收益的前提下报价，争取客户支付模具等费用	40～59分
	不报价	26～39分

1.2 客户关系维护

通过与客户不同层次管理人员进行有侧重点的周期性沟通，公司应清楚了解客户的业务发展规划及新项目定点流程等，并形成文件和保持适时更新，为日后获取新项目提供技术指导和经验支持，从而实现不断增值的客户管理。

1.2.1 与客户的沟通

1.2.1.1 沟通计划

针对客户不同层次管理人员，公司对等人员应按一定时间周期进行例行拜访。例如，公司中外方总经理每半年拜访客户总经理/副总经理至少一次，宣讲公司发展策略，表达合作意愿，征询客户对公司的期望和要求等，从而在战略层面使客户高层了解公司。公司客户部长、客户经理需要更高频次地与客户对应人员沟通，充分了解客户，也使客户充分了解公司，夯实合作基础。

可建立如下人员对应沟通计划图表并执行（见表1—2）：

表1—2 沟通计划

	总经理/常务副总经理	客户部长	技术中心主任	质量部长	客户经理	……
总经理						
采购副总经理						
技术副总经理						
采购部长						
质量部长						
采购主任						
平台主任						
技术主任						
质量经理						
主管采购员						
……						

1.2.1.2 沟通时机

公司可利用和创造机会来加强与客户的沟通。公司可积极参与客户战略供应商管理政策的拟定，提出意见和建议，以此来提升与客户的关系。公司也可在客户处举办产品和技术展示日，通过技术讲座、样件展示、试乘试驾、音像资料来全方位展示公司的技术和产品实力以及未来创新的策略。这类机会可以看作一种“民间外交”，能极大地扩大公司在客户端的影响，是以往专业/专门沟通的有效补充。

1.2.1.3 其他沟通

与客户沟通不单是公司高层、客户部门的工作，项目、技术、质量、财务、制造、物流等但凡与客户有接触的部门，都应注意和利用与客户的沟通了解信息，使公司全面、立体地认知客户。而且由于客户这些部门不像采购部门那么敏感，有时能获得相对更真实、更前置的信息，例如，与技术部门的沟通、项目平台的沟通等。

1.2.2 建立客户档案

通过与客户全面、系统、深入的沟通，公司可创建客户档案并不断丰富、更新，总结客户的行为特征，记录客户的过去、现在以及将来。当然，公司在客户的业务发展、战略规划及主要竞争对手情况也是非常重要的内容。通过档案，公司可以清楚地认知客户变化和对供应商的诉求，从而可采取有针对性的行动满足客户需求，提高客户满意度。

相关内容应包含：客户的关键历史数据（包括车型、量纲、销售额）、客户组织结构图、客户人员的联系清单、客户车型线路图、公司对客户的业务战略、公司在客户销售额及市场份额、主要竞争对手情况及行为特征等。

1.2.3 建立和掌握客户新项目定点流程

客户对新项目选择供应商都有一定的流程和规则。公司应全面了解和掌握这些流程和规则（也包括一些约定俗成通常采用的规则），并形成文件。这将有助于指导公司在获取新项目中掌握主动，有的放矢，以期在保证成功率的基础上提高利润率。

下例为某一汽车零部件供应商在客户管理中编制的客户新项目定点流程：

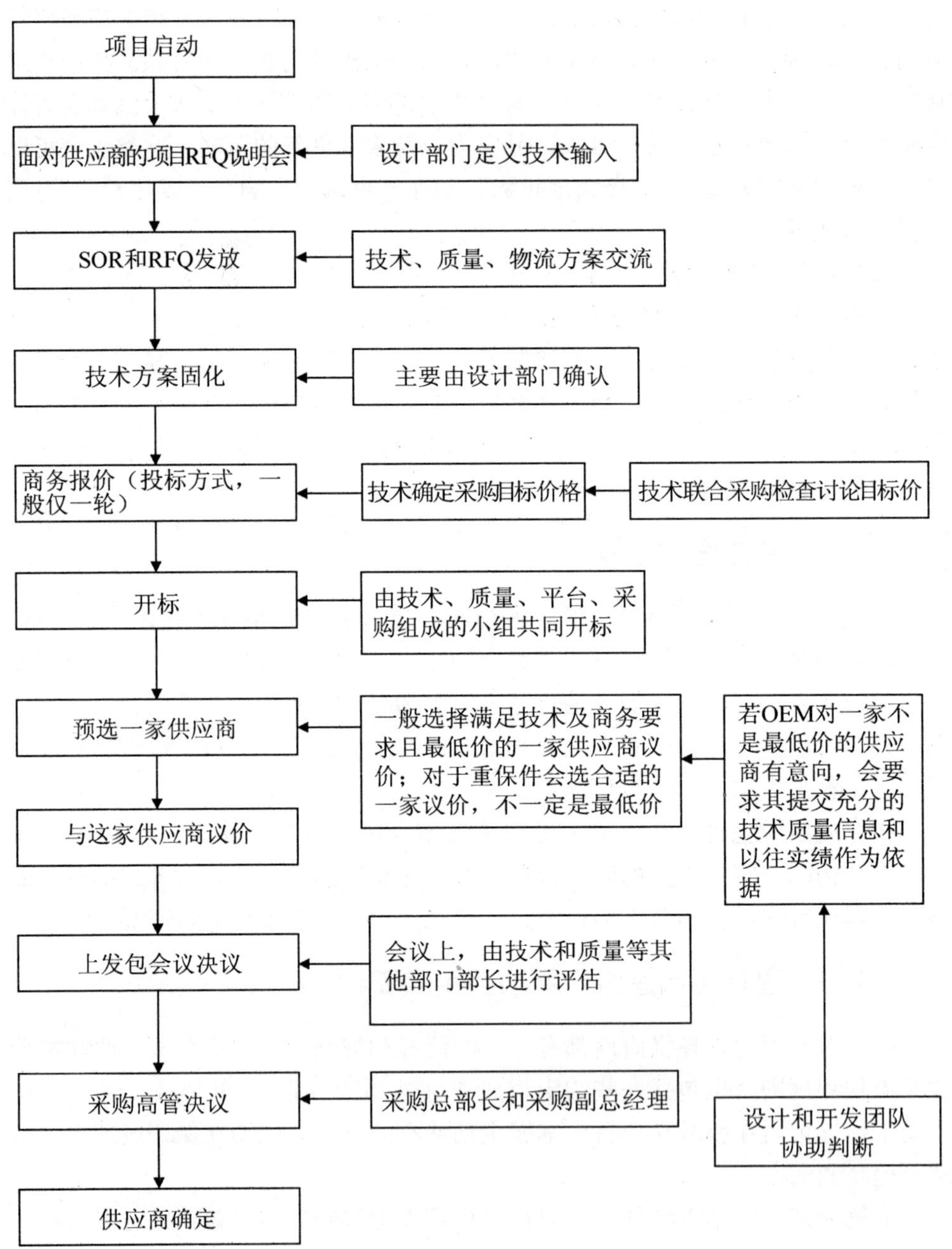

图 1—2　客户新项目定点流程

1.2.4 项目获得的经验和丢掉后的教训总结

公司在获得或丢掉新项目后，应及时总结经验和教训。通过总结和分析，找到成功或失败的根本原因，为将来争取新项目提供经验和参照。这也是客户管理中的重要环节之一。建议公司可按如下框架来进行项目获得的经验和丢掉后的教训总结（见图1—3）。

与客户的沟通

关键问题：
- 定点规则的了解？
- 决策流程的了解？
- 正确的联络人？
- 有影响力的人？
- 有决策力的人？

竞争对手分析

关键问题：
- 哪些入围的竞争者？
- 竞争对手的角色？
- 竞争对手的强度？
- 最重要的竞争对手？

对客户意图的理解

关键问题：
- 价格底线？
- 同类供应商的技术开发能力？
- 项目本地化？
- 供应链保障能力？
- 战略供应商同等优先？
- 新业务定点与现生产产品降价结合？

定价策略

关键问题：
- 长期产品战略？
- 核心业务的价格底线？
- 客户产品目标价格？
- 知己知彼，掌握竞争对手的价格？
- 价格让步的策略、时机？
- 产品量纲对定价的影响？

图1—3 项目经验和教训总结

1.3 客户需求管理

1.3.1 客户需求输入

在项目前期的业务跟踪阶段，客户需求通常指客户对产品的信息描述、产品质量要求、产品开发时间节点要求、过程质量及生产能力要求、包装要求、交付要求、服务要求、报价进度要求、报价明细要求等。一般在询价阶段，通过 RFQ、合同、协议、图纸、数据光盘、E-mail、传真、口头等方式传递至公司。客户需求在内部的沟通，应严格传递至相关责任人，确保满足客户需求的进度与质量。所有口头/电话信息都必须记录，并需得到客户的确认后方可传递，以避免信息传递误差导致客户要求在公司内得不到落实，要确保客户要求在公司内形成闭环，并及时反馈给客户。在项目开发过程中和批量生产后，客户需求也会从项目经理和质量部门这个窗口输入，内容包括客户对产品的变更要求、客户对产品技术要求的更进一步细化、客户对质量体系管理的要求及改进要求，甚至是客户对产品或开发过程的抱怨等。不论从哪个部门输入，都要确保客户要求被贯彻和实施，并将结果反馈给客户。

1.3.2 合同评审

1.3.2.1 合同评审的目的

接收到客户需求后，商务助理负责登录于客户资料/信息登记表上，识别出合同，并分类：新产品开发合同、合同附件（技术协议、质量协议、价格协议)、试生产阶段合同、年度合同、月度订单、合同的变更等。登记后按不同合同类型进行评审。合同评审是客户需求识别的重要环节和方法。

合同评审结果为不能满足合同要求时，如果是项目某些方面暂不能满足要求但有内部解决措施的，评审输出问题/任务清单，相关责任部门负责按时间节点关闭问题，确保最终满足客户要求。由本公司中外方总经理授权客户部负责与客户沟通，取得一致意见后，与客户签订合同。如果无解决措施或与客户协调不一致时，合同的签订与否由本公司中外方总经理负责裁决。

在与客户签订合同前，要确保：①双方明确产品的技术质量要求；②与以前表述不一致的合同或订单的要求已予以解决；③本公司有能力满足合同规定的要求；④产品的制造可行性得到本公司技术中心和工业工程部门的认可；⑤本公司应识别出风险。新产品开发合同由本公司客户部组织，技术中心等有关职能部门参加。年度订单和订单的变更，由公司计划保障科召集工厂各车间和职能科室进行评审。月/周的订单由计划保障科签字，可视作合同的评审。

1.3.2.2 合同评审的部门

参加评审的部门至少有：客户部（评审合同内容的完整性以及交货期限、地点)，技术中心（评审其开发及技术制造可行性、风险分析、承接业务的技术协议包括产品图样和设计文件的完整性和技术要求)，质量部（评审承接业务的质量协议包括产品质量标准以及行业具体要求和客户有关质量体系方面的特殊要求能否满足、本公司检验试验的能力及产品质量、时间进度是否能满足其要求、风险分析等），供应链管理部（评审其原材料、外购件的采购可行性、风险分析），财务部（评审合同中产品的销售价格、付款方法是否合理），工厂（评审生产能力能否满足承接业务的交货期）。必要时请供应商及客户参加。

1.3.2.3　合同评审的要求

评审时应明确：

（1）客户规定的要求，包括对交付及交付后活动的要求，如售后现场服务。

（2）客户虽然没有明示，但规定的用途或已知的预期用途所必需的要求。

（3）与产品有关的法律法规要求。

（4）公司确定的任何附加要求。

评审时，遇到客户未明确的要求，应保持与客户的沟通。

当客户提供的需求是通过口头传递的，客户部需将其形成文件后由客户签字确认。针对有关产品工程更改的信息，必须在一天内传递到相关部门。合同、订单的签订，由中外方总经理授权给客户部长。合同的原件保存在客户部备查。技术协议的复印件在技术中心留存一份。年度合同发复印件给工厂计划保障科和公司财务部。质量协议由质量部留存复印件一份。价格协议复印一份给公司财务部。

1.3.3　合同的分类

1.3.3.1　对于年度合同

由客户部召集公司各部门和工厂各职能科室及车间评审。生产车间负责生产能力及节拍要求的评定；计划保障科负责产品名称、型号数量、包装方式及单位、交货期和交货方式、实物产品交付、储存和防护、原材料供应问题的评定；工业工程部门负责产品技术标准评定；质量部负责质量要求、检验标准的评定；财务部负责产品价格（包括降价目标）和结算方式的评定；客户部负责违约责任及合同纠纷解决办法评定。要求在三天内评审完成。

1.3.3.2　对于月/周度订单（包括口头和电话订单）

必须与客户通过网络签订的订单，由计划保障科经理授权给计划员进行评审，订单回复信息视为对合同的评审结果。生产车间在生产能力发生变更或新项目移交后一个星期内将现有产品生产能力信息提交计划保障科。与现生产节拍吻合的产品订单，由计划保障科经理及生产车间负责人共同审核签字，即可安排生产计划。如订单为异常情况，需由计划保障科和生产车间共同评审，双方在客户网络订单的纸张版本上的签字视为对合同的评审结果。月/周订单的评审必须在接收后一个工作日内完成评审。

1.3.3.3 试生产阶段的合同

试生产阶段的订单/合同，容易被忽视。试生产阶段的订单/合同的责任部门不明确、项目经理未完全将项目移交到工厂。沟通渠道不畅通，供应链还处于非正常状态，产品质量不稳定，过程未最终确定，诸多易变因素的存在导致试生产过程的风险。所以，试生产阶段的订单/合同的评审尤其重要。项目经理要组织相关部门对过程质量保证能力、公司现阶段的产能状况、供应商产能状况等做详细的评审，识别出风险及做好规避风险的措施。通常评审的输出：任务清单、责任人及期限、风险清单及相应的对策。

1.3.3.4 变更的合同

客户部接到客户合同变更的通知时，应在一个工作日内及时与客户沟通并确认变更的内容，然后不同阶段的变更按不同类别的合同重新进行评审。

1.3.4 合同的实施

合同的实施分两步。新产品开发合同由公司成立项目组去完成开发，之后移交给工厂，试生产合同由项目组组织，工厂配合进行生产，工厂协助交付；年度合同及订单，由工厂执行。其中，计划保障科根据月/周订单做生产计划，满足交付。

第2章 设计研发

2.1 设计研发体系的建设

产品设计研发包括概念设计、产品外观（A面）设计、产品结构（B面）设计、产品制造可行性分析、设计验证等。以上设计研发的输出是数据、设计FMEA、经验教训总结、设计验证计划、设计验证报告。设计研发体系包括设计开发流程的管控和设计变更管理。

2.1.1 设计开发流程的管控

设计开发流程图见图2—1，按流程图各阶段任务的描述见表2—1。该流程包括了从产品设计输入到设计输出的所有过程。所有活动和内容都应被记录，并保存。设计应满足客户关于产品功能、质量和安全法规的要求。设计结果的可行性应通过产品试制和试验来进行验证。在设计验证完成后，所有的设计文件应作为制造输入得到实施。

资源，客户要求
概念设计
建立分项目计划
DFMEA分析
手工样件开发
整体布局
阶段评审
N
Y
工程设计
项目范围、产品标准、试验验证计划
制造油泥模型
建立产品A面设计
结构设计
制造可行性和装配设计
C
C
阶段评审
N
设计变更
Y
产品设计
阶段评审
N
Y
设计验证
编制手工样件控制计划
手工样件制造和试验
图纸和技术要求批准
过程开发

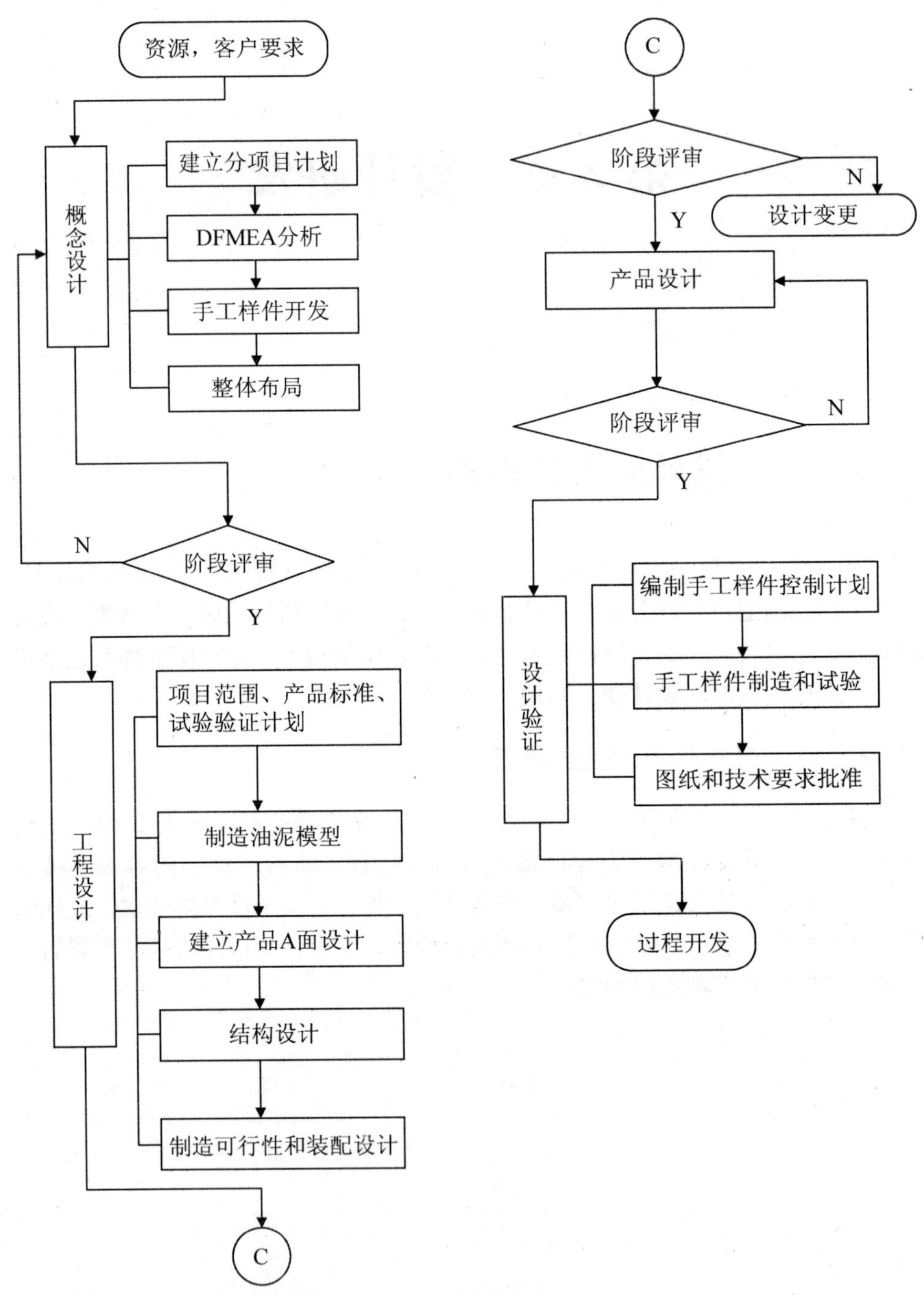

图 2—1 设计开发流程

表 2—1 设计开发阶段的任务

输入	责任者	输出	责任者
一、概念设计			
客户要求 项目设计任务/与客户签订的开发合同 数据、文件和市场信息 产品配置和颜色、皮纹定义	客户经理	客户需求评审报告 项目开发计划 设计目标 初始过程流程 客户文件清单 风险评估记录 颜色和皮纹要求清单 初始概念图/手工样件图纸 方案评审记录 总的布局 概念设计阶段检查清单 可实施的规范清单 评审报告	项目组 项目经理 技术经理 工艺工程师 客户经理 项目组 产品工程师 产品工程师 产品工程师 产品工程师 产品工程师 产品工程师 项目组
二、工程设计			
概念设计阶段的输出 初始产品结构清单 岗位危险因素检查表 以往类似任务和经验的收集 工艺可行性分析	设计工程师 产品工程师 人力资源部 产品工程师 工艺工程师	零件分级表 QFD 质量功能展开 DFMEA 设计失效模式与后果分析 产品装配系统图 初始的试验设计 产品和材料规范 设计验证计划和报告 定点计划 初始样件制造计划 初始设计和模具清单 新项目危险因素检查表 模具制造和验证计划 数据创建和数据清单 产品数据验证 产品描述 主要截面结构设计图 产品爆炸图 初始过程流程图 产品图纸 材料和包装方案 每阶段的评审清单 评审报告	产品工程师 项目组 项目组 产品工程师 产品工程师 产品工程师 产品工程师 战略采购工程师 产品工程师 模具工程师 项目组 项目组 项目组 项目组 产品工程师 产品工程师 产品工程师 工艺工程师 产品工程师 物流工程师 项目质量工程师 项目组

续表

输入	责任者	输出	责任者
三、产品设计			
工程设计输出阶段	每个相关的部门	产品变更记录总括 关键特性清单 关键产品特性确认 手工样件控制计划 供应商进度计划 手工样件测量计划 产品规范清单 油泥模型 零件数据评审 数据评审 阶段评审检查清单 评审报告	产品工程师 产品工程师 产品工程师 产品工程师 产品工程师 项目采购 项目采购 产品工程师 产品工程师 工程部 工程部 项目组
四、设计验证			
定义的样件	技术中心	试验报告 CAE 分析 产品位置图 产品图 几何分析和图纸 图纸和数据评审 产品图纸和数据发放清单 手工样件制造验证 阶段评审检查清单 评审报告	产品工程师 产品工程师 产品工程师 产品工程师 产品工程师 产品工程师 产品工程师 产品工程师 项目组 项目组
五、批量生产（SOP）			
客户工程变更信息	客户部	变更内容评估 变更内容实施	相关的工厂或车间 相关的工厂或车间

2.1.1.1　流程中涉及的术语

设计评审：在产品设计的不同阶段，评价设计输出是否满足客户关于产品功能、质量、可行性和产品装配可行性，以便识别产品潜在的问题，及时予以解决。

设计验证：验证设计是否满足客户关于功能、质量、可行性方面的要求。设计验证主要包括以下行动：CAE模拟验证；尺寸匹配验证；功能试验验证；耐久性试验验证；设计文件评审；新的设计与以往类似设计进行差异化比较。

设计确认：设计确认是在设计验证完成后的一个最终评审活动，其意味着设计投入生产的批准。

设计变更：设计变更是工程设计确认后的产品变化。设计变更包括产品结构变化、原材料变化、尺寸变化、技术要求变化、产品位置变化和安全环保法规的参照变化等。所有设计变更应在得到变更评审、验证和确认后得以实施。

偏差许可：产品实际尺寸和功能因为生产偏差超出了设计许可的公差范围。如果偏差不影响产品性能、功能、外观，在装配并得到验证后，可提出偏差许可申请。偏差许可在公司内应得到前期设计工程师和项目经理的批准，并报客户审批，以客户审批的结果为准。

2.1.1.2 注解

（1）该开发流程是××公司标准的设计开发流程，公司所有新产品开发应遵照执行，除非客户有特别的要求。有些项目，公司只承担了部分设计开发任务，这些项目可以按需要的步骤来进行。

（2）设计开发每个阶段的任务见表2—1。每个项目可根据实际状态实施全部或部分内容。

（3）所有的设计过程包括：概念设计阶段、工程设计阶段、零件设计阶段、设计验证阶段和生产阶段。在每个阶段结束前，应做技术评审，并改进每个阶段的任务。项目组产品工程师在每个阶段组织设计评审，参加者应包括项目组团队成员和技术中心主任。

（4）每个阶段的设计评审应按照附件中的每阶段任务实施，并输出评审后的结论、问题清单和相应的纠正措施。

（5）产品偏差许可应得到前期设计工程师和项目经理的批准。

2.1.2 设计变更管理

在设计开发过程中或产品批量生产后，会因各种原因要求产品的设计变更。任何变更都会导致过程和产品质量的不稳定，所以，变更的管控需要按规定的流程进行。某公司设计变更的管理流程参见图2—2。

设计变更要求
各部门（客户部负责客户提出的变更）
设计变更的技术方案
产品工程师
能力评估
业务规划工程师
是否SOP
N
方案评估
客户部
方案通过
N
Y
设计变更评审
项目经理
Y
报价
客户部
N
方案通过
Y
N
设计变更批准
N
设计变更取消
N
收到报价批准
Y
手工样件制造
项目组
设计变更验证
项目组
设计变更实施
项目组/公司每个相关的部门

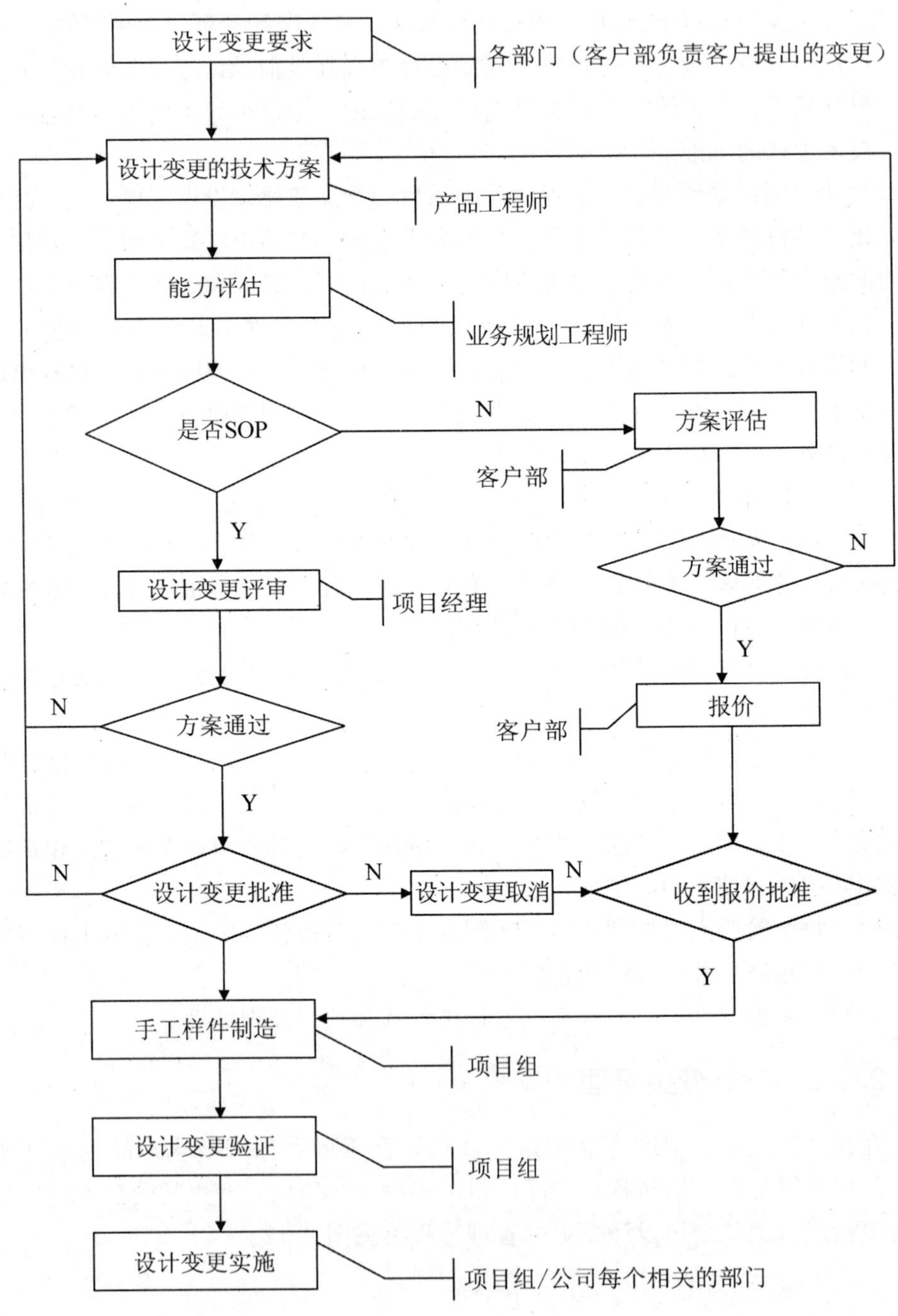

图 2—2 设计变更流程

注解：

（1）更改的输入可以来自客户，由客户部及时获取更改书面依据（图纸、E-mail、电子数据、传真、会议纪要等）；可来自公司内部；也可来自供方（由供应商提出申请）。更改的原因，如节约成本、与新产品的兼容、质量改进等。

（2）方案假设包括产品尺寸、材料、制造过程、包装、发运、外协件采购、设备/工装等的假设，并在制定假设的同时估计时间进度和成本的变更。

（3）客户提出的更改，其评审应在收到通知后2个工作日内进行。未通过可行性评审应及时将结果反馈给客户或公司更改提出者。产品工程师/工艺工程师评价制造过程的可行性；模具工程师评价是否涉及模具的变更及变更的可行性；采购工程师评价新零件的采购可行性；成本会计评价是否会影响开发成本或制造成本；质量工程师评价验证变更的手段是否具备及验证费用的增加需输入成本会计。评审的输出：①评审可行与否的结论；②可行时，后期的任务，通常可用任务清单记录和跟踪。

（4）对于SOP后内部提出的更改，不需重新报价。对于SOP前的设计变更，需重新进行价格评估，并对客户报价。

（5）项目牵头人还需关注变更的进度、质量和价格。典型的设计变更步骤包括定义的输入、工装/模具更改、工艺调试、样件验证、文件的更改、人员培训、试制。若涉及模具、夹具等的变更，必须严格监控其变更进度满足项目总的时间节点。样件验证的内容及验证计划根据变更的内容而定，当工装/模具发生更改时，必须验证其全尺寸。

（6）设计变更实施后发运第一批变更后的零件，必须记录唯一性的追溯码，并做初物标识跟踪顾客现场装车质量。若设计变更涉及BOM表的变更，还需在ERP系统中更新相关代码。

2.2 设计输出的数据资源管理

设计的输出通常是以电子数据存档，可借助于光盘媒介储存，这些电子数据是公司的宝贵财富，要妥善保管。具体操作可参照如下规范。

2.2.1 外来电子数据的接收

对于来源于客户的电子数据，由客户部统一负责接收。接收者及时将收到的电子数据复制发放给技术中心 CAD 室，并在档案室存档。技术中心 CAD 室对于接收的电子数据，应及时进行分析，组织项目组进行评审；技术中心 CAD 室对于收到的电子数据应建立受控文件清单并及时进行更新。

2.2.2 电子数据的发放

对于供应商需要的电子数据，应由供应链管理部向档案室提出申请，由其统一发放，发放时按产品工程师提供的版次状态执行。

2.2.3 电子数据库的整理、鉴定与归档

（1）归档的电子数据由技术中心负责整理、编辑，并按要求写入光盘。以产品型号为单元按电子数据类别分别保管。由几个产品组成的复杂产品，按项目、子系统、产品排列。

（2）数据文件按计算、试验、设计等属类进行整理。同一属类文件按自然形成规律排列。

（3）归档的电子数据应使用不可擦除型光盘。存储归档电子数据库的光盘，应附有标签，标签内应填写编号、套别、名称、密级、保管期限等。编号：归档项目电子数据的光盘编号，由档案类目号、项目代号、电子数据类别代码、光盘序号组成。套别：归档电子数据套号，用大写英文字母 A 或 B 表示。A 表示封存保管；B 表示查阅利用。名称：归档项目名称。密级：盘内存储的电子数据的最高密级。保管期限：盘内存储的电子数据的最长保存时间。

2.2.4 归档电子数据完整性、有效性和安全性

归档的电子数据，在其产品生命周期内一定要保持电子数据的完整性、有效性、安全性。软件说明应与电子数据一同归档管理。在符合软、硬件平台的条件下，应保证电子数据能正常被计算机识别、运行，并能准确输出。归档电子数据应保证其载体安全和信息安全。

2.2.5 归档电子数据的鉴定与检查

鉴定归档电子数据的完整性、准确性和系统性；检查载体有无病毒、有无划痕；鉴定归档电子数据的实用价值和确定电子数据的保管期限；检查存储归档电子数据是否符合归档要求；检查存储归档电子数据和软、硬件平台技术条件的一致性。

2.2.6 归档程序

（1）产品研制、工程设计的电子数据在各研制阶段结束、产品定型、工程竣工后，由有关责任部门进行系统整理，并在3个月内完成归档。

（2）归档单位将整理好的电子数据和其配套的纸质文件、软件说明以及归档说明、“电子数据登记表”等移交档案部门验收。

（3）验收合格后，档案部门在“电子数据登记表”中签字盖章。一份退归档单位，一份留档案部门备查。

（4）归档的电子数据若需作“使用权限保护”，应填写“电子数据使用权限保护单”。

（5）归档的电子数据应为本阶段产品技术状态的最终版本。

（6）归档的计算机程序一般不加密，如加密，应将密钥同时归档。

（7）归档的电子数据至少一式两套，一套封存保管（A），一套供查阅利用（B）。必要时，复制第三套，异地保存。

2.2.7 电子数据的管理

技术中心执行电子数据归口管理的职责，对电子数据定期检查，按照电子数据保管环境的要求，严格执行管理制度。及时对电子数据进行登记、建簿，登记簿中要注明相应纸质档案的档号，同时建立机读目录。由电子数据转换成的图纸，要及时归入相应档案门类的纸质档案中，按纸质档案管理要求进行管理，并在登记簿中注明其所在的光盘编号及文件名，存储电子数据的光盘应放入盒中存放。A、B两套电子数据应分开保管。

2.2.8 保管环境

归档光盘不得擦洗、划刻，不得触摸盘片裸露处，不得弯曲、挤压、摔打盘片，防止盘片沾染灰尘和污垢，避免阳光直接照射。环境温度为14℃～24℃，相对湿度45％～60％。远离热源、酸碱等有害气体和强磁场。

2.2.9 检测与维护

电子数据应每5年进行一次有效性、安全检查，如发现光盘损坏或出现问题，应及时拷贝。归档光盘不外借，只能以拷贝或网上传输的形式提供利用，并登记。使用者不得私自复制、拷贝、修改或转送他人。电子数据可在归档与管理系统的终端上查阅，但查阅人员只能查阅本人权限之内的电子数据，如需超越权限的电子数据，需按本单位有关规定执行。已批准为“使用权限保护”的电子数据项目，要在台账、目录、载体上标识。档案部门应严格执行电子数据的“使用权限保护”和密钥管理规定。电子数据如进行更改，应随时保持A、B两盘内容一致，并及时更改原转换的纸质档案，同时将更改情况及时填写更改登记表。电子数据如上网传送，只有经过档案部门的计算机管理系统对用户使用权认可后，才能提供利用。

2.2.10 鉴定与销毁

（1）鉴定与检测。电子数据的鉴定主要是对已到保管期限的电子数据鉴定，同时还必须进行有效检测。检查已到保管期限的电子数据是否还有利用价值；检查载体有无划伤，是否可用，是否清洁；检测在指定的环境平台上能否正确读出电子数据；检查存储电子数据的介质是否符合归档要求。

（2）销毁。根据保管期限表，经鉴定确无保存价值的电子数据，按有关规定严格审批后方可销毁。销毁过程中应对存储过机密信息的介质进行彻底销毁，对网络中传递的机密信息彻底清除。

2.3 研发设计的能力建设

2.3.1 合资公司技术中心的建立与建设

在中国建立的合资公司应建立技术中心，并将培养拥有国际先进技术和先进经营管理能力的本地化人才队伍放在一切工作的首位，合资公司的人才队伍建设是企业生存之根、发展之本，合资公司与竞争对手的竞争，首先就是人才的竞争和技术的竞争。这是变中国制造和本公司制造为中国设计制造和本公司设计制造的关键所在，我们建立合资公司不仅要实现销售收入的大幅增长和追求效益的最大化，而且要实现“师夷、平夷、胜夷”的战略发展目标，这是我们建立合资公司的根本目的所在。在一般情况下合资公司的外方不愿意或不情愿在合资公司建立技术中心，外方担心一旦中方掌握了技术，中方就可以对外方“说不”，“教会徒弟饿死师傅”，外方就会在合资公司失去话语权。而外方失去话语权的同时也会失去相应的利益。因此，要在中国的合资公司建立技术中心是一件非常困难的大事。如有的合资公司成立五六年，甚至十几年都没有建立技术中心，足以证明其难度。那么如何建立合资公司技术中心呢?

2.3.1.1 国家项目国家干预

中国政府与外国政府建立的大型合作项目，在引进项目的合同或框架协议中，应明确同时引进技术或建立技术中心（如汽车项目、飞机项目等）。

2.3.1.2 企业项目母公司干预

中方母公司高层应把技术中心的建立作为企业发展和建设的头等大事来抓，要给予足够的重视，要积极主动与外方母公司高层展开对话和沟通，取得外方母公司高层的认可和支持。例如，国内一家大型汽车企业集团的董事长在其旗下的一家合资子公司的外方母公司总裁前来访问的时机，及时提出在双方合资的这家子公司建立技术中心的建议，双方母公司高层在友好的气氛中达成共识，使这家已经成立六年之久的中外合资公司终于建立了技术中心。

2.3.1.3 以市场换技术

已经建立和正在建立的合资公司的中方，可以向外方提出以市场份额换技术的方案，即在合资公司的市场份额达到双方确认的一定份额时，外方同意在合资公司建立技术中心，外方同时派遣技术专家，帮助合资公司建立设计研发体系、引进先进的技术、培养本地化设计研发人才队伍等。

2.3.1.4 同步建立合资公司和技术中心

中方在与外方进行合资合同谈判时，就要向外方明确提出在建立合资公司的同时建立技术中心，并将此条款作为建立合资公司的必需条款之一。如果这家外方不接受这一必需条款，那么我们就去找其他的有意合资的外方进行洽谈，直到找到能够接受在建立合资公司的同时建立技术中心的外方合资伙伴。同步建立合资公司和技术中心的方案，是最好的方案之一。

2.3.1.5 以外方反制外方

已建立合资公司的中方在建立本合资公司技术中心遇到本公司外方阻碍时，可以与愿意建立合资公司技术中心的其他同行业的外方进行接触和沟通（不排除与竞争对手洽谈合资和建立技术中心）。找到愿意在合资公司建立技术中心的外方时，就向本合资公司的外方摊牌：一是外方同意在本合资公司建立技术中心；二是双方解除合资合同，中方与愿意在合资公司建立技术中心的外方建立新的合资公司和技术中心。例如，国内有一家中外合资公司的外方一直不同意在本合资公司建立技术中心，这家合资公司的中方在多次与本公司外方谈判无果的情况下，就与国外的另一家同行业的外方进行接触，本合资公司外方得知消息后，担心自己坚持“说不”，会“鸡飞蛋打”，就妥协了，同意在本合资公司建立技术中心。

以上方法可以单独运用，也可以两个或三个方法同时运用。

2.3.2 技术中心本地化人才的培养

一个技术中心如果仅依靠外面的支持做设计开发，不能算作真正有能力的技术中心；而制约能力发展的“瓶颈”是人才的培养，特别是本地化人才的培养。

本地化人才的培养可以用“走出去，引进来”的方式。“走出去”的例子，在技术中心成立初期，有些大型的设计项目会外委给有能力的设计公司，在设计合同谈判时，可以拆分设计任务，复杂的任务以外委的设计公司为主，简单的设计任务可以由公司自派的设计人员来完成。与外委设计公司共同开发设计，这样一方面可以降低成本，另一方面也可以尽快培养自己设计人员的能力。对于一些难度中等的设计项目，还可以用“引进来”的方式。即以公司自己的设计团队为主，拆分一些不擅长的任务，请外部的设计公司调派人员到公司来参与设计。当然，这比“走出去”要难一些，因为公司自己要有能力识别外部调派的设计人员的能力，并能验证其设计结果是否满足要求。

对于简单的改型设计，可以尝试自主研发设计，但在设计验证的流程上一定要严格把关，以免因为能力问题耽误客户进度。通常可以找一些能力强的模具供应商或试验验证机构给出一些建设性意见。

第3章　项目管理

项目管理的成功运作在于人的意志和信念。项目管理的成功不仅在于我们在做项目的过程中，坚持项目管理的三个原则（时间节点推进、问题清单监督、依照数据运作）和项目管理的四个意识（商务意识、沟通意识、汇报意识、服务意识）以及项目管理四要素（质量、进度、成本、利润），更为重要的是项目经理和项目组成员坚强的意志和必胜的信心，这是项目成功的关键所在。

例如，国内的一家中外合资公司在做一个难度非常大的新项目时，遇到了前所未有的困难。首先是这个项目是国外同步开发的项目，技术标准和要求都很高，难度也非常大；其次是合资公司刚成立人员十分缺乏，有经验的人员更是凤毛麟角，严重制约项目的开发；最后是该项目要求的时间比国内同类项目还要提前1/3。在压力和困难重重之际，这家合资公司的中外方总经理发动项目组和公司有关部门的有关人员，召开项目分析会、项目动员会和项目承诺签字大会，让项目组和公司所有参加项目开发和项目支持的人员在承诺书上签字承诺，全公司上下破釜沉舟、背水一战，齐心协力、众志成城，以坚强的意志和必胜的信心，终于赢得了这个与国外同步开发的项目的成功，受到了客户的赞誉和嘉奖。

项目是受时间和成本约束的、用以实现一系列既定的可交付物（达到项目目标的范围），同时满足质量标准和需求的一次性活动。所以，项目要控制的四个要素是时间、成本、进度和利润。本章节就制造业怎样达成项目四要素的各项指标对从项目管理的各个过程的控制方法做一些介绍。制造业的项目管理过程一般是从客户报价需求（RFQ）开始直至项目开发完毕移交到生产结束。其过程包括：报价过程、客户需求管理、过程开发、项目评审、项目更改控制、供应商开发和供货保障、财务分析、生产启动控制、物料清单管理、经验教训总结。

3.1 报价过程

报价过程描述了从接收到客户报价需求（RFQ）到公司内部成立报价小组，进行工程分析，编制报价假设，汇总审核各项成本数据，进行财务分析，制定内部价格，确定报价策略，报公司高层审批，对客户输出技术报价和商务报价，并追踪客户对报价的反馈意见，及时提出报价的调整方案的控制过程。其关键在于报价基础的假设，这包括了物料消耗假设、二级供应商报价、工艺假设、制造流程假设、工时假设、场地利用假设、设备工装假设、动力假设、包装物流假设、开发验证方法假设、设计初步方案假设等。具体可参见××公司的报价流程，如图 3—1 所示。

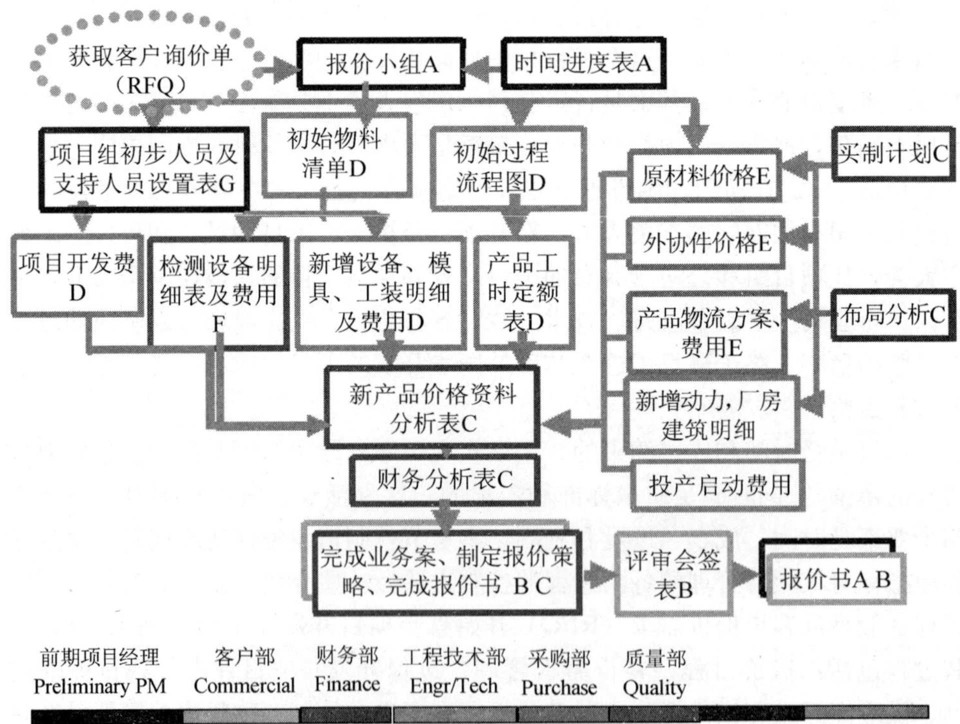

图 3—1 公司报价流程

3.2 客户需求管理

项目是面向客户的，因此项目管理过程中对客户的管理至关重要。

客户管理中最重要的是客户需求的识别。所谓需求识别，即基于客户某些方面的变化（如竞争条件的变化、技术改进和法律法规的变化等）而产生的一种特定需求。客户的需求主要来源于以下四个方面：客户需求，由客户变化所引起的需求；竞争需求，公司基于提高自身的竞争力所引起的需求；技术需求，基于技术创新所引起的需求；法律需求，基于一个国家或地区的法律变化所引起的需求。当客户对上述需求做出反应时，就意味着他们有了某种项目需求，但此刻这种需求还比较粗略，只是一个模糊的轮廓。因此，项目管理过程中要对客户需求进行进一步研究和分析。帮助客户认清自身资源状况和条件，仔细全面地考虑项目的经济效益、社会效益和项目目标、组织目前的状况和资源获取能力等因素，以确保客户的最终需求。

项目管理中对客户需求的识别过程对项目组来说是十分重要的，在现实生活中因客户不十分清楚自己的需求导致的失误比比皆是。

3.3 过程开发

过程开发包括从接到客户定点（定单）到工程评审、产品设计、设计验证、过程开发（输出BOM——物料清单、工艺流程图、FMEA——失效模式及效果分析、过程控制计划、作业指导书等）、过程评审、过程验证、试生产、转入批量生产等过程的控制。简而言之，就是将客户的需求通过设计、制造转换成产品的控制过程。

客户的工程RFQ可以是不完善的数据、标准、图纸或仅仅是周边相关功能件的清单。这其中的每一项信息都是非常有价值的。所以，RFQ的接收过程一定要受控，要有人进行管理。这时的工程评审是对RFQ的一种消化和理解，其输出是产品设计任务书。

产品设计过程分为概念设计、工程设计、零件设计。概念设计阶段应输出：颜色及花纹清单、初始概念图/造型图、方案评审记录、总布置图；工程设计阶段应输出：零件分级表、QFD（质量功能展开）、DFMEA（设计失效模式与后果分析）、系统零件及装配示意图、产品及原材料标准、设计验证计划、样件制造计划、油泥模型制作与认可、数据生成及清单、产品数据确认、产品描述、主断面机构设计图、产品爆炸图；零件设计阶段应输出：产品标准/试验大纲、零件造型、零件数据评审、数据确认。

过程开发包括对人员、设备工装、原材料及外购件、生产制造工艺、场地平面布置等的开发。工艺开发的输入是产品数据、图纸、标准，根据对这些信息的消化，技术人员应以 BOM（物料清单）将其展示出来，再确定采取何种工艺及工艺过程的顺序，即工艺流程图。为将小组成员的经验和教训都利用在工艺开发上，防止已发生问题的再发生，PFMEA（过程失效模式与后果分析）是一种较好的头脑风暴的工具。所有的控制点、控制方式都应用控制计划的格式转换过来，并落实到作业指导书中去，这样就能体现策划的小组行为。

过程评审通常包括对工艺流程图、特殊特性清单、场地平面布局图、控制计划、过程失效模式和后果分析、新设备/工装、产品/过程检查等描述过程的主要内容的评审。

过程验证是以一种能力计算的方式进行的，用这种方式可以评价过程的稳定性和过程是否有能力持续地、稳定地生产出合格产品的能力。在制造业，PPK（初始过程能力指数）大于或等于 1.67 是通用要求。当然，根据客户、行业和成本的差异，各企业可自行定义。

过程转入批量生产前，除了验证其能力外，还要做过程审核，以便发现过程策划的不足或实施与策划不符的问题，尽早解决，减少批量生产的损失。

3.4 项目评审

它描述了项目三大审核的时机、频次、审核的内容、参与人员以及审核所需要输出的问题清单及问题清单的跟踪和最终关闭。

3.4.1 项目审核

由公司最高管理者组织各部门负责人对项目的质量、进度、成本、利润所做的周期性审核，其频次可因项目大小、风险程度而定。一般为期两年的项目，其审核频次定为每月一次。其目的在于，加强各职能部门与项目经理的沟通，并监控项目的执行过程，尽早识别大的风险，支持项目组解决问题。在审核前，项目经理应就以上四个方面的资料做动态的汇总，并就每个方面识别机会和风险。通常，关控审核与工程技术审核是项目审核的输入。

3.4.2 关控审核

由公司质量管理或监控部门负责人组织项目组所有成员，对项目每个阶段的输出进行评审，评价其输出是否满足输入的要求，并编制问题清单。其问题清单由项目经理负责督促各问题责任人按节点完成。审核频次一般定为每阶段一次。

3.4.3 工程技术审核

该审核的频次视项目技术上的复杂程度而定，包括对客户输入的审核，以确保对客户输入的理解正确、充分。对工程更改的评审，评审其技术可行性、影响、风险。对设计方案的评审，评审其制造可行性、是否可做 VA/VE（价值分析/价值工程）的设计优化。评审首次样件是否符合设计的要求。评审过程策划的文件的合理性、完善性、充分性。其评审的输出是问题清单（清单中必须包括解决措施、责任人及整改的节点期限）。参加评审的人员因评审的内容不同而不同，适当时，可邀请客户和供应商、技术支持方等相关人员参与。

在工程审核时，要选择出那些技术上可行、投入少而受益大的方案，必须要考虑各方面的因素，其中包括生产因素、客户因素、财务因素、员工因素和其他因素等。

（1）生产因素。工程评审时，要考虑到项目在生产上是否具有可行性。生产因素一般包括生产设备的安全性、设备生产能力、单位产量的生产成本和生产时间的变动、所需原料的供应情况、产品质量的稳定性和技术的适用性等。

（2）客户因素。项目产品最终是面向客户的，所以客户是否满意决定了项目目标的实现程度。在进行项目评审时，客户因素是很重要的，产品在客户处的匹配质量，客户对产品的评价等是决定其工程技术是否可行的关键条件之一。

（3）财务因素。进行工程评审时，还要考虑到项目是否具有经济可行性，财务因素一般包括项目的预算、项目的利润率、内部收益率、项目的投资回收期和财务风险等。

（4）员工因素。员工因素一般包括员工的技能水平、员工能承受的劳动强度、工作条件、员工参加的培训等。

（5）其他因素。项目工程评审要考虑是否符合国家的安全和环保等有关法律法规以及项目的社会效益等。

3.5 项目更改控制

当项目的某些基准发生变化时，项目的质量、成本、报价和计划也会随之发生变化，为了达到项目的目标，就必须对项目发生的各种变化采取必要的应变措施，这种行为被称为项目更改。项目变更会对项目的以下各方面带来影响：项目质量目标、项目进度工期、项目成本预算、项目人力资源需求、项目所需的工具、原材料和设备。所以当项目发生变化时，必须要对项目进行重新策划、论证和实施，即实施项目变更的控制。更改控制程序描述了更改要求（来自客户、本公司、供应商）的提出、方案假设、评审更改方案、更新报价资料、报客户审批后实施更改、更改的验证、更改的确认等控制过程。其目的在于建立一套正规的程序对项目的变更进行有效的控制，从而更有可能达到项目的目标。项目的更改包括项目时间节点的变更、项目范围的变更、项目技术要求的变更、项目开发和制造过程的变更等。

3.5.1 项目时间节点的变更

实践表明，因为项目任务受一些资源、交通、能力等诸多因素的影响不能按时完成，各项任务相互之间的关联会相互受到影响需提前或推迟完成，项目时间节点会发生不同程度的改变，这些变更可能是客户提出、公司内部提出或供应商提出。节点的变更不控制好，会导致项目不能准时交付、成本上升、质量和利润下降。项目时间节点变更的控制关键在于：

3.5.1.1 识别变更

项目总进度甚至每项活动一定要有人跟踪，一旦任务不能按计划完成，就要报告项目经理。评审该项任务的延迟是否会对其他任务的节点带来影响，从而导致项目整个工期的延迟，是否影响客户的关键节点。如果有影响，则需采取措施来消除负面影响。

3.5.1.2 采取措施

根据影响的层面，项目经理要召集相关人员评审怎样采取措施才能消除影响。所有措施要求有责任人、期限，并有人跟踪其有效性。

3.5.1.3　通知变更

项目时间节点发生变更后，尽管已经采取措施消除了影响，但与项目组（包括客户和供应商）沟通所发生的变化还是很重要的，通常是在进度计划中进行更新并做相关说明。

3.5.2　项目范围的变更

项目范围的变更通常是因客户的变更要求而导致的。例如，客户给某公司初次定点10个一级件，该公司在接到定点后立项，其项目范围就是10个一级件。在项目开发过程中因客户的产品结构调整，需增加或减少一级件，这就导致某公司项目的范围会发生变化。

项目范围的变化通常也会影响到项目质量、进度、成本和利润。其控制的关键点在于：

3.5.2.1　识别变更

客户有该要求时要识别出这是项目的变更及客户变更的具体要求。

3.5.2.2　通知变更

一旦有范围上的变更，项目组的工作量就会发生变化、项目投入也会发生变化，及时通知项目组是节约成本的前提。

3.5.2.3　评审变更

邀请项目组成员一起评审项目范围的变更，识别出变更的影响（包括对质量、成本、进度、利润的影响），即需要哪些行动计划和资源的支持，或者取消一些任务来应对变更。所有行动方案都需有责任人和期限。基本所有范围变更都需对客户重新进行报价，具体按报价流程进行控制。

3.5.2.4　变更的实施与跟踪

变更在实施过程中一定要有人跟踪其有效性，并将实施的结果随时与客户进行沟通。

3.5.3　设计技术要求的变更

设计变更是指设计定义的更改，包括产品结构更改、原材料更改、尺寸更改、功能更改等。更改原因包括降成本、质量改进、客户需求更改、原设计错误或遗漏、工艺改进、产品更新换代、与新产品的兼容、包装问题改进等。更改可能是客户提出的，也可能是生产公司或供应商提出的。

设计变更控制的关键点在于：

(1) 由设计变更提出部门或工程技术部门召集评审会，评审方案的可行性，一定要确保方案可行才能进行下一步的工作。

(2) 设计变更一定要通过客户部门报客户审批，要确保在获得客户的批准后再进行更改立项。

(3) 变更实施前一定要在内部相关部门进行沟通，以确保变更的实施能按规定的时间节点和要求进行，并且不带来负面影响。

(4) 变更实施后一定要进行相应的验证，以确保提交客户前有充分的证据显示变更是成功的。

(5) 如是在批量生产状态进行的变更，则在获得顾客确认后、开始供货前，一定要做初物管理，以确保变更前与变更后的产品不混乱交错发放与交付。

设计变更应尽量提前，变更发生得越早则损失越小，反之就越大。如在设计阶段变更，则只需修改图纸和数据，其他费用尚未发生，损失有限；如果过程开发结束时变更，不仅需要修改图纸和数据，而且还要修改模具，甚至是重新开发模具，供应商重新定点，这在成本和进度方面都会受到很大的影响。所以，要加强设计变更管理，严格控制设计变更，尽可能把设计变更控制在设计阶段初期，特别是对成本影响较大的设计变更，要先进行财务核算后变更。变更会带来风险，但在做方案评估时可将该风险适当地转换成机会，以便使项目利润最大化。

3.5.4 项目开发和制造过程的变更

制造过程包括人、机、料、法、环，所以根据其变更的不同方面通常也叫4M（人员——Man、设备——Machine、材料供应商——Material、工艺——Method，包括了场地）变更。与设计变更不同的是，设计变更一定要通知顾客，因为定义上发生的改变，可能会影响客户要求的达成。而4M变更则根据变更带来的风险和顾客的特殊要求而决定是否通知客户。

4M变更可能来自公司内的提案，也可能来自供应商或客户的要求。4M变更的原因，可能是降成本提案、工艺改进、质量改进、优化物流方案、精益化生产等。

3.5.4.1 人员变更的控制流程

当过程中的人员发生变更时，着重要识别人员的技能对该工序产品质量的影响，车间工段长根据影响编制培训计划。培训计划一般的内容包含：安全事项、5S、操作设备的技能、工艺参数的理解和把握、来件的检查技能、缺陷的识别技能、解决突发事件的技能、产品自检技能等。由工段长组织设备、质量、工艺等相关人员对新上岗人员实施培训。培训完成后，需根据岗位技能的复杂程度进行一段时间的实习，然后由培训者对其进行评估。评估完成后，将技能的等级更新到岗位技能一览表（起目视管理的作用）。在实习期间，新上岗员工制造的产品是要加严检验才能流出的，经评估后若技能达到要求，即可解除加严检验的体制。

图 3—2 为××公司人员变更的控制流程。

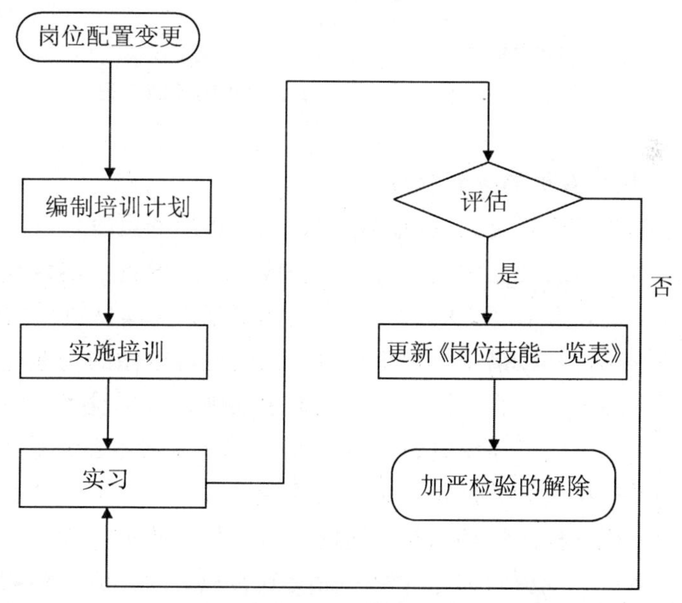

图 3—2　××公司人员变更的控制流程

3.5.4.2　设备、工装变更的控制流程

设备、工装变更时，设备模具人员通常先要通知质量、工艺、产品等相关部门参与试制。试制是一个验证的过程，验证的结果则通过产品的检验或试验结果来体现。验证周期的长短，则根据具体变更对产品和过程影响的程度来确定。用产品检验结果计算出的设备/工装能力指数综合体现了设备、工装的变更对产品和过程带来的影响。如能力指数达到了 1.67（各公司可根据其产品类别自行定义）的目标要求，即可解除加严检验。

图 3—3 为××公司设备、工装变更的控制流程。

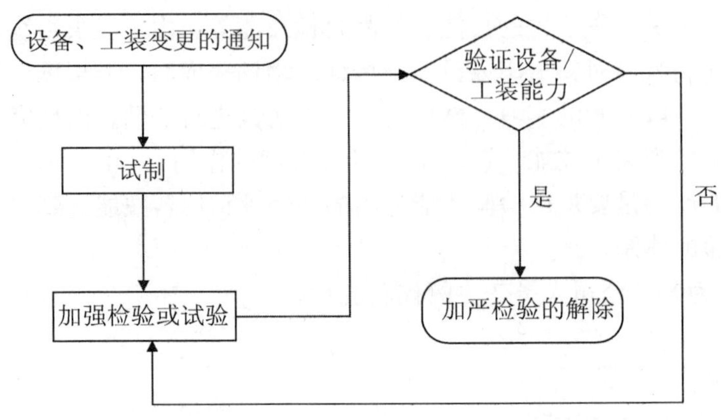

图 3—3 ××公司设备、工装变更的控制流程

3.5.4.3 场地变更的控制流程

因为场地的变更会影响到设备的移动、工艺布局的更改，对产品质量有影响。所以，应将其纳入变更中进行管理。一般是工厂设备模具科或工艺科或规划科识别该项变更，并对变更的方案进行初始策划。方案实施前要评审，评审变更对质量的影响，补救措施，评审通过该次变更可以做的场地优化。评审方案通过后要通知客户，待客户同意后才能着手实施，包括设备工装的移动与安装。变更初期生产出的产品要进行验证，是否确实未影响到产品性能或功能。验证完成后可进行小批量的试制，试制期间应纳入初期流动管理。因为虽产品得到了验证，过程的稳定性还未知，这时应按常规实施加严检验。然后进行产品审核、过程审核。变更后的零件第一批交到客户处时，应按初物（每次变更后或新开发产品的第一次交付的货物）管理的要求进行标识，并提供自检报告。待初物得到客户认可，加严检验方可解除。

图 3—4 为××公司场地变更的控制流程。

3.5.4.4 生产过程或加工方法变更的控制流程

工艺方案变更通常由公司技术开发、工艺部门提出，原因包括降低成本、质量改进、精益生产等。参加评审的人通常包括技术、工艺、质量、设备、工装、生产车间等部门人员。评审通过后可进行工艺调试，工艺调试的首件（通常是前 5 件）要得到质量工程师的确认，必要时包括用相关试验手段进行确认。工艺科得到质量工程师的产品确认通知后，即给车间下发临时工艺通知单。确认前的零件属于可疑产品，不能混入合格品中流入下一道工序。在按临时工艺通知单进行生产时，要加严检验，并用检验的结果做过程能力分析。待

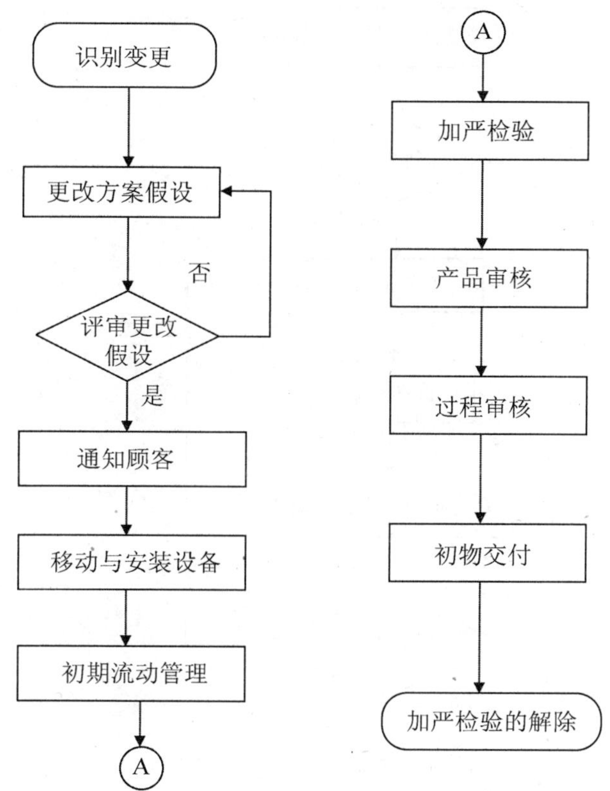

图 3—4　××公司场地变更的控制流程

过程能力达到后，才可下达正式工艺文件，同时取消临时工艺文件。

图 3—5 为××公司生产过程或加工方法变更的控制流程。

3.5.4.5　供应商变更的控制流程

4M 变更中，供应商变更对质量的影响程度最大，其变更控制的流程也相对复杂，具体见图 3—6。供应商变更的原因可能是国产化、VA/VE（价值分析/价值工程）或由于供应商商务问题不能继续供货等。原因不同，提出变更的责任单位也会不同。

识别出变更机会后，应先展开供应商调查，做变更方案的假设，以便高层审批决策，内部审批完成后还应通知客户，并获得客户的批准才可进行立项工作。

若假设方案中建议的供应商不在合格的潜在供应商名单上，需做潜在供应商审核，以降低后期开发的风险。

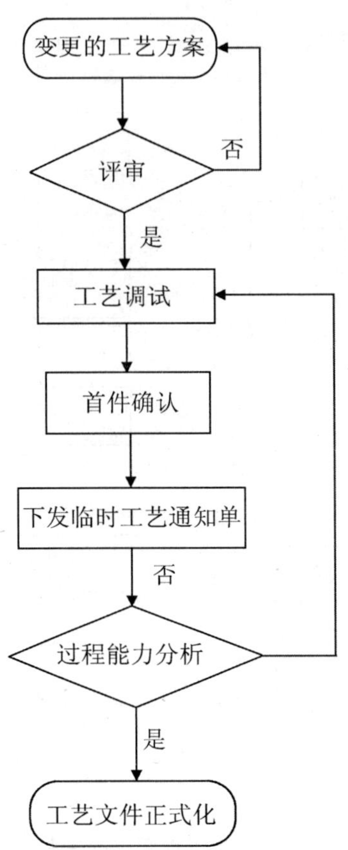

图 3—5　××公司生产过程或加工方法变更的控制流程

技术部门应协助采购工程师准备询价技术资料。

供应商开发过程可按阶段，要求用其样件的结果来做开发过程的跟踪。样件提交给客户之前应先在公司内部验证，客户对阶段样件完成了认可，就可以开始试生产。该试生产包括二级供应商的试生产和××公司内的试生产。在试生产期间，对应的是项目开发的阶段五，应完成供应商过程审核、供应商PPAP（生产件批准）。

待公司对供应商的产品完成了 PPAP，即可向客户提交 PPAP 文件和样件，以获得客户对公司更改后的产品与过程的批准。生产件批准通知单即是可以进行 SOP（批量生产）的指令。批量生产初期，因过程的不稳定因素仍然存在，应进行一段时间的初期流动管理（批量生产初期的加严管理），第一次批量交付的零件应按初物的要求提交报告和做好标识。待初期流动管理结束后，项目即可完整地移交到现生产，其过程同项目开发的阶段六。

图 3—6 为××公司供应商变更的控制流程图。

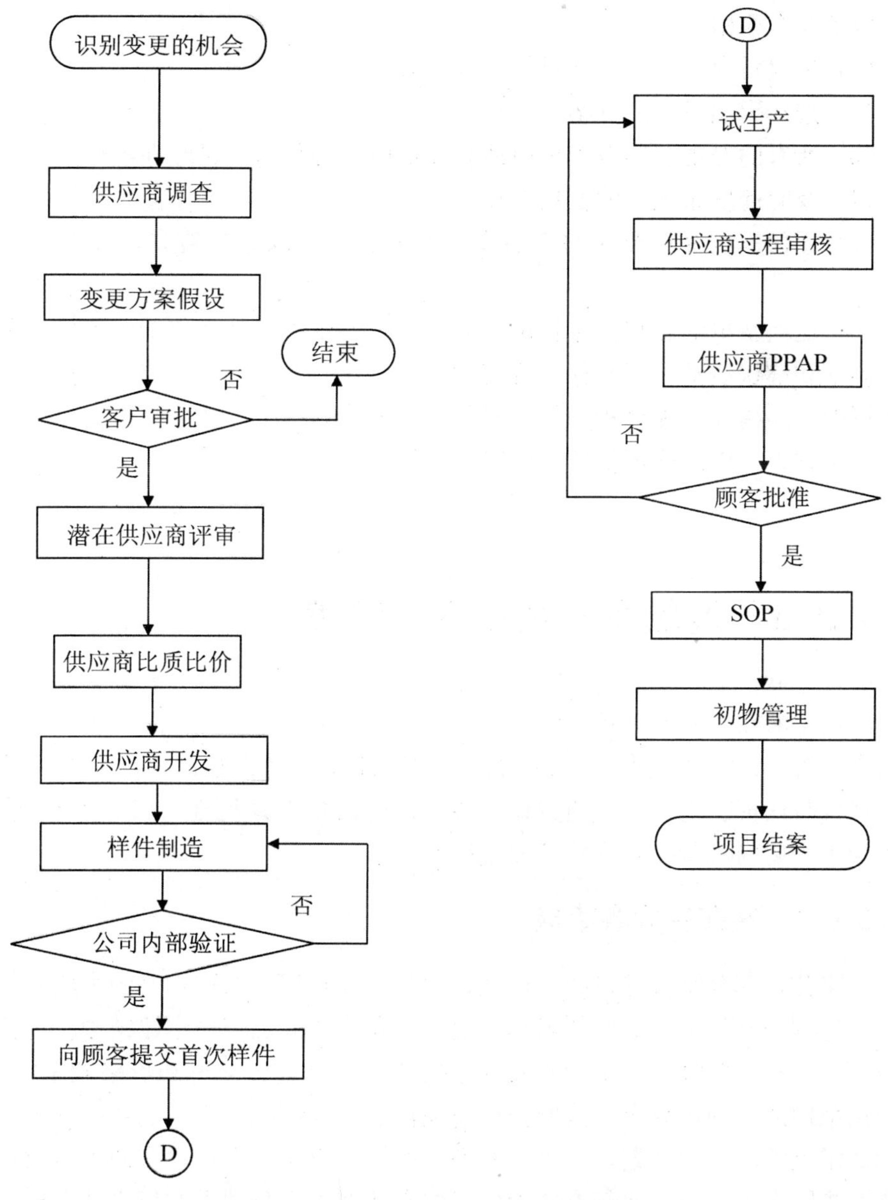

图 3—6 ××公司供应商变更的控制流程

3.5.5 项目变更控制的原则

为了对项目的变更进行有效的控制，成功地完成项目目标，项目变更应该遵循以下几个原则：

（1）把项目变更融入到项目的计划中去。

（2）选择影响最小的方案。

（3）所有的变更在准备变更申请和评估前，必须与项目经理进行商讨。

（4）及时地发布项目的变更信息。

（5）任何影响客户要求的产品实现的变更都要求通知客户，并征得客户同意。

（6）任何变更的影响，包括由供应商提出的变更，都必须予以评估，必须确定验证和确认活动，以确保符合客户要求。必须在实施前对变更进行确认。对于影响产品构成、配合和功能（包括性能和/或耐久性）的专利设计必须与客户一起评审，以准确评估所有的影响。

3.6 供应商开发和供货保障

描述了潜在供应商审核、QSTP（质量、服务、技术、价格）评价、供应商定点定价、供应商项目开发启动会、供应商开发过程控制、供应商样件交付、评价与认可、批量生产前过程审核、供应商生产件批准（PPAP）及供应商批量生产后的供货保障等管理的过程。

3.6.1 潜在供应商审核

每家公司都会结合各自的行业在日常收集和整理需采购物资的供应商信息资源，这些信息包括供应商的名称、地点、联系方式、公司组建结构、主营业务或产品、其主要客户、供货绩效（包括技术、质量、交付和价格竞争能力）以及所采用的管理体系等。按照公司新项目的展开情况，供应商主管部门会按采购或定点需求列出计划，安排一些潜在供应商审核。潜在供应商审核的目的在于初步筛选供应商，确保有能力的供应商才能进入公司潜在供应商平台。其审核的内容不同行业会有所不一样，一般会参照 ISO 9001 的系统标准编制审核检查表。审核时，要求供应商必须安排至少 8 小时以上的类似产品的生产，以便正确判断其生产过程的控制能力。审核结束后，审核小组会输出审核报告，并在报告上给出级别结论，例如，A级（优选级别），在新项目定点时优先考虑；B级（入围级别），在新品开发时可以考虑；C级（预备级别），在新品开发时可让步考虑；D级（不合格），不予考虑其定点。A、B、C级供应商都可进入潜在供应商清单。

3.6.2 供应商定点定价

新项目开发过程中，只能在潜在供应商清单中选择3～4家供应商进行询价。然后启动比质比价，即QSTP（质量、服务、技术、价格）的评价。各公司可针对其产品特点做出QSTP的比较规则。例如，质量方面可考虑质保体系、产品过程控制能力、产品实际绩效情况、质量控制与保证的硬件资源状况等。服务可评价该供应商与其他产品或客户的项目开发配合情况、对客户投诉的处理、交付等方面的状态。技术可评价其对某种核心或重要工艺的掌握情况、解决技术问题的能力、设计能力、设计验证的能力等。价格可按不同行业规律的比率浮动进行打分。最后将这四个方面的打分加权平均，即为QSTP总分，得分最高的供应商可进入该项目的初始供应商。

3.6.3 供应商项目启动会

供应商项目启动会是为了与供应商在项目启动时做一次充分的沟通，可召集所有供应商一起，也可分别召开。沟通的内容应包括确定与供应商之间的联系方式、项目时间节点、项目目标、项目开发体系的要求、项目的产品技术要求（一般用技术协议，并附带数据、图纸、标准等的方式来描述）、公司与供应商之间的职责分工等。

3.6.4 供应商开发过程控制

为节省项目工期和成本，通常是客户、供应商同步开发。在开发过程中，要定期或不定期地对供应商的开发过程做监控，可采取供应商主动汇报或公司到供应商处走访两种方式，不论是汇报或走访，都应定义每个阶段要控制的任务、目标。

3.6.5 供应商样件交付、评价与认可

可根据供应商产品的复杂、风险程度将样件分为几个阶段进行控制，例如，手工样件（用非正规工装、设备和生产线制造出来的样件）、第一次工装

样件、第二次工装样件、生产件批准（PPAP）样件等。通常手工样件和工装样件由工程技术部门主导评价，评价的方面包括外观、结构尺寸、功能、材料等。在不同阶段，可只针对其中的一项或几项进行评价。评价结束后应输出报告，并封样件作为对其开发的某个阶段的认可。在批量生产前的生产件批准样件通常由质量部门认可。

3.6.6 供应商生产件批准

供应商签署批准书的条件应包括两个方面：一是其生产过程能力符合要求，应用批量生产前的过程审核来评价，包括质量保证能力和生产负荷的满足。二是其零件符合要求（外观、尺寸符合图纸和标准的要求，材料、功能试验完成并全部符合要求）。这些要求若有轻微不符合，而项目进度又迫切要求批量生产时，可下发临时批准通知书，并限期整改。

3.6.7 供应商供货保障

为确保供应商在批量生产后能持续地按项目开发的目标进行供货，并持续改进，就要对其保障能力进行管控，通常分为产品管控和过程管控。产品管控是指制定完整的供应商评价指标，对其供应的产品进行评价，包括对进货检验不合格品 PPM（每百万件中的不合格品数）、日常装配过程中的问题收集、投诉信息统计、对问题或投诉的反应速度、解决问题的能力、交付及时性、价格下降幅度等方面的业绩进行统计、分析、横向纵向比较或采用排名等方法对其进行激励和管控。过程管控是指对其进行周期性过程审核，或出现重大问题时的快速审核，以帮助供应商改进过程保障的能力。每年供应商业绩总结时可进行优胜劣汰。

3.6.8 对不同的供应商采用差异化管理方式

项目采购小组需要依据采购物资的类别、重要程度、合作关系紧密程度等方面对所有的供应商进行分门别类，包括战略供应商、重要供应商、普通供应商和备选供应商等，实行分层差异化管理和控制。

认识到供应商管理的重要性，积极推进公开、规范的供应商管理方式，制定完善的供应商管理制度，开展全过程的供应商管理方式，主动整合和利用供应商资源，有力支撑采购业务过程的运作，提高采购业务管理水平；通过对供应商的开发与全面管理建立准时供货的保障体系。并制定应急预案来应对供货突发事件，为保障准时供货，企业内部必须有完善的质量控制、准时化供货体系来确保及时供货能力，而且针对可能发生的质量、交付突发事件，事先需制定应急预案，防止因无法履行供货合同而产生的客户信任危机和风险成本。

3.7 财务分析

描述了新产品报价的财务分析，新产品报价成功获得客户的定点通知后，公司应成立项目组进行项目财务分析，编制项目的拨款申请、工程变更报价的财务支持、项目开发中成本控制，对项目资金的使用情况和成本状况进行跟踪和监控，对项目经理完成成本和利润指标的情况进行考核等。

项目的财务分析是从企业首要因素的角度，通过分析项目的成本与收益来衡量项目的经济指标与财务表现，确定项目盈利的可能性。

项目的财务分析包括盈利能力分析、不确定性分析以及风险分析三个方面的内容。

3.7.1 盈利能力分析

盈利能力分析包括静态分析法和动态评估方法。

静态分析法主要包括静态投资回收期法和投资利润率法，该类方法不考虑货币资金的时间价值，仅对方案进行粗略的评价。除了上述方法外，还可以利用投资借款偿还期、销售利润率、资本金利润率和投资利税率等指标进行辅助分析。

动态评估的主要方法包括内部收益率法和净现值法，该类方法充分考虑了资金的时间价值，对项目的分析较为全面。与静态评估方法相比，这种方法更为实际合理。

3.7.2 不确定性分析

由于客观环境在不断发生变化，目前的预测结果与未来的实际情况不可避免地会产生误差，诸多不确定性因素的存在将使项目面临多方面的风险。因此，必须运用盈亏分析、敏感性分析、概率分析等不确定性分析方法，分析和研究项目投资、生产成本、销售收入、产品价格和寿命期等主要不确定性因素的变动对项目收益、收益率和投资回收期等经济效益指标的影响程度，考察项目承受各种投资风险的能力，提高项目盈利的可靠性。

盈亏分析通过对产品产量、成本与盈利水平三者关系的分析，找出盈利与亏损在产量、产品价格、生产能力利用率等方面的临界指标，从而确定项目在经营条件发生变化时的承受能力。

敏感性分析通过分析一个或多个不确定性因素的变化导致决策指标的变化程度，判断各个因素的变化对实现预期目标的影响程度。

概率分析就是通过研究各种不确定因素发生不同幅度变动的概率分布，及其对方案经济效果的影响以及评价结果做出概率描述来判断项目的风险情况。

3.7.3 风险分析

风险分析是不确定性分析的补充和延伸，借助不确定性分析的测算结果，重点分析项目面临的风险的性质、类型及可能造成的影响。风险分析的主要内容包括投资风险的识别、风险属性的分析、风险量的估算及风险规避方案。

3.8 生产启动控制

描述了生产准备的评审（设备模具预验收、平面布局图的评审、工艺流程图的评审、作业指导书的评审、人员配置的评审、供应商零件的评审），试生产，评价试生产样件，合格后转入 SOP，做 SOP 三个月内的初期流动管理（它是针对批量生产初期过程不太稳定情况下的一种加严控制方法）等的控制过程。

生产启动就是对过程策划实施的启动，项目生产启动的成功与否关系到项目是否有能力顺利转产，及转产后能否按预期节拍、质量、财务指标进行生产和交付。启动前要先对生产准备的相关事项进行评审，评审生产准备是否都已完成，并且充分有效，若其中一项未完成，都会影响试生产的时间节点。例如，假设平面布局图未完成或不合理，设备进厂后就无法安装或无法按最优的工艺路线安装，这样会影响生产的节拍、场地的利用。同样，如供应商的二级零件不按时到位，试生产也只能是停机待料，这都是极其常见的浪费。试生产应该按正式的工装、设备、场地、工艺流程、工艺节拍甚至是正式的操作工序来进行生产，其目的是验证过程的能力，制造出用于客户批量生产的样件。

SOP 后的初期流动管理小组的组建应由生产启动经理负责，组员应包括项目小组成员与车间的成员，这样的管理框架为项目后期的转产奠定了基础。在这个过程中，可确保项目小组成员与批量生产后的各生产控制人员做到很好的沟通与衔接。此外，SOP 初期，新设备与工装都还在磨合期，人员也不够熟练，供应商的供货也不顺畅，客户的要求还会经常变化。这些过程不稳定因素的存在就要求初期流动管理小组必须加严控制过程和产品。加严控制过程的方法有：班组长对不同工位操作工频繁地做作业观察，车间经理和启动经理、质量/工艺工程师定期评审过程操作/作业的符合性，项目经理每天监控产品的质量和交付绩效，如客户 PPM（每百万件产品中的不合格品数）、工序合格率、各工序准时交付率等。SOP 后的初期流动管理解除的条件可根据其目标的达成情况来确定，如目标到 2 个月就达到了，那么可提前解除；如目标到 3 个月还未达到，也可能推迟解除的时间。

3.9　物料清单管理

它用于指导怎样编制和修改物料清单，其中包含了产品的组成结构，产品的工艺流程、所选用的材料编号、买/制计划、工艺消耗定额、外购产品供应商信息。物料清单是 ERP（企业资源计划）系统的一个输入。

初始物料清单的编制是在报价阶段，是产品工程师为了将客户对产品的需求从工程数据、图纸、标准等转换成一种更易理解、更易于其他小组成员报价假设而编制的一份文件，通常配合爆炸图使用会更直观一些。

在项目定点后，产品工程师会随着项目开发的进展及产品信息越来越全面，而不断地完善这份物料清单。当然，当项目的产品设计和制造过程发生变更时，物料清单的更新与否是必须重新审定的。

在生产启动时，若公司有 ERP 系统，应及时将物料清单信息输入系统，以便建立项目启动阶段的物料、交付的电子信息的管理。

为加强物料清单的管理，每次变更必须得到相关部门的审核和批准。因为其信息是用于统计生产耗用成本，也用于供应商与公司内部生产计划的制订、完成情况跟踪和客户产品交付状态的跟踪与管理。

3.10　经验教训总结

项目各个阶段结束前，项目组所有成员汇集各自在项目开发过程所经历的成功与失败，并针对成功与失败的原因进行分析，找出改进和提高的措施，为以后的项目做出前车之鉴。

项目完成后的评价是指对已经完成的项目的策划的完整和充分性、执行过程细节上的成功与失败、项目收益、质量、进度符合性等所进行的系统的、客观的分析和评价。通过对项目活动实践的检查总结，判断项目预期的目标是否达到，项目策划是否合理、有效，项目的主要效益指标是否实现；通过分析评价找出成败的原因，总结经验教训；并通过及时有效的信息反馈与共享，为未来项目的决策和提高投资决策管理水平提出建议，同时也为被评价项目实施运营中出现的问题提出改进建议，从而达到提高项目效益的目的。

项目完成后的评价基本内容包括项目质量与进度目标评价、项目实施过程评价、项目效益评价、项目影响评价和项目持续性评价。

项目完成后的评价是通过总结经验教训，提升项目计划与项目过程控制能力的重要途径。项目完成后的评价对已完成并投入运营的项目进行的系统、客观而全面的分析研究，通过提炼项目在实施和运营过程中的有益经验，发现规律性的科学方法，反思在实施及运营过程中出现的失误和教训，使项目的投资人、决策者、管理者和项目组成员学习到更加科学合理的方法和策略，提升项目全过程的管理能力。

项目完成后的评价是促进项目实施的全过程参与者的责任心的一种重要手段，项目完成后的评价具有现实、客观、公正等特点。通过对项目实施全过程的成绩和失误进行科学客观的分析研究，可以准确地判断投资人、决策者、管理者和项目组成员在实际工作中存在的主要问题，使项目所有参与者清醒认识到任何决策上、执行中和管理层面的失误都会给项目带来不同程度的危害，因此，要进一步采取改进措施并不断增强其责任心。

项目完成后的评价是支持投资决策的重要步骤，虽然完成后评价对完善已完成项目、改进在开发的项目有重要作用，但是更为重要的是，为待开发项目或拟议中的项目的投资决策提供支持。

项目完成后的评价还具有重要的监督功能，完成后评价既是一个向实践学习的过程，也是一个对投资活动的监督过程。项目完成后的评价的监督功能与项目的前期评价、实施中的监督结合在一起，构成了对投资活动的监督机制。

第 4 章　财务管理

4.1　财务工作主要流程

合资公司的财务管理特点主要是按流程和权限进行审批，做好公司的内控管理，具体包括：①销售流程；②应收账款流程；③现金收入流程；④采购流程；⑤应付账款流程；⑥信用证付款流程；⑦现金支出流程；⑧备用金/现金支票的管控；⑨工资发放流程；⑩总账会计流程。

4.1.1　销售流程

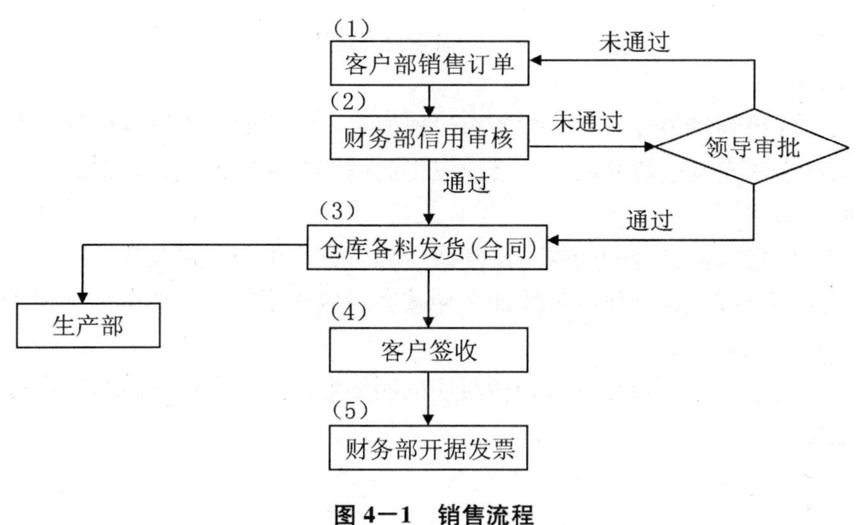

图 4—1　销售流程

(1) 客户部与客户签订销售合同(一式三份),根据合同签发销售订单,一份交客户、一份交仓库、一份留存。

(2) 财务部审核订单是否超过该客户的授信额度,在额度范围内的可通知仓库发货,在额度范围外的则需报领导审批,若领导未批准则需与客户协商是否修改订单。

(3) 仓库根据批准后的销售订单备料发货,并将发货单交生产部门安排生产计划。

(4) 发货单应得到客户签收,以作为客户付款的凭证之一。

(5) 财务部根据客户签收后的发货单,开具发票,应收账款会计根据销售订单、发货单、发票记录应收账款明细账,借记应收款账户,贷记销售收入账户。

4.1.2 应收账款流程

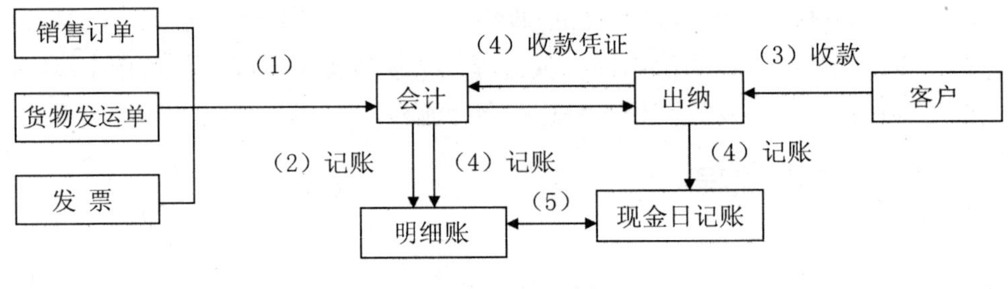

图4—2 应收账款流程

(1) 在得到销售许可后,财务部门根据客户签收的货物发运单开据发票。

(2) 在签发发票的基础上,会计应将此销售业务借记应收账款账户,贷记销售收入账户。

(3) 购货方根据合同期限,按发票金额付款,出纳负责收款。

(4) 会计收款凭据作收款凭证,冲减客户应收账款,出纳根据收款凭证登记现金日记账。

(5) 现金日记账每月都需和相对应的明细账对账,应收账款明细账每月必须和总账核对一致。

4.1.3 现金收入流程

4.1.3.1 现金收入

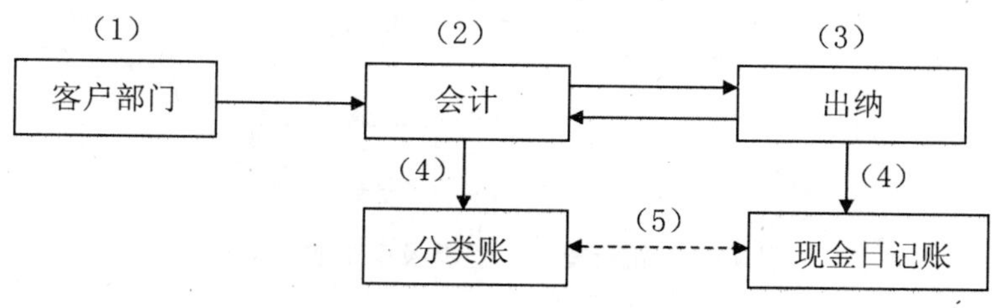

图4—3 现金收入流程

(1) 现金销售必须由指定部门授权批准并控制确定金额水平，必须使用一种标准的、有连续编号的发票。

(2) 现金（现金收入）账户永远不允许作为现金支付账户使用，因此，必须与备用金分开。会计只能在有发票时才能登记现金收入凭证，然后交给出纳做接收付款准备。

(3) 出纳根据凭证及所附发票收入现金。

(4) 出纳必须在发票上盖章以防止重复使用。出纳还应将现金收据交给客户，并将凭证及发票返还给会计登账。出纳应定期将现金存入银行。现金应始终保持不高于规定的数额并保证安全。

(5) 会计在盖章的凭证及发票的基础上登记此笔业务，借记现金收入账户，贷记销售收入账户。出纳将此现金收入业务登记现金日记账。每月明细账及现金日记账间必须对账。

4.1.3.2 银行支票、汇票及电汇收入

(1) 在得到销售许可后，公司客户部将货物运给客户，公司财务部签发发票。公司客户部应将销售许可的一份复印件交给公司财务部作为开发票的依据。

(2) 公司会计在签发销售发票后，将此业务借记应收款账户，贷记销售收入账户。

(3) 当收到付款支票后，公司会计应做出现金收入，凭证并交给公司出纳接收付款。在得到公司出纳返还的凭证及现金收入后，公司会计应将收据借记银行存款账户，贷记应收款账户。

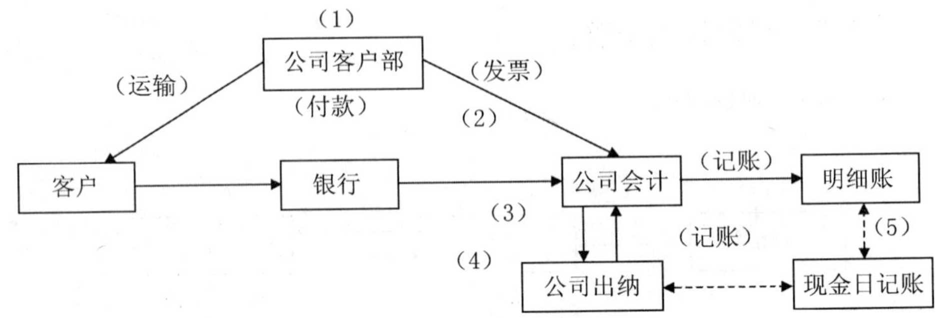

图 4—4　银行支票、汇票及电汇收入流程

(4) 公司出纳负责与银行交涉处理支票，并在现金收入凭证及现金收入的基础上登记现金日记账。

(5) 现金日记账应每月与相对应的明细账进行对账。

4.1.3.3　托收银行汇票

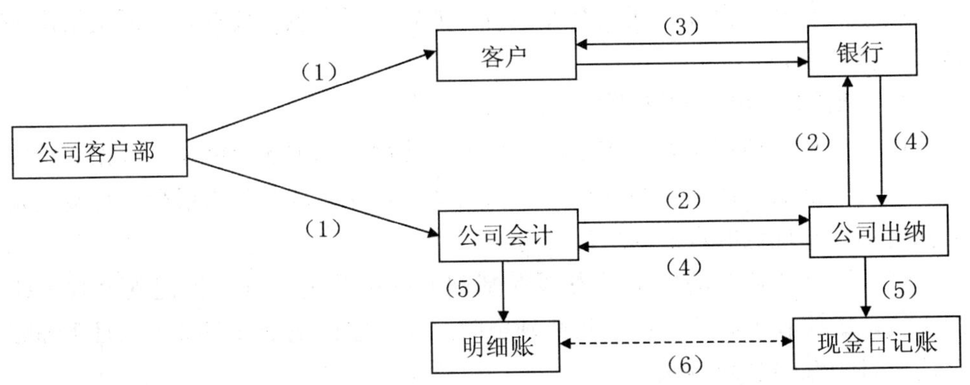

图 4—5　托收银行汇票流程

(1) 在得到销售许可后，公司财务部签发发票，公司客户部将货物运给客户。公司客户部将销售许可的一份复印件交给公司财务部作为开发票的依据。

(2) 在签发发票的基础上，公司会计应将此销售业务借记应收款账户，贷记销售收入账户。公司会计（出纳）将发票送交银行并委托银行接收付款。银行在货物运到后将托收通知（及发票）交给购货方要求付款。购货方根据发票付款。

(3) 在从银行得到托收通知后，公司会计应登记现金收入凭证并交给出纳。同时，公司会计应将此业务借记银行存款账户，贷记应收款账户。公司出纳负责与银行交涉。公司出纳应根据会计做出的收入凭证开出收据后，将收据及凭证返还会计记账。

（4）公司会计应当记录现金明细账。公司出纳也应根据凭证及现金收入将此收据业务登记在现金日记账中。

（5）现金日记账每月都须和相对应的明细账对账。

4.1.4 采购流程

该流程主要适用于数量较大和有规律重复的采购，包括资产、生产原材料及协配件采购；同样适用于其他采购，除非另有具体说明。

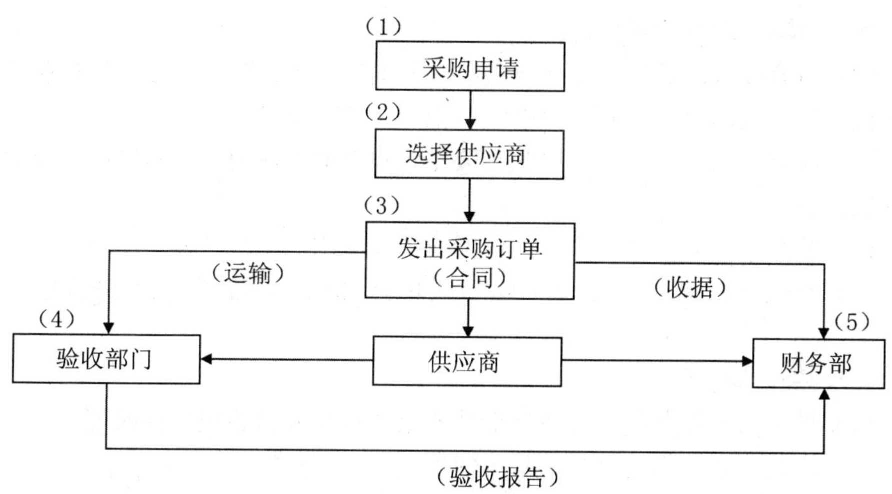

图 4—6 采购流程

4.1.4.1 采购申请

（1）所有采购工作必须与付款及会计工作分开。

（2）在采购协议签订之前，由需求部门制作采购申请，并需按审批流程获取批准同意后方可实施。

4.1.4.2 选择供应商

（1）采购申请在被批准前必须由采购部牵头对供应商的资质和能力进行评审。采购申请必须由使用部门提出。所有的采购都必须通过比质比价。应避免单一的供应来源，形成对一家供应商的依赖。

（2）核实供应商的信誉、质量、交货能力及综合能力。

4.1.4.3 发出采购订单

（1）采购订单必须有连续的编号来控制，并定期检查，采取有效防护措施。

（2）采购订单及其订单修改必须按流程进行，得到批准后执行，以确保不越权使用。

（3）采购订单必须包括所有有关的信息：质量要求、数量要求、交货时间和方式要求、付款条件等。

4.1.4.4 验收

（1）验收部门负责验收经过批准的采购订单采购的货物。

（2）对所有由验收部门验收的原材料供应，都必须提供有连续编号控制的、加注日期的质量验收报告。

（3）所有收进的货物都必须清点数量并根据要求进行全检或抽样检验，以判断供应商交付的数量、质量和进度是否符合公司要求。

（4）所有数量差异和质量问题必须在验收单据上注明，并与供应商达成解决问题的共识。

（5）验收报告必须防范偷窃、毁灭或越权使用。

（6）验收报告必须提供给采购和应付款部门，使供应商的付款按合同支付。

4.1.4.5 财务部门

（1）供应商的发票应该与经过批准的采购订单及验收报告相匹配。

（2）原始发票应作为付款的基本依据。

（3）运费应由公司采购部门决定。在付款前运费单据必须和运单及验收报告相一致。

（4）验收报告和发票必须每月进行复核，按合同及时予以结算。

4.1.5 应付账款流程

4.1.5.1 支票、银行汇票和电汇转账

（1）财务部在付款前，应收到采购申请、供应商提供的发票及验收报告的复印件。在得到上述三种单据后，会计应借记资产或费用科目，贷记应付款科目。作为一个控制步骤所有付款都必须首先经过应付款账户（当付款是对供应商的预付款或分期付款，上述所提到的单据并不是都有时，付款的依据是经过批准的预付款申请及合同）。

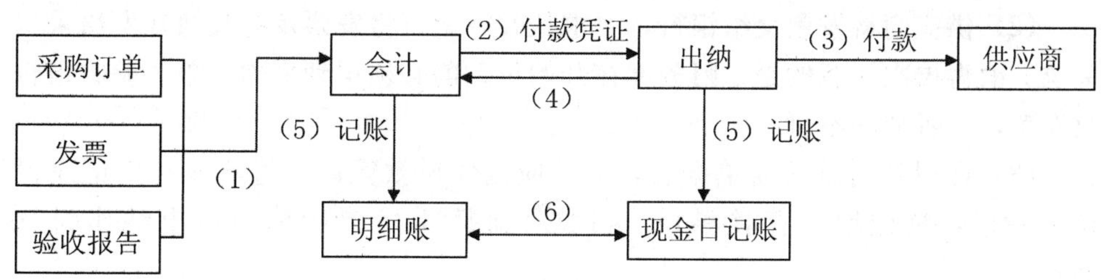

图4—7 支票、银行汇票和电汇转账流程

(2) 会计将现金付款凭证交给出纳。出纳应根据凭证及所附原始单据开具支票，并将支票给供应商指定人员签字（要有供应商授权的证明书和授权人的身份证明）。

(3) 出纳将款项付给供应商。出纳负责和银行接触进行信汇和电汇交易。

(4) 出纳应该在发票/收据上盖章以防止重复使用并将所有单据交还会计记账保存。

(5) 会计应借记应付款科目，贷记银行存款科目。同时，出纳也应登记现金日记账。

(6) 每月末，必须将现金日记账和明细账进行核对。

4.1.5.2 托收银行汇票流程

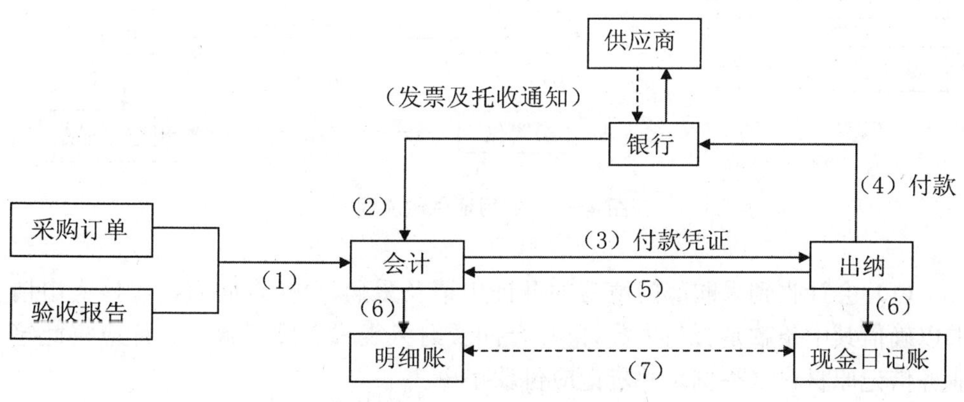

图4—8 托收银行汇票流程

（注意：托收的银行汇票普遍用于大批量、远距离及有规律的采购。）

(1) 财务部在收到供应商的发票前先收到采购订单及验收报告的复印件。会计应将此项购买业务作分录为借记原材料（举例），贷记应付款科目。

（2）供应商将发票交给银行，要求托收，银行将发票及托收通知发给采购单位。值得再次注意的是，财务部在开始付款前必须得到采购订单、验收报告及发票，三者缺一不可。

（3）在得到付款所需单据后，会计应制作付款凭证，将此业务借记应付账款科目，贷记银行存款科目。付款凭证附上发票后传递给出纳作付款准备。

（4）出纳负责与银行联系做好付款准备。付款单据必须由授权机关签字并由财务部长审核。

（5）出纳应将所有发票盖章以防止重复使用，并将凭证及发票返还给会计作记账依据。

（6）会计和出纳应分别将此项业务登记在明细账和现金日记账中。

（7）明细账及现金日记账间的对账工作每月必须做一次。

4.1.6　信用证付款流程

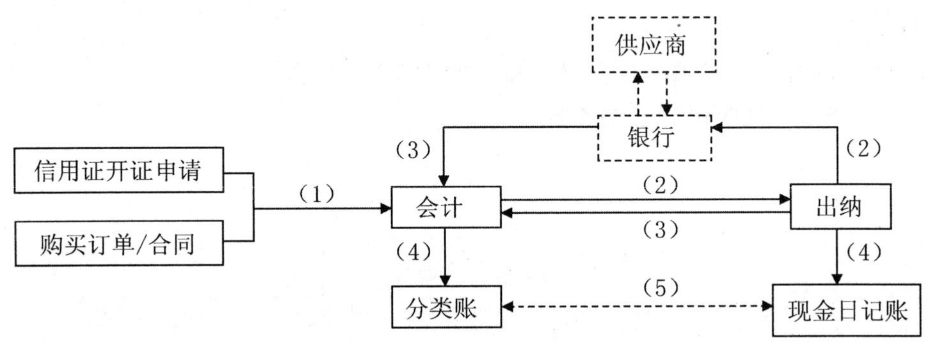

图 4—9　信用证付款流程

（1）会计收到采购部门填写的开证申请及采购订单/合同后，应核实申请书以确信其中条款是否与采购订单/合同及财务规章制度一致。会计应将此笔业务借记原材料（举例）并贷记应付款账户。

（2）出纳携带开证申请及采购订单/合同到银行开信用证。银行将和供应商的开户银行联系取得信用证中规定的所需单据并通知信用证结算。

（3）在从银行收到所有单据后，会计应审核其真实性及准确性，做出付款凭证交与出纳去银行结算信用证，并借记应付款账户、贷记“银行存款”科目。

（4）会计及出纳应分别将此笔业务正确地登记在明细账及现金日记账中。

（5）每月对明细账及现金日记账做一次对账工作。

4.1.7 现金支出流程

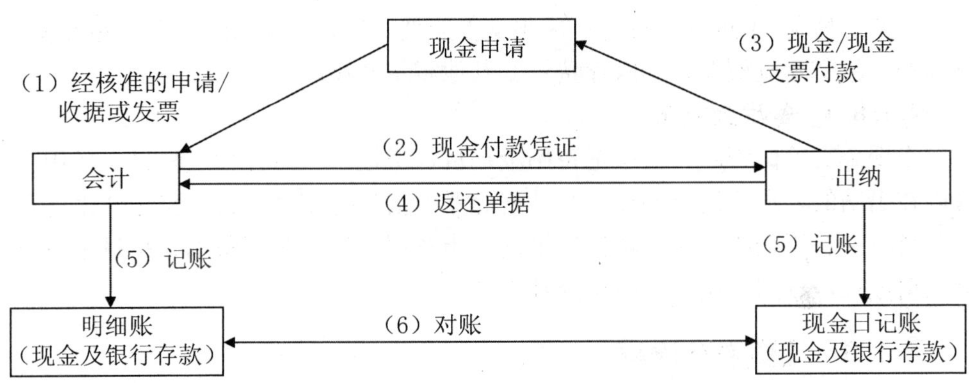

图4—10 现金支出流程

（1）各部门或人员提出现金预支申请或对已采购的付款提出申请（收据或发票），并须按流程得到批准。

（2）财务部指定会计对经过批准的申请登记现金付款凭证，并传递给出纳。

（3）出纳根据凭证及批准申请支付现金。

（4）出纳在收据/发票及申请单据上盖章，并将所有单据返还给会计作记账保存。

（5）会计将此笔业务借记其他应收款（对预支现金）或相对应的费用科目（对已实现的采购），并贷记备用金或银行存款科目。出纳同时据其登记现金日记账。

（6）在月末，必须在现金明细账及现金日记账间做对账工作。

4.1.8 备用金/现金支票的管控

4.1.8.1 备用金的用途

备用金是用于小金额费用的现金支出或是那些紧急情况下的小额支出，如时间不允许通过正常手续来清算的应付款和预支差旅费，由出纳保管备用金。备用金不能和其他现金收入混淆，并须和其他业务所得分开保存。

4.1.8.2 备用金限额

备用金限额为10000元，当10000元不能满足公司的各种各样的现金支出时，经财务部长同意后备用金总额可以提高。从备用金中支付的现金每次不能超过2000元。如果现金支出超过2000元，需要开具现金支票代替备用金。

4.1.8.3 备用金支出的种类

①紧急情况/不重复性购买；②预支差旅费；③通行费/停车费/出租车费/汽油费；④交际应酬费；⑤医疗费；⑥其他零星费用。

4.1.8.4 备用金补充

当现金交给保管时，应借记备用金科目，贷记“银行存款”科目。备用金可以在出纳的要求下给予补充，会计将此业务借记备用金科目，贷记“银行存款”科目。备用金账户应不断保持平衡。当备用金用完时，备用金科目不可再有任何记录，直到备用金重新得到补充。

4.1.9 工资发放流程

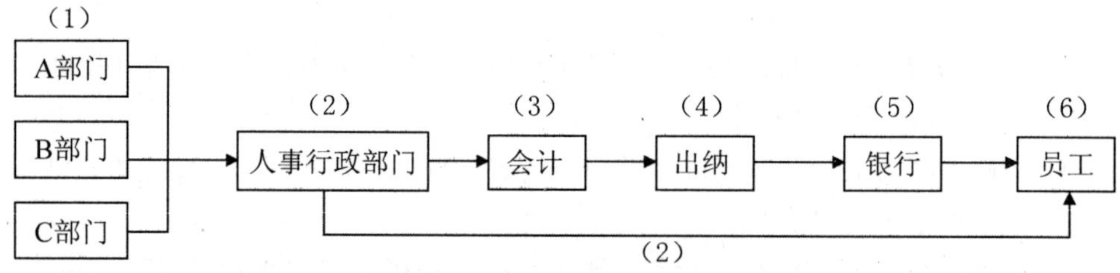

图4—11 工资发放流程

4.1.9.1 说明

(1) 各部门负责人在每月工资发放时收集各部门考勤卡。如果有加班，应在考勤卡后附上有签名的批准书。此卡应送交人事部门作为发放工资的依据。

(2) 人事部将考勤记录输入工资数据库计算工资。每月都要按员工姓名及部门制作一份员工工资表，其中应包括基本工资、工作时间、应付工资总额、代扣税款及净收入这些信息，而且应该由人事行政部部长批准。人事部还应给每一个员工一份个人工资汇总记录表，使他们能够复核工资计算是否准确以及发薪日工资户上贷方金额是否正确。

(3) 会计得到员工工资表，检查计算并作分录，借记相关费用科目，贷记“应付工资”科目。凭证应由财务部部长批准。

(4) 出纳得到工资付款凭证及原始单据，通知指定银行按员工工资表将工资正确分配到每个员工的工资账户上。出纳登记银行存款日记账。

(5) 银行在发薪日按员工工资表将工资分配到每个员工的工资账户上。

(6) 员工在发薪日通过银行领取工资。会计将工资付款流程结记为，借：应付工资　贷：银行存款。

4.1.9.2 内部控制

以下有关发放工资的主要职责应由不同的人独立执行：

新雇员、退休员工、员工工资变动记录及工资单的变动记录。

考勤记录时间计算。

工资付款凭证的准备。

通知银行将工资分配到各员工账户中。

4.1.10 总账会计流程

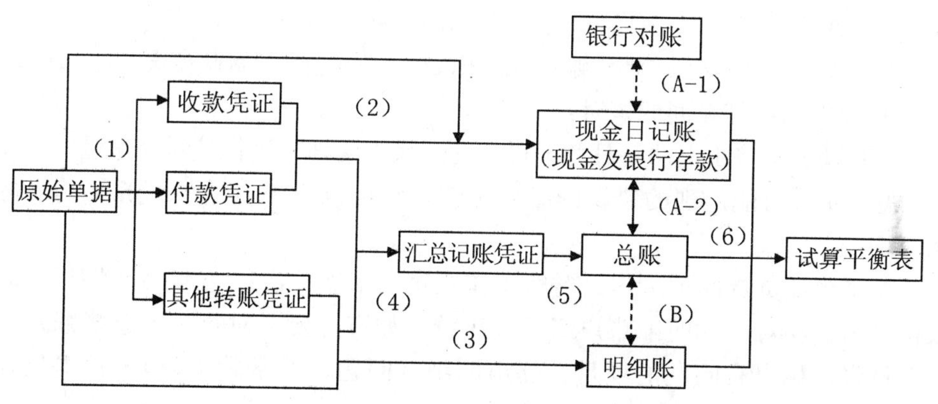

图4—12 总账会计流程

4.1.10.1 职责

会计职责必须与出纳职责分开。

当业务发生时，会计应该记录每日凭证。总账会计负责分类汇总记账凭证、明细账、总账、试算平衡表和财务报表、应付账款、应收账款、固定资产、工资会计、税务、上交政府的报告等。会计负责财务分析（设备与工具表、现金流量表及预算）、价格分析和项目财务管理等。

出纳负责现金收入、现金支出及现金日记账（包括现金及银行存款日记账）。

会计负责保存财务部专用章。

4.1.10.2 注解

（1）会计依据原始单据（申请书、收据、发票等）登记现金收款、付款或其他日记凭证。每张凭证应和与其相对应的原始单据在一起保存。

（2）出纳根据现金收款、现金付款凭证及其所附的原始单据登记现金日记账。

（3）会计根据每日凭证及所附原始单据登记明细账。

（4）会计汇总所有凭证（按每一个明细账户）并在月末制作汇总记账凭证。

（5）会计在月末根据每一张汇总记账凭证登记各科目总账。

（6）总账会计制作试算平衡表。

对账：A. 银行账目的核对：

第一步：银行对账单与现金日记账（明细账）核对，总账会计负责此步骤。——A-1

第二步：现金日记账（明细账）与总账核对。总账会计负责此步骤。——A-2

B. 总账与明细账间的核对：

此步骤要求将由汇总每日凭证得来的总账与明细账进行核对。这是一个发现问题及更改可能出现的错误的必要步骤，它可以保证以后的试算平衡表的无误。

总账会计负责此项工作。对账工作在每月末做一次。总账会计将每个总账科目与其相对应的明细账户组一一比较，如有必要，对每一个总账账户作一个报告，标出有问题的项目，提出明细（问题、异常的项目），并提供详细说明。

4.1.11 财务工作的方式：全面预算管理的方式

审批权限标准可根据不同类别的费用做明细清单，具体可参照下文中的图与表。

表4—1 批准权限标准

（千美元/万元人民币）USD：000；RMB：0000

序号		中外方总经理		部门经理				归口部门
		USD美元	RMB人民币	USD美元	RMB人民币	USD美元	RMB人民币	
	资本性项目							
1	项目批准	×××	××	××	××	××	××	规划/财务
2	已批准项目用款	无限制	无限制	×××	××	××	××	规划/财务
3	项目更改	无限制	无限制	×××	××	××	××	规划/财务
	生产性开支							
4	订单（annual basis）	无限制	无限制	××	××	××	××	规划/财务
5	材料、低耗品等采购	×××	××	××	××	××	××	规划/财务
6	维护、修理费用	×××	××	××	××	××	××	人事/财务（唯一）
7	计算机软件及服务	×××	××	××	××	××	××	各部门
8	通信联络	×××	××	××	××	××	××	人事/财务（唯一）
9	公用动力	×××	××	××	××	××	××	人事/财务（唯一）
10	试制检测费	×××	××	××	××	××	××	工程/质量
11	租赁协议	×××	××	××	××	××	××	人事/财务（唯一）
12	聘用服务协议	×××	××	××	××	××	××	各部门
13	调整及搬迁费用	×××	××	××	××	××	××	规划/财务
14	固定资产出售或报废	×××	××	××	××	××	××	财务（唯一）
	非生产性开支							
15	书籍和出版物	××	×××	××	×	×	×	各部门
16	会员费	××	×××	××	×	×	×	各部门
17	教育、培训、广告	××	××	××	×	×	×	人事/财务（唯一）
18	医疗、绿化、消防	××	××	××	×	×	×	人事/财务（唯一）
19	保险费	×××	××	××	×	×	×	财务（唯一）
20	咨询合同	××	××	××	×	×	×	各部门
21	业务招待费	××	××	×	×	×	×	各部门
22	差旅费	××	××	×	×	×	×	各部门
23	预借现金和备用金	无限制	无限制	×	×	×	×	财务（唯一）
24	捐款	××	××	××	××			缺席时不授权
25	每位员工薪水	××	××	××	××			缺席时不授权
26	紧急情况	×××	××	×××	×××			
27	其他超预算费用	×××	×××	××	××			
28	特许权及专利费	×××	×××	×××	××			

注：“无限制”是在批准的预算和业务计划范围内。

预算是一种系统的方法，用来分配企业的资金投入、实物及人力资源等。企业可以通过预算来监控年度目标和战略目标的实施进度，有助于控制开支，并预测企业的现金流量与盈利情况。全面预算管理就是做到事前有计划，事中有控制，事后能考评、追溯，以确保实现企业既定的年度目标和战略目标。总体预算可以用经营计划的方式制订和跟踪，具体流程见图 4—13。

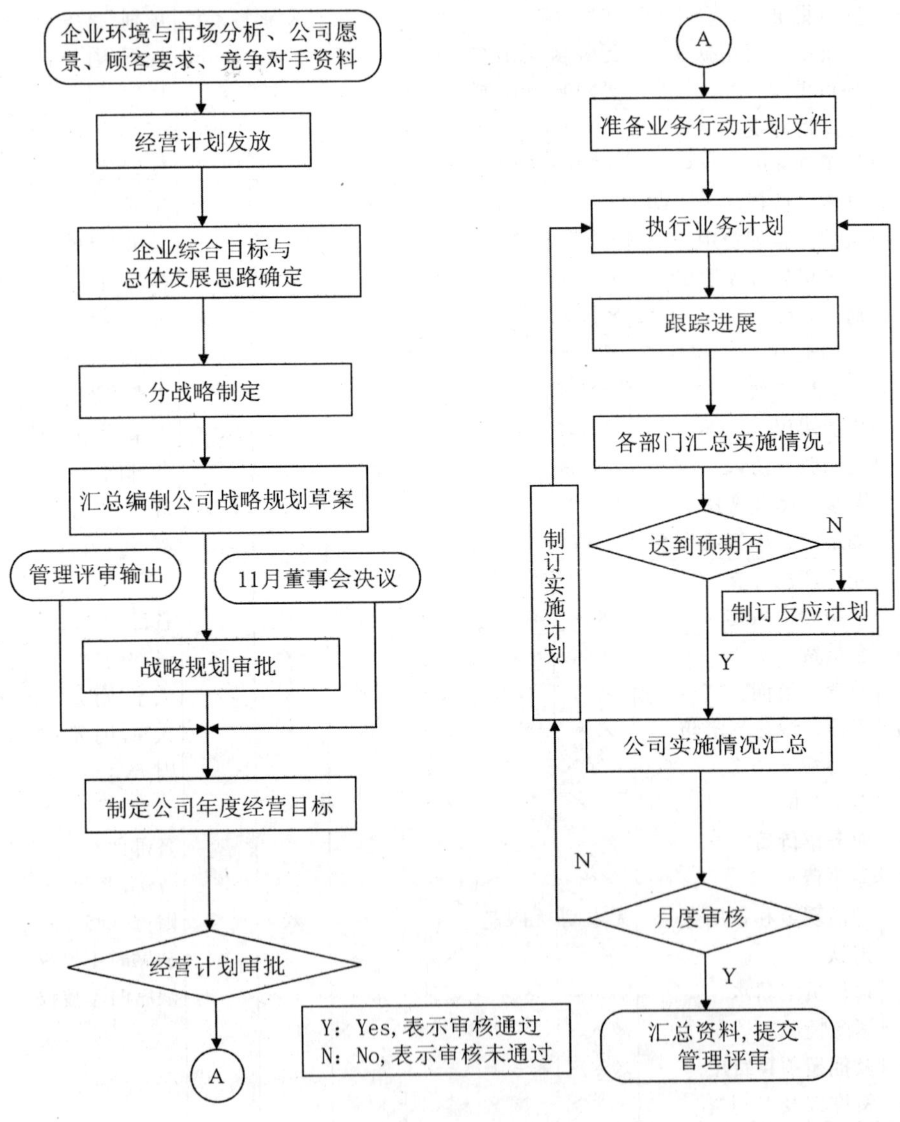

图 4—13 预算管理流程

对图 4—13 的说明如下：

（1）客户部通过杂志、网络和各种信息交流会收集本行业市场信息及竞争对手信息，每年 11 月形成市场分析报告递交中外方总经理。

（2）每年 11 月中外方总经理根据客户部的市场分析报告确定企业综合目标与总体发展思路。其内容见下表：

内容		责任部门	备注
综合目标与总体发展思路	公司核心竞争力确立与发展目标	中外方总经理	年度目标和战略目标
	组织机构优化	中外方总经理	
	质量体系改进策划	中外方总经理	
	经营目标（市场占有率、产量、盈利性等）	中外方总经理	量化的市场指标

（3）各部门制定滚动式分战略规划（按五年目标制定），其范围及责任部门划分见下表：

分战略规划内容	责任部门	备注
市场开发和营销规划	客户部	为达到目标采取的市场战术
采购产品组战略	供应链管理部	采购战略
产品（业务）发展规划	技术中心	新产品开发计划
工艺技术发展与产品质量目标规划	技术中心/质量部	收集产品开发和工艺技术发展趋势；研究最新质量标准；根据公司总体发展思路，制定公司设计、开发、工艺、材料、装备及产品质量规划、质量目标
制造基地建设和能力规划	综合管理部	现有生产能力分析及未来新项目能力规划
能源规划	综合管理部与设备管理部门	水、电、气等能源需求和配套措施

续表

分战略规划内容	责任部门	备　注
投资规划	技术中心	根据总体发展思路、工艺发展和制造基地能力规划；制定投资规划，包括技术改造、新建工厂、合资合作、兼并重组等
人力资源规划	人力资源部	人员需求、培训和管理计划
融资规划	财务部	根据总体发展思路和投资规划，制订资金筹措计划
成本规划	各部门	财务部提供公司经营数据，进行成本分析，各部门制定成本目标和措施
顾客满意度规划	客户部	识别顾客期望，制订长期满意度计划

（4）根据各部门的分战略，财务部进行初步经济预测后，对于经济效益微弱的分战略，可根据公司投资环境做筛减。最后汇总成公司的战略规划草案。

（5）战略规划的审批由经营委员会讨论后，中外方总经理审核签字，董事会批准后即生效形成下一年度开始的五年经营计划。

（6）每年 12 月末，财务部根据五年经营计划、管理评审的输出和 11 月的董事会决议，制定公司下一年度经营目标。年度经营计划内容可包括：①与市场有关的问题；②财务策划及成本；③增长预测；④工厂/设施计划；⑤目标成本；⑥人力资源开发；⑦新产品研究与开发计划、预算及已有经费的项目；⑧预期销售额；⑨质量目标；⑩质量成本；⑪顾客满意度计划；⑫员工满意度计划；⑬内部质量及运营指标。经营目标为确保其可测量，应量化。公司质量目标必须包括顾客要求，为确保顾客要求被满足，内部目标应高于或等于顾客目标要求和期望。

（7）经营计划制订后，由中外方总经理审核，董事会批准后生效。

（8）财务部应保证在每年 12 月底将批准后的下一年度经营计划按《文件控制程序》（XX-RS02）下发到各职能部门。

（9）各部门为达到其业务目标，并使目标具有可行性，必须进一步细化，制订行动计划，并落实到各岗位。

（10）业务计划的执行，通过各岗位的行动来保证。

（11）为确保业务计划被执行，各部门主管在每月的最后一次部门周例会中，检查各岗位行动计划当月完成的状况及进度。

（12）各归口部门未达到预期目标时，需在一周内分析原因，并制订反应计划（按《纠正和预防措施控制程序》进行）。各归口部门按财务部要求的数据将实际完成情况（包括完成和未完成的目标情况和今后应对的措施与计划）一起交财务部汇总。

（13）月度经营审核会由财务部组织，会前一周将评审内容（包括完成和未完成的目标情况和今后应对的措施和计划）发放给经营委员会各成员。会议由相关部门负责人就本部门的目标实施情况作汇报。会议需对汇报情况进行评议，并在会议纪要中记录。会议提出意见和建议时，责任部门需在一周内修订目标及实施计划。

（14）各部门月度目标完成的数据将作为管理评审的输入之一。管理评审时作年度经营目标是否完成的审核。具体见《管理评审程序》。所有的记录按照《记录控制程序》保存在财务部。

4.2 ERP、OA系统的使用

财务部实施内控除了以上流程、方式方法外，还应用了电子工具，以下就这些系统的电子工具逐一介绍。

4.2.1 ERP系统概况

首先就某中外合资公司应用的ERP系统（企业管理软件）的情况进行介绍。该系统重点面向中型的制造企业，尤其是汽车、电子、机械制造等行业。它能有效地管理公司的核心业务，优化供应链，加强和客户的关系，有效地得到重要决策信息。

系统整体架构如图4—14所示。

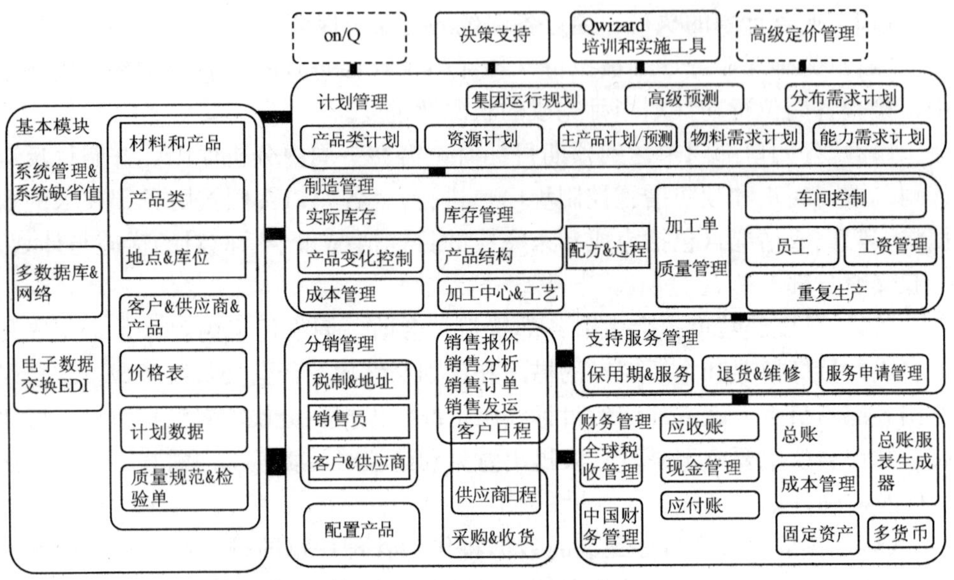

图 4－14　MFG/PRO 整体框架

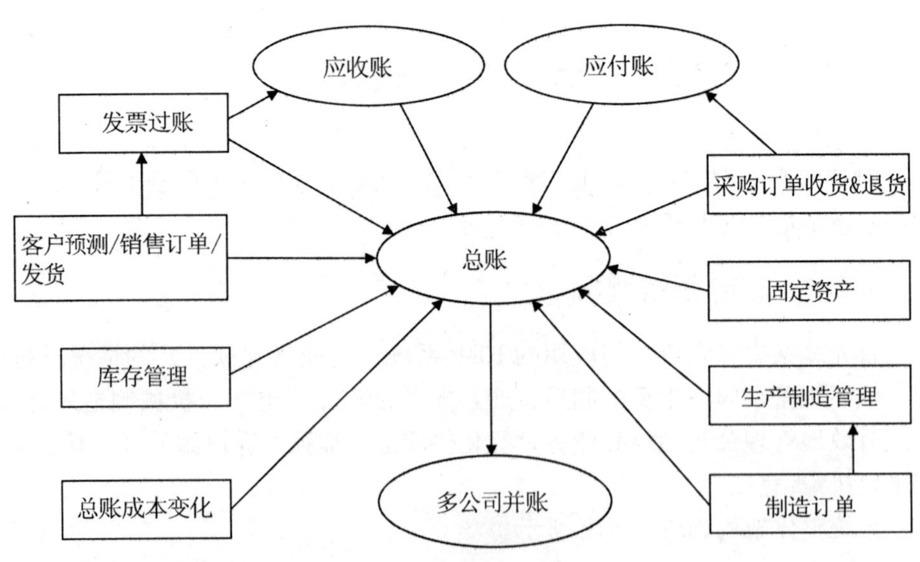

图 4－15　系统业务集成

ERP 系统各功能模块与公司业务集成介绍如下：

4.2.1.1 基本模块

主要涵盖公司业务数据的基础信息，例如，零件基础数据主要包括零件代码、零件名称、零件采购周期或制造周期、零件成本、安全库存等。

产品 BOM 结构清单主要指每个自制件的零件组成清单及单位耗用量等数据信息。

加工工艺主要指每个自制件的加工工艺路线、加工工时及生产路线等信息。

采购基础数据主要指每个采购件的采购价格、供应商信息、采购日程的维护。

销售基础数据主要指每个销售零件的销售价格、客户信息、销售日程的维护。

财务数据主要是财务账号及相应科目组成信息的维护。

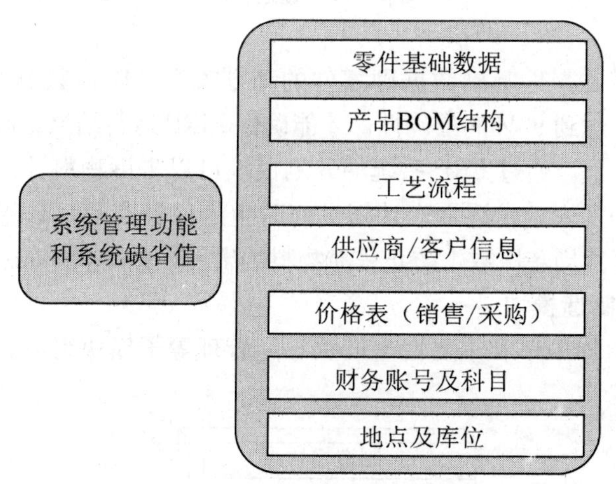

图 4—16 基本模块

基本模块的数据准确性是整个 ERP 系统的基石，是公司业务流程在 ERP 系统正常运行和维护的唯一保证。

4.2.1.2 计划模块

由客户的预测/销售订单、供应商当前的在途采购单、公司正在生产的工单及目前可供货的物料库存，通过物料需求计划（MRP）模块计算出公司将来某个时间段的计划采购订单及计划加工单。

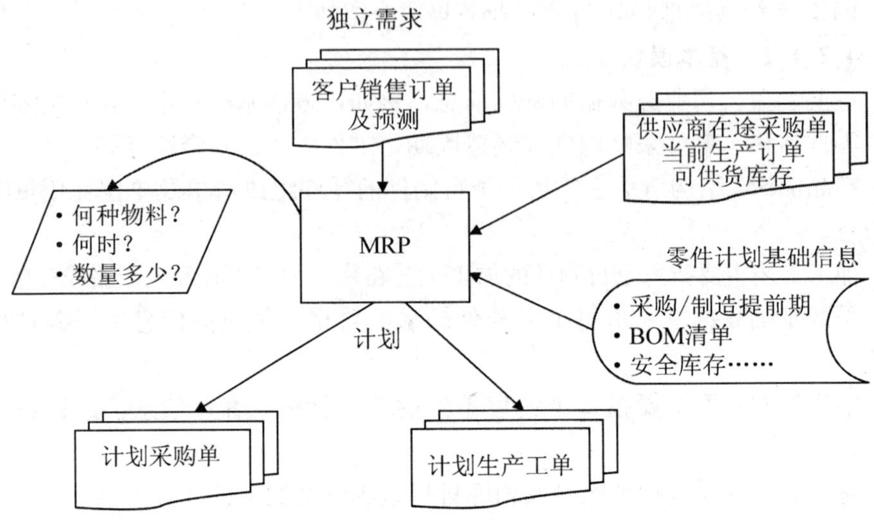

图 4—17 计划模块

计划模块需要零件基础数据即零件的计划参数、库存数据、产品 BOM 清单，客户需求要达到 90%的准确性，才能确保 MRP 运行结果正确，从而提高了公司整体管理水平。通过 ERP 系统的计划模块可以告诉物料计划员何时采购何种物料，数量是多少；告诉生产计划员何时生产何种产品，数量是多少；从而有效提高公司存货周转次数，防止呆滞物料的出现，并 100%确保客户交付。

4.2.1.3 制造模块

制造模块由加工单和重复性生产及车间管理等子模块组成。

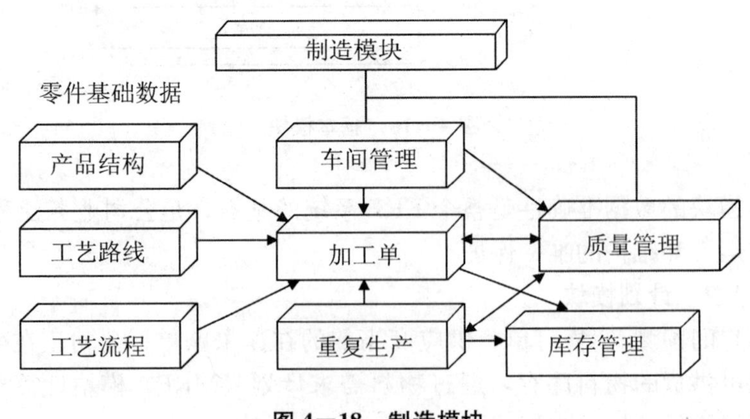

图 4—18 制造模块

ERP系统将计划生产加工单下达给制造模块，按照产品的BOM结构及工艺流程，进行模拟领料单的计算；待生产完工后，在系统中维护生产加工单入库及加工工时，系统地对整个生产加工单进行跟踪。

图4—19 重复性生产流程

4.2.1.4 分销模块

分销模块由销售和采购子模块构成。

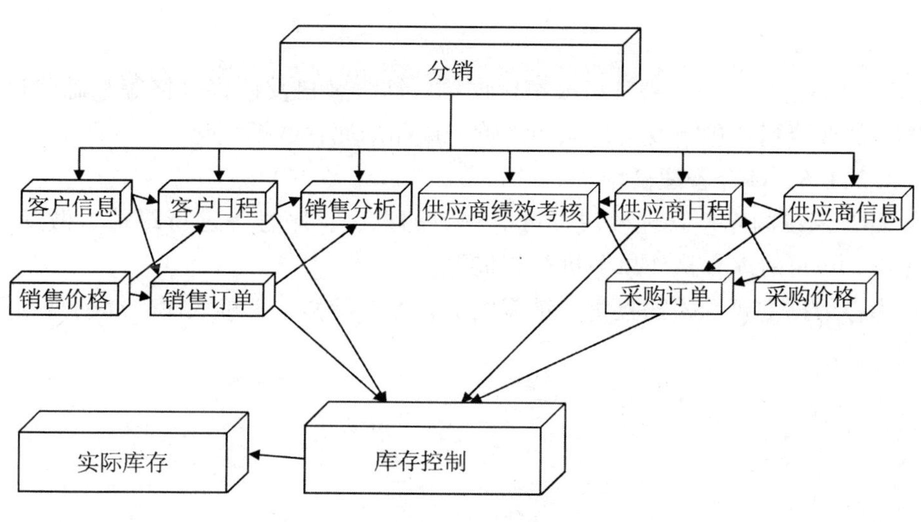

图4—20 分销模块

ERP 系统将计划采购订单通过计划/采购子模块驱动采购订单及供应采购日程的下达，并结合供应商及采购价格等基础信息，在物料到货时即可操作采购收货，从而影响物料库存数据。

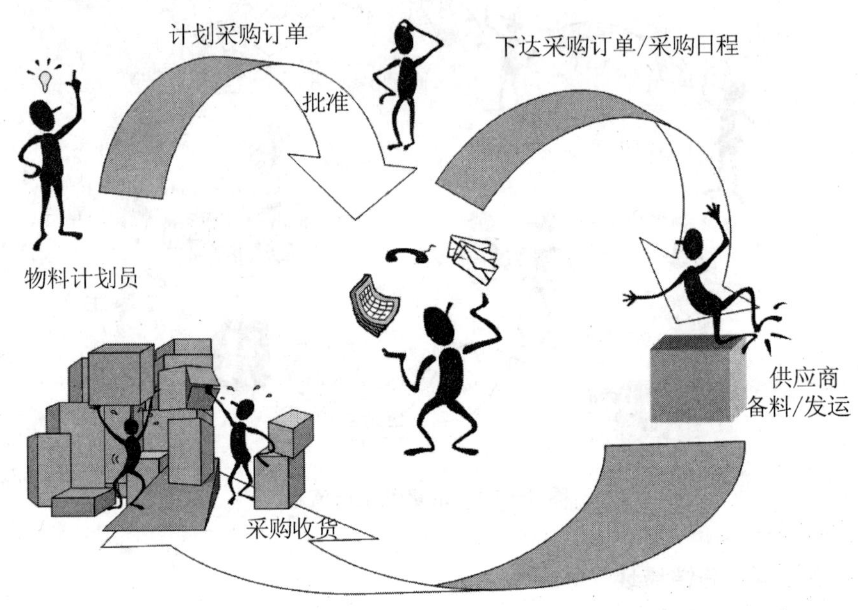

图 4—21 采购流程

ERP 系统按客户销售日程或销售订单，结合客户及销售价格等基础信息，按客户的要货指令进行发货，从而影响产成品的库存数据变化。

4.2.1.5 库存管理模块

ERP 系统的库存管理模块，可对物料的批次、序号等进行跟踪，做到先进先出，也可对库存操作事务进行查询等。

库存数据主要受采购收货、销售发货、库存转移、工单入库、周期盘点等事项的影响。

图 4－22 销售流程

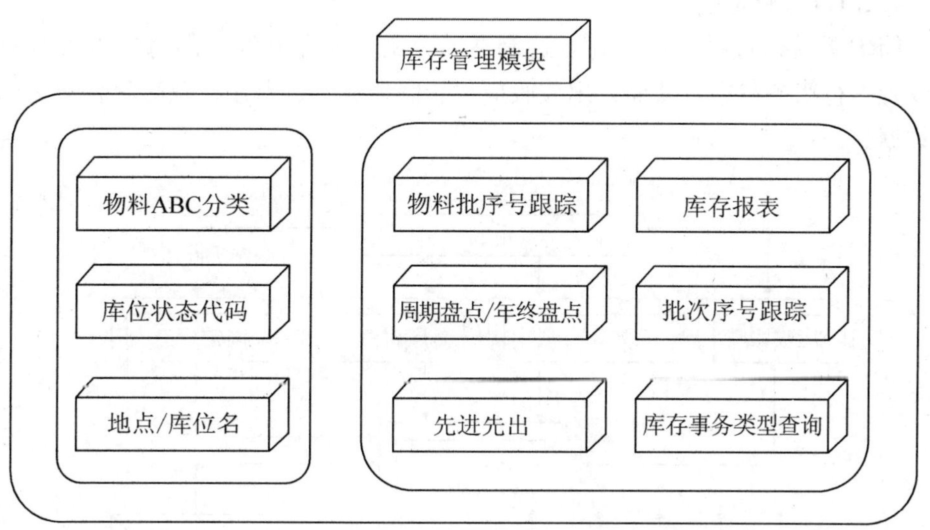

图 4－23 库存管理模块

图 4—24 库存操作流程

4.2.1.6 财务模块

ERP 系统通过财务模块将上述制造、分销、库存所发生的每笔事项按科目设置进行账务归集，从而得出应收应付、制造成本、费用、总账等相应的财务数据。

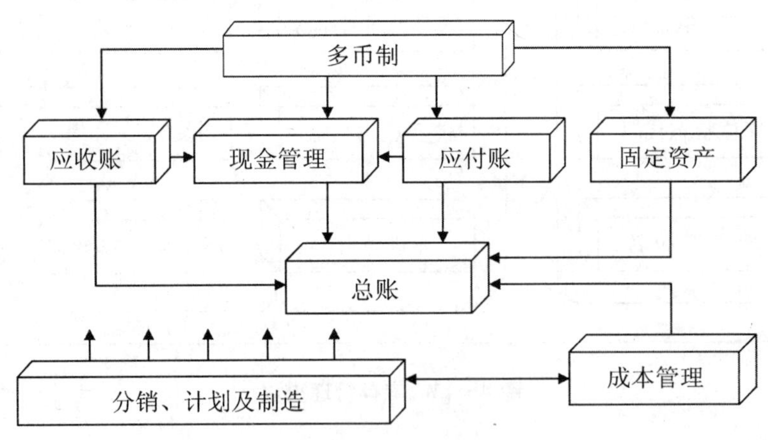

图 4—25 财务模块

当前某公司的ERP系统已正常运行近6年，该公司将实际业务流程与ERP系统提供的功能模块有效地结合起来，大幅度地提高了公司管理水平，使公司业务的运行和维护得到了有利的保障。

4.2.2 OA（办公自动化）系统概况

OA（办公自动化）系统是ERP系统的一个补充和功能扩展，它将ERP系统不能提供的审批和流程管理进行系统集成，并与ERP系统进行数据接口。OA系统专注的是无纸办公自动化，对于审批流程进行优化，对于公司的内控更加严谨，也提高了工作效率。OA系统主要涵盖的公司业务流程包括：出差申请流程、备用金借款流程、招待礼品费申请流程、采购申请流程费用报销流程、供应商付款申请流程等。

图4—26为OA系统和ERP系统的接口介绍。

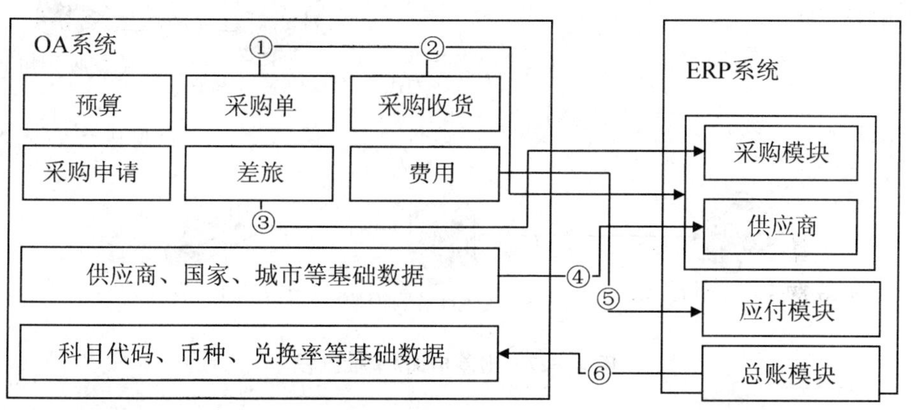

系统接口描述：

① OA产生的采购单导出到ERP产生的采购订单。

② OA的采购收货导出到ERP产生的PO（订单）收货。

③ OA的差旅费用进入ERP里产生订单和收货。

④ OA新建的供应商导出到ERP里。

⑤ OA费用报销在ERP里生成应付凭证。

⑥ ERP的科目代码、货币、兑换率等导出到OA进行同步。

图4—26 OA系统和ERP系统的接口介绍

4.2.2.1 出差申请/审批流程

用户通过OA系统填写差旅申请，选择是否需要公司订票或是否需要借款，OA系统在接收到用户申请后，通过后台判断审批流程，并邮件通知下一个审批人登录 OA 系统进行审批，直到审批完毕，申请人立即接收到邮件被告知审批结果。申请人也可以随时登录 OA 系统查询自己的申请已进入到哪个审批环节。

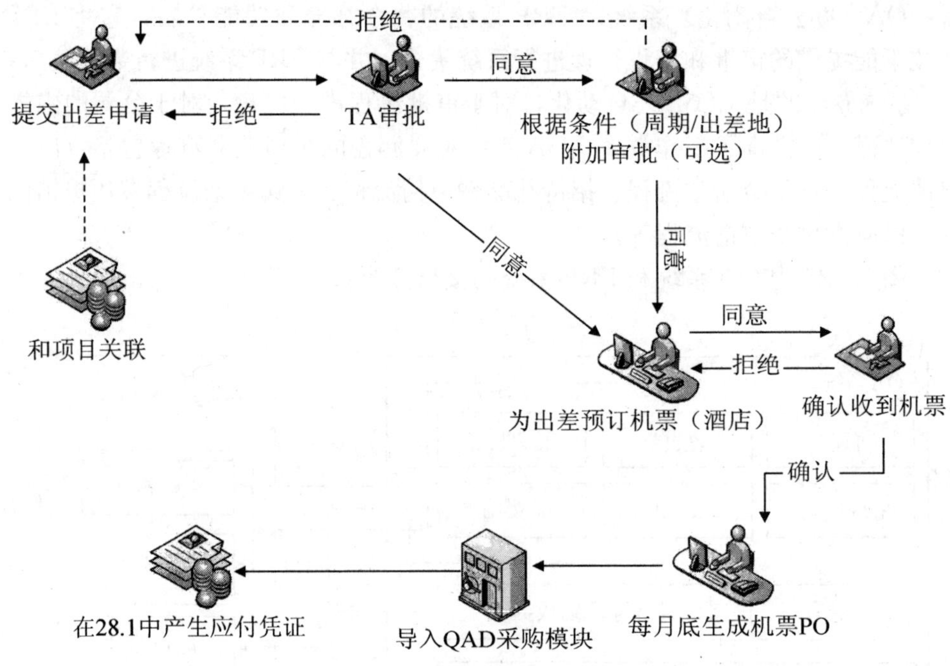

图 4—27 出差申请/审批流程

4.2.2.2 采购申请流程

这里指的是非库存物料的采购申请，由需求用户在 OA 系统中提交申请，OA 系统得到用户的申请开始进入采购流程，系统在后台根据初始化条件来设置审批路径，并且通过邮件通知用户在 OA 系统中进行审批。

4.2.2.3 备用金（招待礼品）申请/报销审批流程

费用报销主要涉及公司员工的差旅报销、的士费报销、招待及礼品费报销等审批。

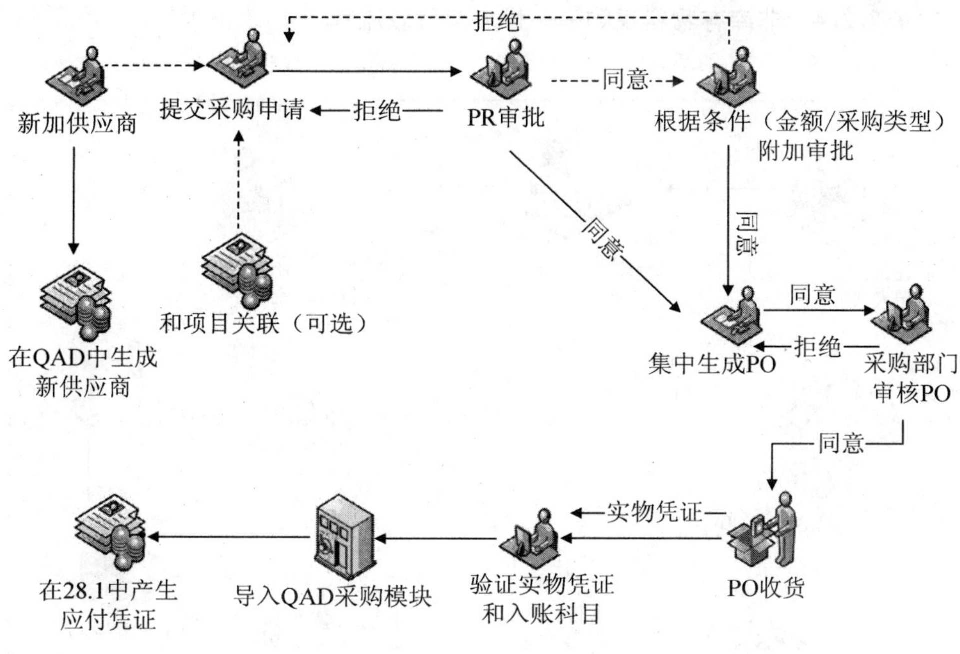

图 4—28　采购申请流程

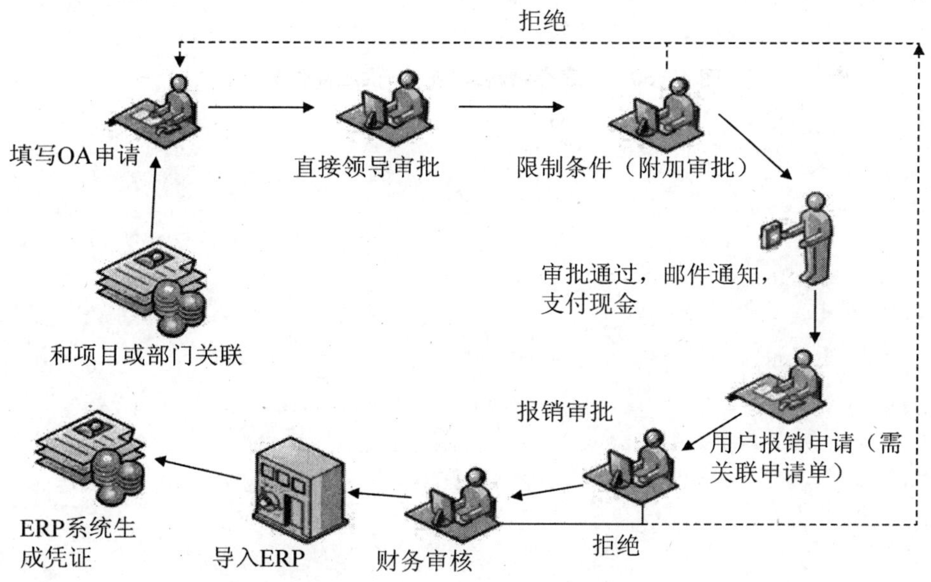

图 4—29　备用金（招待礼品）申请/报销审批流程

4.2.2.4 非库存物料采购——供应商付款流程

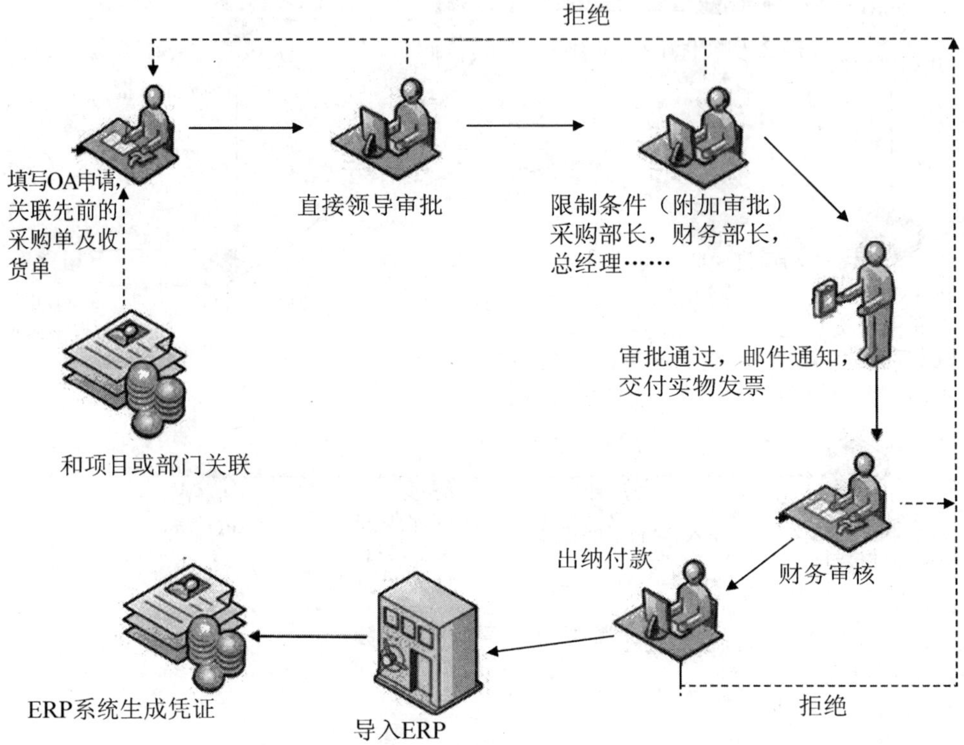

图 4—30 非库存物料采购——供应商付款流程

第 5 章　人力资源管理

人才是企业最宝贵的一种资源，堪称事业的基石。成功的领导者无不十分重视人才。人才即一切，有一流的人才，才能有一流的公司。每位领导者的重要职责之一就是使员工独立地开展工作、为他们提供发展的空间和机遇，做到知人善任。怎样在公司总的工资预算体系下建立核心的人才库，是人力资源管理的一个重点。各家企业招聘人才的办法大同小异，但人才招进来后怎样培养、留住人才和激励人才的潜力更好地为企业服务，是企业的重点和难点。下面就培训体系的建设、后备干部的培养与任命、人才的发展体系（Personnel Development Committee，PDC）做一些介绍。

5.1　培训体系的建设

人力资源部每年年底，根据公司业务计划、人力资源状况、各部门人员需求、增/减员计划及培训计划编制下一年度公司的人力资源管理计划，确定人力资源战略目标，报公司中外方总经理审批。

5.1.1　人力资源管理计划

人力资源部负责人力资源管理计划的策划与实施，明确岗位需求，策划岗位描述，在各部门的支持下确定所有工作人员应掌握的工具和应具备的能力，建立人才储备，提供适用的人力资源计划。针对计划，实施培训，开展绩效考评，实施员工激励，开展员工满意度调查，确保员工具备本岗位所需技能，认识所从事活动的相关性和重要性，以及如何为实现质量目标做出贡献，并对人力资源管理计划的实施进行监控与持续改进。

总的来说，人力资源管理计划应包括以下几个内容：

（1）总体规划：根据公司战略确定人力资源管理的总体目标和相关政策。

（2）人员配备计划：中长期内不同职务、部门或工作类型的人员的分布状况。

（3）培训开发计划：培训对象、目的、内容、时间、地点等。

（4）制订并实施绩效考核与薪酬福利计划：个人及部门的绩效标准、衡量方法；薪酬结构、工资总额、福利项目的对应关系等。

为激励员工开展质量改进，可采取开展合理化建议、零缺陷活动、张贴宣传、竞赛活动、培训信息、交流会、表彰、研讨会等活动调动员工对质量改进的积极性和提高质量意识。同时，定期对员工满意度情况进行调查，以持续改进公司软硬件环境，为员工提供更适宜的环境，激励员工为实现质量目标做出贡献。

5.1.2 员工培训

人力资源部收集培训需求，制订年度培训计划，报公司中外方总经理批准后组织实施。

5.1.2.1 培训需求提出

（1）各部门根据公司战略目标和部门业务发展需要，每年年底提出本部门下一年度的培训需求，当年度中间出现新的培训需求时，及时填“员工培训申请表”，提出培训需求。

（2）客户部负责收集并确定顾客特殊需求，提出培训需求。

（3）项目组负责提出与新项目相关知识的培训需求（包括项目组成员、生产作业人员、检验与试验人员等）以及产品设计人员所应掌握的工具和技术的培训需求。

（4）员工根据个人职业发展计划与本部门工作需要，每年年底填写“培训需求征询表”，提出下一年度的员工培训需求，经部门经理批准后报人力资源部。

（5）技术中心负责提出设计人员必须掌握的工具和技术的培训需求。

（6）产品安全特性、顾客特殊要求、统计技术以及不符合质量标准会给顾客带来的后果，这些要求是公司必须在全体员工中展开的培训内容。

5.1.2.2 培训计划变更

（1）计划外的临时培训，需求部门至少提前一周，将“培训申请表”报人力资源部部长批准后，方可组织实施。

（2）计划外的临时培训包括：新招员工、岗位变动；年度培训计划中未包括的：新工作程序、新产品/新设备投入生产前人员培训、新项目小组成员岗位培训、人才储备、人员资格审定；其他临时提出的培训需求等。

5.1.2.3 培训方式

（1）培训分为内部培训和外部培训、课堂培训和现场培训、公司级培训和部门级培训。

（2）参加公司外部培训的员工要做培训小结，呈交培训资料，报人力资源部存档。

（3）公司级培训由人力资源部组织实施，侧重于知识性和理论性培训。

（4）部门级培训由各部门组织实施，报人力资源部备案，侧重于专业技术和实际操作方面的培训。

5.1.2.4 实施培训

（1）新进员工由人力资源部组织培训，工厂、质量部等其他部门协助完成入厂培训。内容应包括公司介绍、企业文化、人事制度、薪酬福利、质量体系、安全消防、产品介绍、主要工序等。

（2）新录用大学生经入厂培训后应由所属部门根据其岗位要求制定为期三个月的实习提纲。每个实习人员应指定一名工程师指导，不定期与指导人沟通。实习期满后由指导人员与所属部门一起对实习人员进行考评。

（3）转岗员工由部门主管接到员工上岗或转岗通知一周内，提出培训需求，人力资源部组织实施在职培训，岗位培训时间进度由各部门主管决定。

（4）小时工岗位培训，由各相关部门根据公司上岗证考评标准由人力资源部组织协调完成，并形成公司上岗考评记录。其有效性评估分两阶段来评定：岗位培训结束后进行第一次有效性评估；试用期结束后试用期满评估表意见作为第二次有效性评估结论。在有效性评估前，小时工经培训后应在班长的监控下生产产品。薪水工岗位培训由各部门将其岗位职责、部门内部相关工作流程、部门之间相关工作流程进行培训并相应进行有效性评估。待试用期结束后部门根据其个人能力情况提出待提高方面及进一步培训需求，培训需求视紧急情况可纳入临时培训计划或下年度培训计划。

（5）新项目负责人确认新增的特殊工序，提出培训需求，人力资源部组织实施培训。

（6）各部门领导负责告知本部门所有从事对质量有影响的工作的人员，不符合质量标准会对客户造成的后果，确保员工了解所从事活动的相关性和重要性以及如何为实现质量目标做出贡献。

（7）对特殊工种、特殊工序、专业人员的资格，按规定的时间间隔进行考核，并重点关注对客户要求的满足；对负有产品设计职责的人员，必须进行必要的考核，以确保这些人员有能力达到设计要求并熟练地掌握适用的工具和技术。

5.1.3 培训效果评估

（1）评估方式。除一次性大型讲座以外的培训项目均应进行培训有效性评估。评估方式可采用学习测验、问卷调查、模拟练习、座谈会、心得报告、抽样笔试、员工访谈、主管访问等多种形式。抽样标准是在所有参加该项目培训人员中任意抽60%的人员作为评估对象。

（2）评估结论若为有效率达不到80%，则判定该培训项目培训无效，该培训项目重新进行培训；评估结论为有效，但抽样评估时未达标的人员重新进行培训。

（3）人力资源部负责培训大纲、教案、考试成绩及教学小结归档保存，并输入员工培训档案。

5.2 后备干部的培养与任命

公司干部是指部门经理、职能经理、项目经理、专家等在公司管理、技术、党群等各类岗位担任各级经理职位的人员。公司本地化干部的等级从低到高分为股级、科级、分部主任级、部长级等。专家分两个等级，专家和资深专家。专家等同于科股级经理级别，资深专家等同于分部主任和部长级别。一般部门（工厂）、科（车间）、项目组、少数管理难度和幅度较大的部门设分部，干部则相应配备。公司人力资源部是干部任免的归口管理部门。根据工作需要并在符合编制和预算的情况下，对需要任用的干部候选人由人力资源部负责考核和推荐。人力资源部根据员工日常表现情况和个人职业生涯规划，按干部选拔任用的原则进行各级后备干部的甄选、培养和推荐。后备干部要从德、能、勤、绩、廉和执行力六个方面进行考核和评价，对考核不符合要求的员工不再列入后备干部名单，并不予提升。

5.2.1 干部任用原则

（1）“德才兼备，以德为先”的原则（从德、能、勤、绩、廉和执行力六个方面考核），既注重才能和业绩，又注重品德和操行。

（2）公开、平等、竞争、择优的原则，引入竞争机制，做到能上能下。

（3）工作需要和胜任工作的原则。

（4）公司内部优先选聘的原则，管理干部在同等条件下，优先从公司内部招聘，技术干部在公司内部招聘不能满足需要时，可从外部招聘。

（5）严格按照编制的预算和条件配备的原则。

5.2.2 干部任职基本条件

（1）符合任职岗位的素质要求。

（2）从一般薪水工新提拔的干部，原则上应具有大专以上文化程度，年龄一般不超过40周岁。

（3）从内部提拔的干部，在公司工作至少两年以上，一般应为公司后备干部。

5.2.3 干部提升

（1）根据公司发展的状况和需要，滚动确定干部需求编制，报董事会批准预算。

（2）每年绩效评估后，各部门根据人力资源部的要求推荐部门年度后备干部。后备干部应按德、能、勤、绩、廉、执行力六个方面的基本要求在部门业绩排名前20%的员工中产生。以部门（或工厂）为单位推荐1～2名后备干部，特殊情况不超过3名。

（3）在公司发展和需要时，公司可安排属于年度后备干部的一般薪水工代行干部职责，如工程师级项目经理、工程师级部门负责人。代理干部岗位是公司培养干部的重要步骤和提升员工领导能力的重要手段。工程师级项目经理和工程师级部门负责人不作为公司干部进行管理，但经过6～12个月考察表现杰出并有工作需要的，可提升为股级经理。

（4）公司鼓励员工（包括现职干部）到公司所属外地分或子公司、工厂或办事处进行中长期工作，由公司派出到外地有中长期工作经历的员工在同等条件下，可被优先选聘为干部或得到晋升。

（5）公司员工（包括现职干部）的提升，采取由低到高逐级提升的原则，特殊情况由于工作需要，也可以越级提升。

（6）一般薪水工在公司管理、技术、党群等岗位工作2年以上，最近至少连续两年绩效评估排名在部门同类人员中居前20%，其现实表现杰出或好于预期的后备干部，在工作需要时可作为股级经理候选人向公司推荐。

（7）股级经理在任职超过2年表现杰出，任职后至少连续两次完整年度绩效评估排名在部门同类人员中居前 20%，并且在工作需要时可提升为科级经理。

(8) 科级经理在任职期内最近连续 3 年绩效评估排名在同类人员中居前 20%，最近一次居前 10%，其现实表现杰出者，在工作需要时可作为分部主任级经理向公司推荐。

(9) 分部主任级经理最近连续 3 年绩效评估排名在同类人员中居前 20%，最近两次居前 10%，其现实表现特别杰出者，在有工作岗位和工作需要时可作为部长级经理向公司推荐。

(10) 党群干部在符合上述条件的同时，还要符合党委对党群干部任职条件和考核的要求。

(11) 在公司管理和技术干部任免时，需要征求公司党委的意见，经公司党委讨论同意后，报公司中外方总经理共同批准任免；党群干部在任免前，需要征求公司中外方总经理意见，由公司党委任免。

(12) 对所有级别的干部，初任该级别职务时均有 3 个月或 6 个月的试用期；特殊情况延长试用期。试用期满未通过考核的，取消该级别和职务，保持原有级别和职务不变。

(13) 所有干部的选拔除有期限、业绩和能力要求外，同时要符合编制和预算的要求，也可以根据合资公司的实际需要进行设置。

5.2.4 干部免职或降职

对违反国家法律法规和公司相应管理规定和制度的干部，可视情节轻重予以降职或免职。年度绩效评估表现不合格的干部，职级降一级使用，如果第二年表现杰出者，在编制允许和有需求的情况下可恢复原有职级；年度绩效评估连续 2 年不合格或连续 3 年达不到预期的干部予以免职。因岗位撤销或岗位合并需减少干部职数的，退出的干部在没有新的干部职位或有职位但不适合担任时，应予免职，并安排适当的工作。因健康原因不能履行本岗位职务满 6 个月，应退出现岗位。返回公司工作时，在没有新的同级职位或不再适合担任原岗位职位时，应降职或安排适当的岗位。

5.2.5 待遇

对公司认可的代理干部岗位的工程师级项目经理和工程师级部门负责人，不调整工资。但在负责期内公司视个人工作的责任和难度情况给予一定的津贴。在完成工作任务后，工程师级项目经理在项目 SOP 3 个月后没有接手新项目，工程师级部门负责人不再担任部门负责人职务时，取消津贴。提升为干部的员工或干部得到提升的，在试用期内，保持原有待遇不变。试用期满考核合格的，按岗位、职级、个人能力和业绩确定工资。得到提升的员工（包括现职干部）试用期考核合格后，半年内如公司为员工进行年度调薪，本次薪水只酌情调整，最高不得超过董事会批准的公司员工平均调薪幅度的一半。

由于业绩原因或违反公司相关制度被降级使用的干部，重新定薪。薪水不高于该级别或岗位的中位值，如降低幅度不到15%的，按15%执行。由于合并、撤销岗位退出的干部，6个月内保留原工资标准，6个月后执行新岗位的工作标准。在新岗位定薪时酌情考虑历史贡献，以该级别岗位中位值为基础。由于身体原因退为一般薪水工或由于其他原因被免职的干部，按岗位重新定薪。由于干部管理不善造成本部门员工违反公司《员工违纪处理办法》的规定受到警告及以上处分的，在调薪前一年内，达到两人次或以上的，年度调薪不得超过董事会批准的员工平均调薪幅度。一年内干部岗位有变化的，分开累计计算。干部提升时，新工资从完成试用期评估并考核合格当月执行。由于业绩原因或违反公司相关制度被降级使用的干部，新工资从下月起执行。由于身体原因退出到一般薪水工岗位或被免职的干部，新工资从下月起执行。由于合并、撤销岗位退出的干部，新工资标准从退出后的第7个月起执行。

5.3 人才发展体系

对人才的培养既是公司战略发展的必然选择，同时也应成为各级管理人员的共同使命。对员工来说，成才取决于自身的意愿和选择，并应与公司的发展紧密相连，因此，员工应成为“公司发展的主人、自身发展的设计师”，在工作中主动获取新知识，提高自身竞争力，表明发展志向，积极寻求在公司发展的机会，在与公司的共同发展中实现自身价值的最大化。对管理人员来说，应该成为“第一人事经理，第一培训经理”，积极为员工的发展创造机会、提供舞台，努力提高员工的竞争力，并客观地、公正地评价员工，成为识才之“伯乐”。

公司致力于建立人才培养的系统工程，从规划和实施人才战略以支持公司总体发展战略的高度出发，形成完善的管理机制和与管理机制相适应的环境，使员工处于自主运转与企业发展互动的状态，即员工的个人发展志向与公司发展的需要相结合。人才发展培养委员会（Personnel Development Committee，PDC）就是公司人才培养机制中代表公司实施推荐、评价、培养人才的专门运作机构。全体管理人员都是各层次 PDC 的成员。

下面介绍从管理人员的角度运作 PDC 机制的方法和步骤，旨在帮助管理者了解、熟悉 PDC 的工作理念，掌握工作程序，更好地承担起人才培养的责任。

公司鼓励员工在实现组织目标的过程中多元化地发展自身，只要是能够满足企业发展的要求，能够在岗位上比别人做得更好的员工就能够成为公司需要的人才。

根据战略发展需要，一般公司会为员工设立管理干部、技术专家两个发展方向：

（1）管理干部是指在公司担任各级经理职务，承担管理职责的人员。

（2）技术专家是指在公司设定为重要且市场紧缺的技术领域中的业务骨干。

下面就管理干部、技术专家这两类人才的发展方向，某合资公司制定了 PDC 运作模式，如图 5－1 所示。

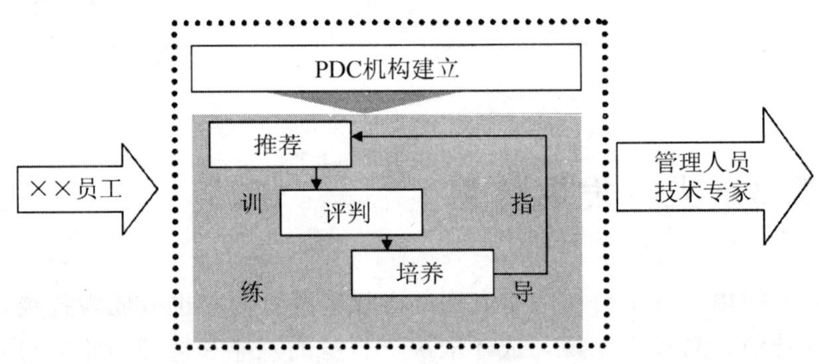

图 5－1　PDC 运作模式

在这一模式中，PDC 工作是在“PDC 机构建立”的基础上，通过“训练指导”、“推荐”、“评判”与“培养”等工作来实现。以下将对具体的内容逐一进行介绍。

5.3.1 PDC 机构建立

作为 PDC 成员，应了解 PDC 的组织架构和职责、各层次 PDC 的组成人员和各自的角色，以及在PDC运作中的有关制度。

作为管理者，应能够做到：参与相应的PDC组织，定期并有计划地参与PDC会议，履行PDC成员的职责。具体框架见图5—2。

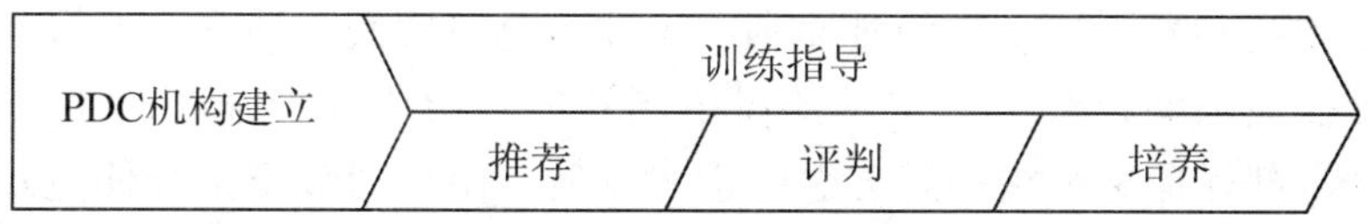

图5—2 PDC机构建立

5.3.1.1 PDC组织架构及职责

PDC采取多层次运作的方式。目前主要建立PDC-1、PDC-2两个层次的PDC组织。各层次PDC组织根据要求，既相对独立又互有关联地开展工作，形成公司内的人才发展培养网络。各个层面PDC的主要职责根据其工作对象的不同而有区别。整个PDC工作的启动从PDC-2开始。具体组成架构及职责见表5—1。

表5—1 PDC组成架构及职责

PDC层次	工作对象	组成人员	主要职责
PDC-1	厂长、部长、分部主任、科长、股长	中外方总经理和党委班子成员	■批准各级管理后备及技术专家 ■制订并实施各级管理人员、管理后备/技术专家培养计划 ■确定提升名单
PDC-2	一般员工	厂长、部长、分部主任、科长、股长	■对下属员工实施日常的训练指导并制订本部门员工培养计划 ■推荐一般员工培养和提升计划 ■评价A、B级潜质的员工培养计划 ■制订轮岗计划

注：PDC-2分成两部分：一部分为工厂；另一部分为公司各部门。

5.3.1.2 PDC的管理制度

PDC的工作主要通过会议形式开展。PDC会议倡导开放、信任、平等的氛围，充分、坦诚地讨论是保证最终达成公正、一致意见的前提。所有参加

PDC 的人员必须遵守保密纪律。

（1）PDC 会议规则。

会议有效的条件：成员必须超过半数出席。

会议方式：集体讨论，达成共识。

决定规则：采用民主集中制原则，中外方总经理拥有最终决定权（但所有行政干部任免须事先经过公司党委讨论同意后，由中外方总经理共同签字批准；党群干部任免须征求中外方总经理意见后，由公司党委批准任免）。

会议纪要：由人力资源部形成会议纪要并存档，会议纪要提交 PDC 成员。

（2）PDC 保密制度。PDC 会议中讨论资料仅限于在会议中使用，会议结束后需要收回。会议纪要的格式是工具，会议纪要的内容是输出的结果。

5.3.1.3　PDC 运作流程

××公司 PDC 运作流程如图 5—3 所示。

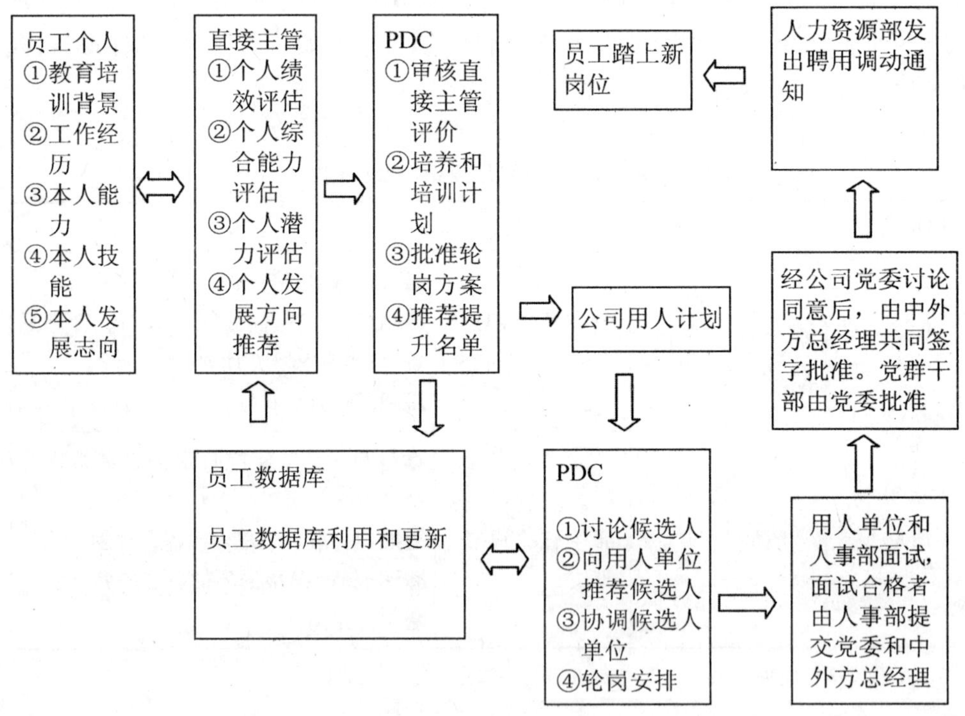

图 5—3　××公司 PDC 运作流程

5.3.2　训练指导

训练指导是各级管理者在日常工作中对员工的发展所应承担的教练职责。作为 PDC 成员，应该经常地对员工进行交流指导和工作训练，使员工自主提升工作技能，并使之转化为工作绩效。

作为管理人员，应该能够：对员工进行岗位技能提升方面的指导，指导员工提出具有针对性的培训需求，在日常工作中训练员工把学到的工作技能转化为工作绩效。

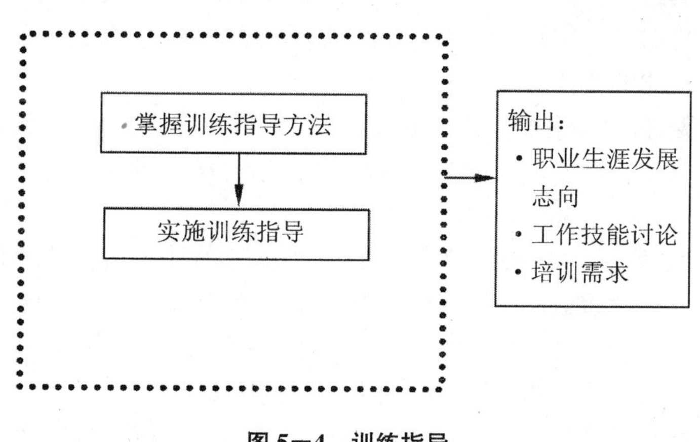

图 5—4　训练指导

5.3.2.1　掌握训练指导方法

训练与指导的目的是提升员工的工作技能，并使之转化为工作绩效。员工的技能提升可以用图 5—5 来说明。

图 5—5　通道模式

传统理论告诉我们，要使员工的工作技能提升，就得加强培训。因此，人们往往在“新技能培训”上投入大量人力、物力。

"新技能培训"的前期将经过两个环节："自我洞察"和"激发需求"。

所谓"自我洞察"是指员工知道自己应该在哪些方面进行提升。这种自我意识主要来自员工对自身现状与未来目标之间差距的认识。

所谓"激发需求"就是要促使员工产生为了在组织中更好地发展，自愿投入时间和精力去提升技能的内在动力。这就需要通过各级管理人员对员工进行交流指导，让员工意识到自身的现状与组织对其要求之间存在的差距，促使其产生弥补差距的内在需求和行动。

而在"新技能培训"后期还应经过两个环节："实践"和"责任"。

所谓"实践"是指员工是否有机会在实际工作中运用学到的新技能。通过各级管理人员向员工提供实践新技能的机会，并加强对员工的工作训练，是促使其掌握新技能的最佳途径。

所谓"责任"，就是赋予员工更高的工作目标，使之将工作技能真正用于提高工作绩效。这是公司对员工进行培训的终极目标，而这一过程也帮助员工实践了新技能，是一个双赢的结果。

如图5—5所示，五大环节构成了员工技能提升，并进而转化为绩效的"通道模式"。从"通道模式"可以看到，若单纯地强调"新技能培训"，则会存在培训效果不佳、目标不明的状况；而单纯地加强"责任"，对员工的发展只会是拔苗助长，这些都没有提高通道的整体疏通能力。

从目前的状况来说，"激发需求"和"实践"是员工技能提升通道中的"瓶颈"，把这两个方面的工作加强，就能使通道畅通，提高"新技能培训"的效果，最终提升员工工作绩效。因此，交流指导、工作训练应该成为各级管理人员日常培养员工的重点。

5.3.2.2 实施训练指导

（1）交流指导。《职业生涯调查》（见附表5—1）和《工作相关技能讨论》（见附表5—2）中的员工自评都是提供员工进行"自我洞察"的工具。作为管理人员可以据此了解员工对现状的自我认知及他们的发展意愿和目标等信息，帮助员工寻找差距，校正其"自我洞察"；同时，通过一年一度的考核和反馈以及《工作相关技能讨论》，让员工了解公司对他们工作业绩的评价、工作技能的要求，帮助员工分析自身优势和不足，促使他们明确当前影响其工作业绩和发展的最重要且最迫切提升的关键工作技能项，激发员工为达到公司要求而产生内在动力，自发产生培训的需求，并转化为具体行动。

图5—6显示与员工交流指导的框架。

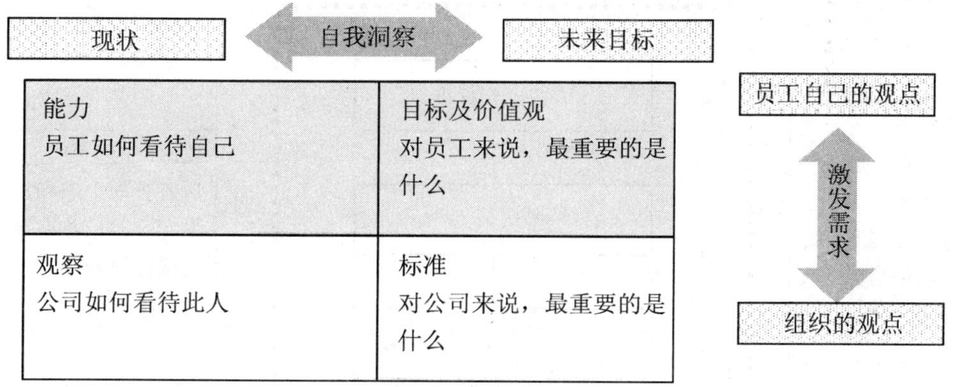

图 5—6　与员工交流指导的框架

（2）工作训练。工作训练就是管理人员在日常工作中促使员工将培训的技能运用于实际工作中。通过年初《年度业绩目标》（见附表 5—3）的制定和日常不断完善业绩目标的过程，可以对员工提出更高的工作要求，促使他们认识到学习新技能、提升日常工作技能的重要性和紧迫性。

5.3.3　推荐

作为 PDC 成员，应在了解公司对管理人员/管理后备、技术专家的评价标准的基础上，围绕标准，从观察员工入手，通过与员工的交流，辅以第三方测评结果，向 PDC 推荐符合条件的员工。

作为管理人员，应该能够：运用多种方式、通过多种渠道了解下属员工，撰写推荐报告，然后运用排名法进行比较（见图 5—7）。

5.3.3.1　了解评价标准

人品比人才更重要，责任心比能力更重要。要成为某公司的人才，必须具有该公司的价值理念，因此，“品德/价值观”标准是推荐、评价人才的先决条件。具体品德/价值观标准见表 5—2。

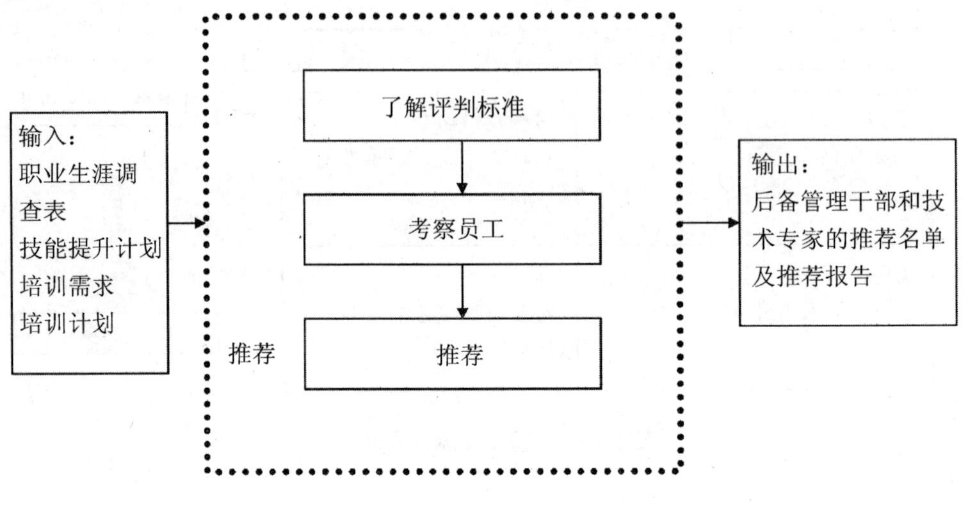

图 5—7 排名法比较

表 5—2 品德/价值观标准

品德/价值观标准
■ 正直 遵守国家法律法规，遵守纪律与公司程序规范，良好的职业道德；以廉洁/道德的标准与上级组织、客户、社会机构及周围的同事交往，值得他人信任。
■ 责任心 从言行中反映出认同公司的价值观、目标，以公司目标为己任，对自身有高要求，在规定的时间内能克服各种困难完成工作任务，具有高度的敬业精神。
■ 客户导向 具有为内/外客户服务的意识，能够满足并超越客户期望。
■ 团队意识 重视与他人的协作，创造并维护一个共同成功的工作氛围。
■ 创新/持续改进 与时俱进，不墨守成规，勇于改变现状，能持续改进工作，对于建设性的批评能积极响应并改进，寻求创新方法解决问题，创造价值，与众不同。

在符合“品德/价值观”的基础上，对后备管理干部和技术专家有不同的评价标准。

（1）后备管理干部的评价标准。后备管理干部的评价标准主要包括“核心领导能力”、“工作业绩”及“核心经验”三个方面。“核心领导能力”一般是较难传授和培养的，主要通过甄选；"工作业绩"是反映"核心领导能力"的重要途径之一，这两个方面是作为推荐管理后备的重要因素。"核心经验"一般可以通过后天积累和培养，因此，可以通过对后备管理干部的培养，使其具备"核心经验"。

在选拔管理人员时，"核心领导能力"、"工作业绩"和"核心经验"三个方面缺一不可，具体可参照表5—3。

表5—3　后备管理干部的评价标准

核心领导能力
■ 学习力 兴趣广泛，从多种途径坚持学习，能举一反三，融会贯通，从错误中吸取教训，应用于实际中，在本领域保持领先。
■ 执行力 关注结果，严谨高效，能扫除前进途中的障碍，控制并确保行动的有效性。
■ 决策力 在信息不明朗、不确定的情况下，能保持自信，敢于做出决策，并能确保所作决定与公司战略的一致性。
■ 协调力 善于组织和协调各方资源，发挥他人长处，善于沟通交流，疏导认识，统一意见，掌控局面。
■ 洞察力 多角度系统思考，考虑问题能跳出局部看全局，跳出当前环境的局限看未来；善于透过现象看本质，辨识风险和机会，从变化中看到积极有利的一面。
工作业绩
■ 工作业绩 在本部门工作业绩突出。
核心经验
■ 精通本部门业务 精通本部门核心业务。
■ 轮岗经验 具有3次以上的部门内或跨部门轮岗经历。

（2）技术专家的评价标准。技术专家的评价标准主要包括“工作业绩”、“业务水平”和“传授”三个方面。“工作业绩”和“业务水平”均是可观察的、已经显现的因素，“传授”则是个人意愿和实际结果的综合反映。具体可参照表5—4。

表5—4 技术专家的评价标准

■ 工作业绩 已经成为部门、公司某一领域的业务骨干/专业带头人；在部门业绩排名位于前30%。
■ 业务水平 精通所从事工作领域的业务，技术上有专长，能够解决他人难以解决的问题，能预测可能的结果或阻碍；善于进行有建树的、系统化的思考；能够创造性地持续提高或扩展业务专长；追求高质量。
■ 传授 能把自己的专业业务知识和经验指导、传授他人。

5.3.3.2 考察员工

考察员工就是从员工行为中获得员工是否符合评价标准的信息，是PDC推荐前的工作。采用观察的方式，能够多角度、多渠道地获得信息，在一定程度上保证推荐和评价的全面性、客观性和正确性。

观察是了解员工最直接的方式。客观地进行观察对进一步推荐和评价至关重要。

（1）观察的内容。主要为员工的行为事例：观其行甚于听其言；典型事件、项目等；工作范围及非工作范围。

（2）观察的原则。主要为STAR原则。

S—SITUATION（情况），他所面对的环境情况是什么？

T—TASK（任务），他需要完成的任务是什么？

A—ACTION（行动），他采取了什么行动？

R—RESULT（结果），他的行为带来的结果是什么？

（3）记录的方法。主要为写实和抓住典型：按STAR原则，确切地、如实地描述；典型的事件更甚于一般的事件；描述一件事优于先判断一件事。

（4）观察的误区。

1）未宣扬的行为——你可能只注意那些经过汇报的工作，而没有注意到未宣扬的行为。其实，未宣扬的工作更能反映一个人的实际情况。

建议：你需要多角度观察。

2）晕轮效应——当你对一个人产生好印象并且让这种好印象一直影响着你对他的判断，就产生了“晕轮效应”。同样，坏印象也会让你始终认为一个人表现不佳。

建议：你需要保持清醒的头脑，不要总是回顾最初的印象。

3）偏见——你个人可能会对员工的举止行为、口音、着装等方面不认同，进而让这种个人见解影响你的观察判断。

建议：你必须抛开个人偏见，不要将无关工作的行为作为判断的理由。

4）归因作用——有时当你观察到一个人不好的行为时，你将其归结为其固有个性所导致的。

建议：你需要同时考虑环境的影响作用。

5）首次和最新作用——人们倾向于记住最初的和最后看到的行为，中间那一段容易被忽略。

建议：你需要经常地、持续地进行观察。

5.3.3.3 推荐

在日常观察、交流的基础上，PDC 成员有责任向 PDC 推荐下属员工。PDC 推荐采用分级推荐的方式。推荐管理后备的方法见表 5—5，推荐技术专家的方法见表 5—6。

表 5—5 推荐管理后备

内 容	过程和要求
各成员推荐	■ 撰写推荐意见，填写《管理后备推荐报告》（见附表 5—4）。 ■ 在 PDC-2 会议上进行推荐和介绍。
PDC-2 讨论比较	■ 基于“评价标准”，并以行为事例为基础： 首先讨论“品德/价值观”指标，须全部符合，若有任一反面事例辅证的则否决。 对“核心领导能力”进行讨论和排名，PDC 成员共同完成《管理后备推荐排名表》（见附表 5—5）；再将“工作业绩”和“核心领导能力”作为两个维度，综合考虑推荐人员的情况。 ■ 根据公司战略需要及可行性，结合其本人的发展意愿，对其适合发展的领域提出建议。

续表

内　容	过程和要求
PDC-2 向上一级推荐	■ 准备推荐资料：根据 PDC 讨论意见，完善《管理后备推荐报告》、《管理后备推荐排名表》、《管理后备推荐名单》。

表 5—6　推荐技术专家

内　容	过程和要求
PDC-2 讨论比较	■ 对提出申报参加技术专家评审的员工，按照“品德/价值观”和相应的评价标准进行讨论。
PDC-2 向上一级推荐	■ 向 PDC-1 推荐符合全部条件的员工。 ■ 准备推荐资料：《技术专家报批表》，并撰写 PDC-2 的推荐意见。

5.3.4　评价

在 PDC 上报推荐名单后，上一级 PDC 需要在更广泛的层面进行平衡，并按评价标准进行评价判断，并批准。作为管理人员，应该能够：对管理后备进行管理潜能分级；评审技术专家。

5.3.4.1　评价

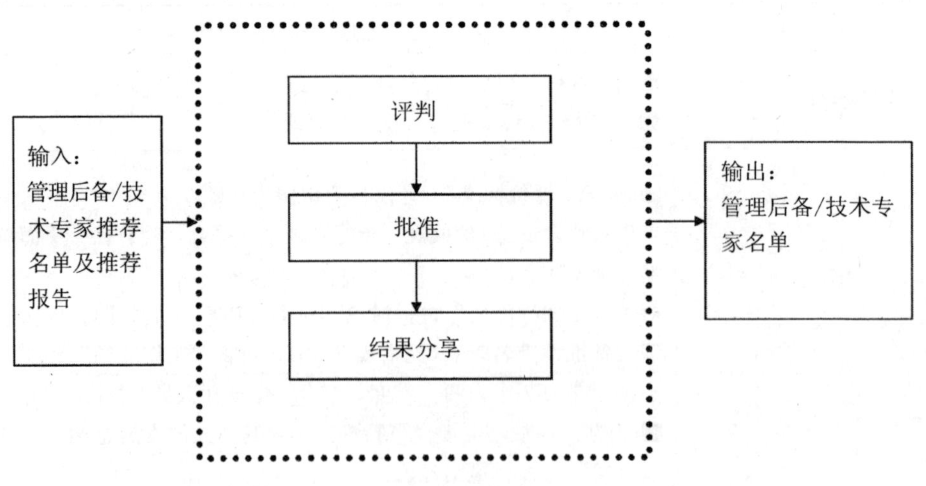

图 5—8　评价

（1）管理后备评价。对于管理后备，通过其“核心领导能力”和当前岗位的“工作业绩”两个综合因素，预测其进一步晋升管理职务的潜在趋势，按相对强弱进行排列，并保持一定比例。这一评价过程，称为管理潜能分级（见表5—7）。

表5—7 管理潜能分级

类别	定义
A级	■ 具备全面工作的潜力，且具有在两年内提升一级的潜力。
B级	■ 具备本类工作的培养潜力，且具有在五年内提升一级的潜力。
C级	■ 具备本岗位工作培养潜力，适合本岗位的工作。
D级	■ 不具备本岗位工作的培养潜力，或不能胜任本岗位的工作。

PDC评价管理后备时，使用“核心领导能力—工作业绩二维表”（具体见表5—8）体现评价的两个方面因素，将预测的“核心领导能力”与已显现的“工作业绩”相结合，可以更客观地评价员工的管理潜能。

表5—8 核心领导能力—工作业绩二维表

工作业绩

6	3 中坚力量——高业绩中等能力 是现岗位的合适人选，但管理潜能一般。可作为B级的考虑人选。	1 超级明星——高业绩高能力 业绩突出、管理潜能巨大，是A级的最值得考虑的人选。
7	4 表现尚可者——中等业绩中等能力 业绩表现和管理潜能均一般，应该首先使其在现岗位上努力达到更优秀的业绩。可作为C级的考虑人选。	2 潜在明星——中等业绩高能力 管理潜能巨大、在目前的岗位上尚未完全显示出突出的业绩，需要重点分析，以区分出快速成长中的人选，作为A级的考虑人选。
9	8	5

核心领导能力

管理潜能分级每年进行一次，人员动态更新。PDC 在评价员工管理潜能的同时，须根据推荐时的建议，考虑公司当前的发展战略和不同发展领域的供需情况，确定员工的发展领域，以便及时发现和采取措施为公司做好人员储备。

(2) 技术专家评审。技术专家直接按评价标准评审其现实能力，具体做法可参照表 5—9。评价时要防止进入到评价误区，具体见表 5—10。

表 5—9 技术专家评审

PDC 层次	如何做?
PDC-2	■ 了解被推荐人选的基本情况。 ■ 听取被推荐人选的自我介绍，并进行答辩。 ■ 按评价标准进行表决。

表 5—10 技术专家评审评价误区

误 区	建 议
对比效应	你评估员工是要与其他员工进行比较，而较少与有关评价标准进行比较。 建议：与有关评价标准进行比较。
与自己相似/不同于自己	你对那些行为像你的人评价更高，而对那些行为不同于你的人评价偏低。 建议：纠正你的观察偏向性和假想。
不了解	对某个人，因为你不了解她/他的工作或不认识她/他而可能只会对她/他的行为进行猜测。 建议：收集更多的信息，或与员工的直接主管沟通。经常问自己，对于这位员工是否已有了足够的了解，这些了解是否足以参加讨论。
归因	你将观察到的所有消极和积极的行为都归结为是其固有的个性本质所导致的，而没有考虑当时客观情况的因素。 建议：考虑外界因素对所观察到的行为的影响。
尺度变化	你的评估尺度可能过紧、过松或时紧时松。 建议：审阅你的评估结果，检查其中的过程并对你的个人设想提出质疑。

续表

误 区	建 议
晕轮效应	一次深刻的印象始终影响着你的判断。 建议：将你的目光关注于员工个人能力方面；从全过程、多角度去观察她/他的行为。
近期作用	将近期或某一时期的表现作为你判断的依据。 建议：在整个观察期内做观察记录。
“老好人”	因为害怕“出风头”或“做出错误的事”，你很少对大家的意见提出异议，或很少提供与别人相反的信息和观察内容。 建议：人才发展培养工作的高质量来源于你公正、真实的信息反馈。需要你说出真实的想法，这样员工才能从中受益。
“红旗标志”	因为员工的语言方式，举止着装或是其他所谓的“错误”让你无法认同，既而你会对她/他的行为，或是个性也产生不认同的感觉。 建议：停下来倾听一下，重新审视你的第一反应。不要允许这种个人偏见占主导地位。

5.3.4.2 批准

A 级、B 级管理后备最终需上报 PDC-1 批准，形成年度管理后备名单。C 级、D 级由部门自行制订培养计划。通过 PDC-2 评审，报 PDC-1 批准的人员，授予“技术专家”称号。

（1）管理后备。批准的结果需传递到员工直接经理所在的 PDC 组织。直接经理应员工要求告知结果，并与员工分享对其发展的建议信息。

（2）技术专家。人力资源部将结果向公司全体员工进行公布。

5.3.4.3 使用的工具和输出结果

管理后备评价表决表。

年度管理后备名单。

公司技术专家报批表。

5.3.5 培养

作为 PDC 成员，需要了解公司推行的培养方式以及如何制订培养计划并实施。作为管理人员，应该能够：建立本专业领域的职业发展路径；为员工制订具有针对性的培养计划并实施。

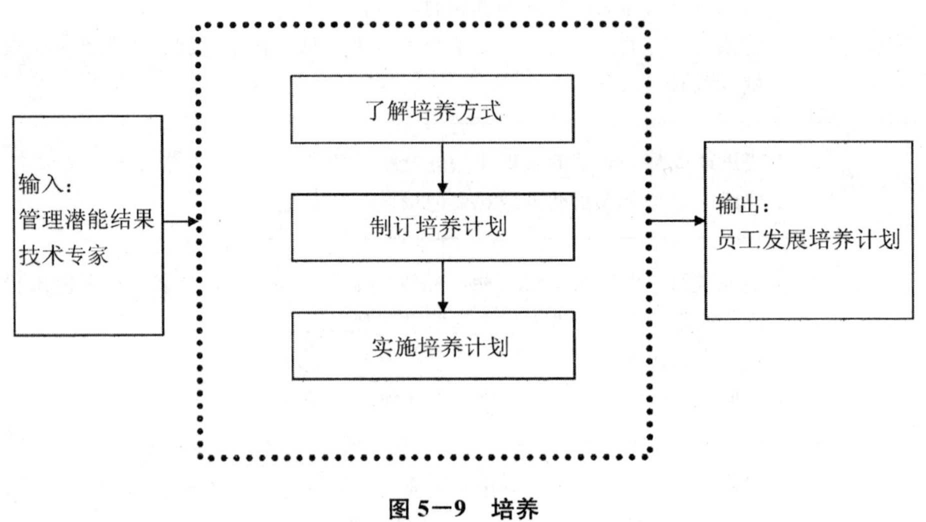

图 5—9 培养

5.3.5.1 了解培养方式

研究表明，一个人的成长，70%来自工作经验的积累，20%来自获得的指导和咨询，另有 10%来自教育和培训。因此，在选择对员工的培养方式时，侧重于帮助其积累经验，主要通过轮岗、代理管理岗位的方式，同时辅以有针对性的培训。

（1）轮岗。轮岗可分为部门内的轮岗、跨部门轮岗以及跨公司轮岗。部门内的轮岗注重在本专业领域增加工作经验，并丰富本专业工作的广度和深度，力求具备在本业务领域的核心经验。部门内的轮岗可以针对每一位员工，包括技术专家，由直接经理实施。

跨部门轮岗包括科与科之间、部与部之间的轮岗，注重于增加跨专业领域，甚至是跨地域的工作技能和经验，使工作的系统性增强。跨部门轮岗主要针对 A 级、B 级高潜质管理后备，需要由 PDC-2 进行协调组织，报 PDC-1 批准执行。

跨公司轮岗主要针对高层后备，由 PDC-1 组织协调。根据个人意愿和公司提供的机会安排轮岗，鼓励主管推荐员工跨部门轮岗；特殊岗位必须定期轮岗（例如，采购部员工在本部门工作两年的必须轮岗到其他部门；不足两年的，根据工作需要也可安排跨部门轮岗。财务部员工须定期在部门内轮岗）。

一般在一个岗位工作满12～24个月可安排轮岗，18个月左右为宜。升职需有3次以上轮岗经历。

（2）代理管理岗位。代理管理岗位是赋予员工承担实际的管理职责，员工必须负责一个部门或一个区域的日常运作。代理是最直接的培养员工的方式，并建立在有岗位空缺的基础上，是一种快速的培养方式，因此，主要针对A级高潜质管理后备。

（3）培训。培训是获取知识、提高知识水平、改善知识结构的主要途径。每一位员工都需要通过培训来提升岗位知识和技能。培训包括专业培训和软技能培训。同时，公司考虑对于A级、B级及技术专家另设针对性的培训。

5.3.5.2 制订培养计划

制订培养计划主要包括制订轮岗计划和培训计划。

（1）轮岗计划。轮岗计划的制订遵循以终为始的原则，首先总结各发展领域所需要的核心经验/经历，然后将员工现有的经验/经历，与其发展领域的核心经验/经历相对照，缺什么补什么，制订具有针对性、可操作性和富有弹性的轮岗计划。

某一发展领域所需要的核心经验（经历），可以被称为“职业发展路径”，如子公司总经理职业发展路径可参照图5—10来制定。

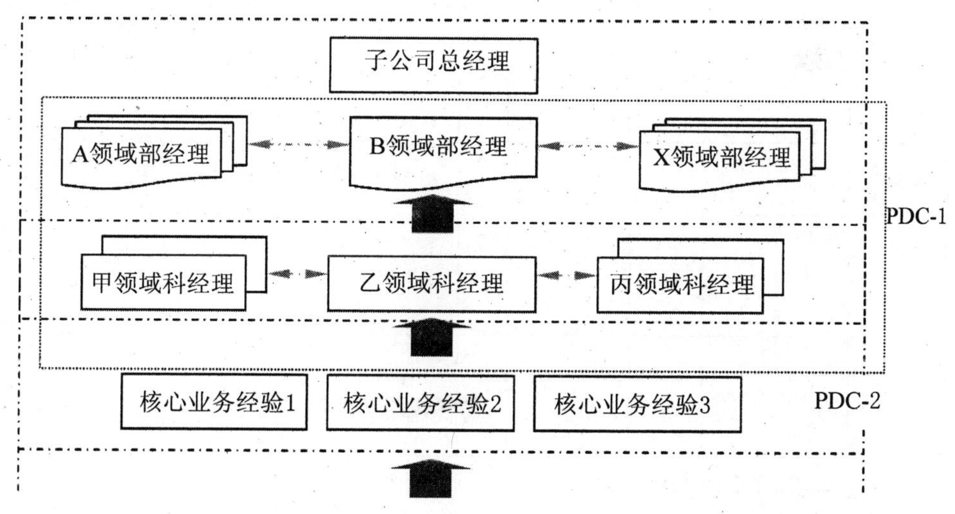

图5—10 子公司总经理职业发展路径

按不同的 PDC 层次，分别制定不同层面的职业发展路径，最终汇总成公司总经理级岗位的职业发展路径。PDC-2 负责讨论制定本业务领域需要积累的核心经验，PDC-1 负责讨论制定各业务领域经理岗位的职业发展路径。

在制定职业发展路径的基础上，可以将员工的实际经验（经历）与之进行对照，对尚未获得的核心业务经验（经历），根据重要度及可行性进行岗位轮换的安排，即轮岗计划，具体可参照表 5－11。

表 5－11　轮岗计划

姓名	××领域职业发展路径				本年度轮岗计划											
	经历 1	经历 2	经历 3	经历 4	1	2	3	4	5	6	7	8	9	10	11	12
A 级管理后备																
×××		▲	▲		经历 3								经历 2			
B 级管理后备																

注：①▲ 根据职业发展路径，尚未获得的核心业务经验（经历）。

②对于跨部门（包括跨科室）、跨公司轮岗，在制订轮岗计划前，需要增强各 PDC 之间的信息沟通，以达成可供轮换岗位的相互匹配，同时也需要保证一定的跨部门轮岗比例。PDC-2 的责任人从 A 级或 B 级管理后备中，按一定数量推荐需要增加跨部门核心经验/经历的人选，各部门进行平衡后，确定轮岗名单和轮岗时间。

（2）培训计划。在制订培训计划中，各业务领域的专业知识培训计划，在每年年初由各级管理人员与下属员工讨论制订，但对于管理技能的培训计划，按分层负责的原则统一制订，具体的制订人根据对象不同参见表5－12。

表5－12 培训计划

对 象	制定人
A级管理后备	PDC-2
B级管理后备	PDC-2
C/D级管理后备	直接经理

5.3.5.3 实施培养计划

培养计划在实施的过程中需要不断跟踪记录，对计划进行阶段性的回顾，评价实施的效果，并做出必要的调整。培养计划的实施及进一步的跟踪、阶段性回顾及调整仍然遵循分层负责的原则，具体操作可参照表5－13。

表5－13 实施培养计划

对象	实施协调人	跟踪及记录	阶段性回顾	计划调整
A级管理后备	PDC-2	直接经理及PDC-2	PDC-2	PDC-2
B级管理后备	PDC-2	直接经理	PDC-2	PDC-2
C、D级管理后备	直接经理	直接经理		直接经理

培养计划的跟踪是对员工的工作行为进行观察和了解，并与以往的工作行为比较。特别是对于高潜质的管理后备，PDC可以采取一些措施保证落实计划的跟踪，例如，员工与主管间的谈话制度，对于A级、B级管理后备，部门经理每季度安排一次谈话，并做好谈话记录。又如，员工对培养实施过程进行阶段性的总结。在对本部门员工的培养计划跟踪的同时，应加强与其他PDC之间的沟通，能够适时给予信息反馈。

5.3.6 小结

本章通过对“PDC机构建立”、“训练指导”、“推荐”、“评价”以及“培养”工作内容的规范，为公司人才发展培养构建了一个基本的框架和运行模式。希望通过规范的运作，保证“有合适的人，在合适的时间，到合适的岗位”，为公司的战略发展做好人力资源的准备。

因此，我们的管理者在日常工作中是否能够努力实践好“第一人事经理、第一培训经理”的角色，能否帮助员工成为“公司发展的主人、自身发展的设计师”，激发员工不断“超越自我”的激情与动力，将对人才培养的效果起到极大的作用。

再好的理念如果没有具体的运作方法，那也仅是概念；再好的运作方法如果没有被一丝不苟地执行，那也只是费工耗时的形式主义。因此，每位管理者对本方法的贯彻执行也将是决定其能否产生成效的一个重要因素。

公司全体管理者应持之以恒地去实践，一步一个脚印地不断推进，公司人才资源的开发才会产生“飞轮效应”，为公司“成为世界上最好的汽车零部件供应商”积聚巨大的能量。

附表 5—1 职业生涯调查表

根据个人愿望自愿填写此表

入 XY 公司日期：	______年____月	近两年业绩评估：	____年：____；____年：____

在 XY 公司主要工作经历

时 间	岗 位	部 门
年 月 ～ 年 月		
年 月 ～ 年 月		
年 月 ～ 年 月		
年 月 ～ 年 月		

续表

在XY公司的主要贡献

请按优先顺序列出五项在XY公司最令你自豪的工作业绩（不指荣誉称号）	部门/岗位	何时
①		
②		
③		
④		
⑤		

语言技能（优秀1，好2，一般3）

序号	语言	所获证书和等级	熟练程度			
			听	说	读	写
①						
②						

个人优势、不足的自我评价（主要工作相关技能进行分析）

期望的发展方向

□ 管理人员	□ 技术专家

期望的发展领域

□ 战略规划领域	□ 客户关系领域
□ 项目管理领域	□ 技术领域
□ 业务质量系统领域	□ 采购物流领域
□ 财务领域	□ 人力资源领域
□ 工厂工程领域	□ 生产运营领域
□ 行政管理领域	

续表

是否愿意到外地工作

□ 是	□ 否

期望获得的岗位/工作经验（1～3 年内）

请按优先顺序排列	部　　门	现从事	未从事
①		□	□
②		□	□
③		□	□
④		□	□

直接经理对发展方向的建议

□ 管理人员	技术专家 □

直接经理签名：　　　　日期：

员工签名：　　　　日期：

附表 5—2　工作相关技能讨论

确定员工的工作技能熟练程度与岗位要求之间的差距。每项技能伴有四项衡量标准，从左至右规定了由低到高的熟练标准，由直接经理在以下四栏中选择最能体现该岗位“要求趋势”的一栏，并以“●”表示，由被评估者在以下四栏中选择最能体现自己“现状”的一栏，并以“○”进行自评。

计划和组织能力：设立目标，制订工作计划，并考虑完成工作的优先顺序，预测问题和变化。

能勉强制订计划，但不考虑目标或优先顺序。	工作计划和日常工作能与团队的目标和优先顺序相符。	计划详细，考虑了目标和优先顺序以及各任务之间的相互关系。	计划十分完整，目标明确，能察觉到潜在的问题，并进行有效的跟踪。

续表

分析问题和作决策：能获得并分析有关信息，从而确定问题的来源和解决问题的几种选择方案。意识到什么时候必须做决策，即使在现有信息不够完全的情况下也愿意做出必要的决策。

对获得和分析有关信息有困难，或推迟对现有问题的决策。	在需要时能根据现有信息按照常规做出适当的、常规的决策。	能意识到何时需要另外信息以做出非常规性的决策，能利用手头的最佳信息，及时做出决策。	除能获得和分析有关信息外，还能及时做出合理的决策。在考虑决策的长期效果上很出色。

书面交流：书写言简意赅、条理清晰，可达到适当的目的。

由于错误、不完整和意思表达不清，和/或包含了不正确、不相关的信息，使得别人很难理解书面表达的正确意思。	写作一般，可以接受，但还需努力提高总体写作质量。	日常准备的文件合理清晰，有逻辑性，且完整。	写作有条理，简明完整，能表达规定的目的。能根据不同的意图和读者采用相应的书面形式；能准备非常规与复杂的文件。

口头交流：无论是临时的或有准备的讲话，表达观点都应具有说服力。

讲话不清楚，思路紊乱，缺少重点。没能听清楚关键，并不能做出针对性的反应。	通常谈吐清楚能达到要点，但在解释复杂的观点时，进行答辩有困难。	词能达意、理解清楚，在被询问时一般能很好地答辩。	口头表达极其清楚，有说服力。在高压环境下也能保持逻辑思维和清楚的表达能力。

续表

工作知识：运用技术上、制度上和体系上的专门知识来完成工作。

只限于某一局限领域内的知识，不能处理大多数的任务。	具有能处理大多数任务的一般知识。	在大多数领域内具有较广的知识面和较深的经验，能够完成较高级的、不常见的任务。	具有非常高深的知识，能够胜任任何工作，甚至是最复杂的工作。

团队合作：和同事以及主管能保持积极的工作关系，能接收指示和任务，并协助其他人员共同完成团队目标。

难以完成工作目标和协助他人，可能将团队目标放在个人目标和社交目标之后，是发生争执的根源。	能和同事及上司相处，努力完成团队目标。	尊重别人，能被别人尊重，能经常给别人以帮助和支持。	是团队中强大积极的力量，甚至在高压下也能给他人提供适当的帮助和支持，在保持积极的工作关系上能被信赖。

主观能动性：注重结果，追求出色的工作，并且工作既主动又稳定。

在指示下才开始行动，必须在督促下才能继续工作。	对分派的工作勤恳地去做，在需要时能接受正常职责外的义务。	为完成工作能承担责任，并能主动采取行动。	具有强大的动力，能接受不同工作的挑战。可以信赖，付出一切努力在限期内完成高质量的工作。

续表

革新/创造力：开展和实施新的思路方法、观念、设计和/或对现有设计或步骤的新应用，并表现出具有创造力和想象力。

无法提出新思路，又难以接受由别人创立的新思路。	通常在别人的指导和激励下，能辅助性地进行创新的思路、观念或方案的建立，能接受别人开创的思路。	能主动创建新的观念、思路和方案，并激励他人创立新思路。	能主动创立新的思路、观念和方案，并激励他人创立新思路。对新思路在实施过程中的必要细节进行指导和追踪。

对质量的关注：对自己建立高的工作要求，力争高质量工作，并加倍努力来确保高质量工作。

没有建立个人的工作标准，也不接受工作质量的要求，只满足于较低的工作质量。	认识到工作高质量的必要，一般能在最主要的方面做好工作。	树立高的个人工作质量标准，在工作的完成中努力实现高质量。	树立非常高的质量标准，为实现全面工作高质量而奋斗，并为确保高质量的工作而加倍努力。

安全和维持工作场所整洁：正确安全地使用设备，督促安全操作，保持工作场所的干净。

设备使用不当，不遵守安全规则，工作区域杂乱、肮脏。	正确使用设备，遵守安全规则，工作场地干净整洁。	能正确使用所有设备，并能小心维护，遵守安全规则，并鼓励其他人同样做，保持工作场地干净和整洁。	能正确使用所有设备，并小心维护，遵守安全规则，鼓励他人同样做，消除安全隐患，保持工作区域干净整洁。

续表

可靠性：能按照指示和步骤工作，注意细节，及时对上司报告工作进度，正常出勤。

不能完全听指挥，对上司向其提出的工作进度不能及时做出反应，有缺勤现象和/或不遵守时间。	按照指示和步骤，出勤基本正常，能听从指挥，对上司要求的工作进度能很快做出反应。	正常出勤，能听从指挥正确执行工作步骤，能及时主动向上司汇报。	非常可以信赖，遵守指示和工作规程，严格、随时向上司汇报变更与工作进程。

委派和控制：能确定工作目标和步骤，正确分派工作，不断跟踪了解以确保工作完成。

不去确定工作目标和步骤，对工作任务不能跟踪下去。	能建立一般性工作目标和步骤，有时检查和跟踪工作进度。	建立具体的工作目标和步骤，强调工作的质量与重要度，不断地了解工作进度。	强调保质保量地工作，建立特殊的工作目标和步骤，并能保证将工作进度不断地传达到团队成员，最好地使用团队成员的能力。

请根据以上讨论，列出2～3项最迫切需要改进的工作技能（指直接经理认为对本岗位最重要、而被评估者与岗位要求差距最大的项）：

①

②

③

附表 5—3 年度业绩目标

①

②

③

④

⑤

直接经理签名：　　　　　　　　　　员工签名：

如被评估者在一个年度中发生岗位调动、职能变化或其他情况，可在下方做业绩目标的变更或补充，并在手册持有人和其直接经理双方签字认可后生效。

附表 5—4 管理后备推荐报告

姓名　　　　　　　　　　　　　　　　部门

品德/价值观评价					
具备请打“√”选择	正直	责任心	客户导向	团队意识	创新/持续改进
	□	□	□	□	□
说明以上因素的行为事例					

核心能力评价				
学习力	执行力	决策力	协调力	洞察力
说明以上因素的行为事例				

其他能力评价

优势
不足

工作业绩

上年度部门业绩排名

□ 前 20%　　□ 中间 20%～70%　　□ 后 10%

续表

核心经验

对本部门核心业务已从事过：

①

②

③

跨部门经验：

年 月 日～ 年 月 日 部门 岗位
年 月 日～ 年 月 日 部门 岗位
年 月 日～ 年 月 日 部门 岗位

建议发展领域

打“√”选择：

□ 战略规划领域	□ 客户关系领域
□ 项目管理领域	□ 技术领域
□ 业务质量系统领域	□ 采购物流领域
□ 财务领域	□ 人力资源领域
□ 工厂工程领域	□ 生产运营领域
□ 行政管理领域	

推荐人签名： 日期：

PDC 成员签名： 日期：

附表 5—5 管理后备推荐排名

项目		学习力	执行力	决策力	协调力	洞察力	个人总分=∑（名次×权数）	个人总名次
权重		1	1	2	2	3		
序号	姓名	名次	名次	名次	名次	名次		
1								
2								
3								
4								
5								
6								
7								
8								
9								
10								

第 6 章　质量管理

在 21 世纪，质量管理强调的是全面质量管理。“全面”一方面是指全公司所有部门、所有人员参与到质量管理的行动中来；另一方面是指质量不仅针对结果，即产品，而且要强调全过程的质量管理，即针对公司的各个管理环节，不仅是针对那些增值的过程，如新项目开发、批量生产后的项目从原材料入库至成品销售至客户线边，直到整个生命周期或保质期内的售后服务，还要针对一些支持过程，如人员培训过程、审核过程、数据管理过程等。在全面质量管理这种理念中，质量管理的方法和工具有很多种，针对项目开发前期，有五大工具，如 APQP（产品先期质量策划）、FMEA（潜在的失效模式分析）、MSA（测量系统分析）、SPC（统计过程控制）、PPAP（生产件批准过程）；针对改善有 QRQC、8D、PDCA 循环等工具和方法；系统的质量管理工具有 6σ，6σ 中覆盖了新旧七种工具。

在全面质量管理过程中，质量部门通常承担着策划、监督与服务的职能。这里为什么要强调服务，而不仅仅是监督？因为按先进的质量管理理念，要确保产品质量满足客户的要求，过程质量首先要满足策划的要求。怎样才能使过程质量满足要求呢？质量部门除了做过程的监控、发现问题外，更多的是引导公司各部门做过程的策划和改进，就好比一名“导航员”。质量的服务职能还要延伸到客户线边，充分了解客户的需求，在公司内反馈客户要求，代表客户督促公司各部门满足客户要求。

按全面质量管理和预防为主的理念，本章介绍相关的一些质量管理过程：质量体系的管控、质量审核、数据分析、管理评审、检验与试验、不合格品控制、纠正与预防。

6.1 质量体系的建立与管控

一家公司应有一个健全的质量管理体系，以便公司运行有章可循。一个卓越的质量管理体系可以降低管理成本，提高公司效率。体系的建立是自上而下的。首先，由高层管理者定义公司的愿景目标、质量方针、质量目标；然后，根据公司现有的业务和人力资源，编制公司组织机构图；识别公司营运所需的过程，按过程划分部门职责，根据公司最优化的运作逻辑顺序编制程序文件，确保各职能部门担负起各自的职责，遵循流程工作，并根据运营的绩效持续改进，即建立了一个完善的质量管理体系。

有效的质量管理体系强调“八项质量管理原则”：

(1) 以客户为关注焦点。公司依存于客户。公司应理解客户当前和未来的需求，满足客户要求并争取超越客户的期望。

(2) 领导作用。公司高级管理层确立公司统一的宗旨和方向。公司领导层应创造并保持使员工能参与实现公司目标的内部环境。

(3) 全员参与。公司各级人员都是公司资源，只有他们的充分参与，才能使他们的才干为公司带来收益。

(4) 过程方法。公司将活动和相关的资源作为过程进行管理，可以更高效地得到期望的结果。

(5) 管理的系统方法。公司将相互关联的过程作为系统加以识别、理解和管理，有助于公司提高实现目标的有效性和效率。

(6) 持续改进。持续改进总体业绩是公司一个永恒的目标。

(7) 基于事实的决策方法。有效决策建立在公司数据和信息分析的基础上。

(8) 与供方互利的关系。公司是与供方相互依存的，互利的关系可增强双方创造价值的能力。

基于以上八项原则，一个卓越的体系可以按过程方法进行分解，通常分为客户导向过程（COP）、支持过程（SP）和管理过程（MP）三大类。

客户导向过程（COP）是通过输入和输出直接与外部客户进行联系的过程，会直接对客户产生影响，即客户的要求被满足，因而会为公司直接带来经济效益；支持过程（SP）为支持客户导向过程的功能过程，是产品实现所需要的由输入转化为输出的相互关联或相互作用的增值活动；管理过程（MP）指客户导向的输入和输出交接处的过程，如管理评审、内部审核、数据分析等。某公司按以上三种类别，根据公司规模和组织架构，识别出的过程及子过程按四大系统整理如表6—1所示。

表6—1 ××公司质量管理体系

系统代号	系统名称	过程编码	过程名称	子过程编号及名称
PS	规划监控系统	MP1	经营策划	/
		MP2	管理评审	S2.1 以客户为关注焦点的管理承诺
				S2.2 质量方针和质量目标
				S2.3 质量管理体系策划
				S2.4 组织机构管理
		MP3	体系审核	S3.1 体系内审
				S3.2 过程内审
				S3.3 产品审核
		MP4	数据分析和信息沟通	S4.1 数据分析和使用管理
				S4.2 信息沟通管理
				S4.3 质量成本管理
		MP5	改进管理	S5.1 纠正和预防
				S5.2 持续改进
		SP10	客户满意度	/
DS	产品开发系统	COP1	市场分析/订单要求	C1.1 项目分析和预算报价
				C1.2 产品要求确定
				C1.3 订单/要求评审
				C1.4 客户沟通
		COP2	过程设计/开发	C2.1 过程设计和开发
				C2.2 产品和过程的验证/确认
				C2.3 产品批准过程
				C2.4 工程更改
		SP9	供应商开发	/

续表

系统代号	系统名称	过程编码	过程名称	子过程编号及名称
MS	生产运作系统	COP3	产品生产（分为生产计划过程和加工过程）	C3.1 生产计划
				C3.2 生产过程
				C3.3 客户财产
				C3.4 标识和可追溯性
		COP4	产品交付	/
		COP5	客户服务和技术支持	C5.1 服务
				C5.2 客户抱怨及退货处理
		SP1	采购管理	S6.1 采购过程
				S6.2 采购信息
				S6.3 采购产品的验证
		SP2	设备和工装管理	S7.1 设备管理
				S7.2 工装管理
		SP3	产品防护	S8.1 产品搬运和包装
				S8.2 储存和库存
		SP4	监测和测量装置管理	S9.1 测量系统分析
				S9.2 检定和校准
				S9.3 实验室管理
		SP5	过程/产品监视和测量	S10.1 制造过程的监视和测量
				S10.2 产品的监视和测量
				S10.3 不合格品控制
RS	资源管理系统	SP6	文件管理	S11.1 文件、资料控制
				S11.2 记录控制
		SP7	人力资源	S12.1 培训
				S12.2 员工激励
		SP8	供应商管理	/

以上各过程运行时，有一定的先后顺序和逻辑，根据这种顺序和逻辑，某公司策划出过程网络图如图 6—1 所示。

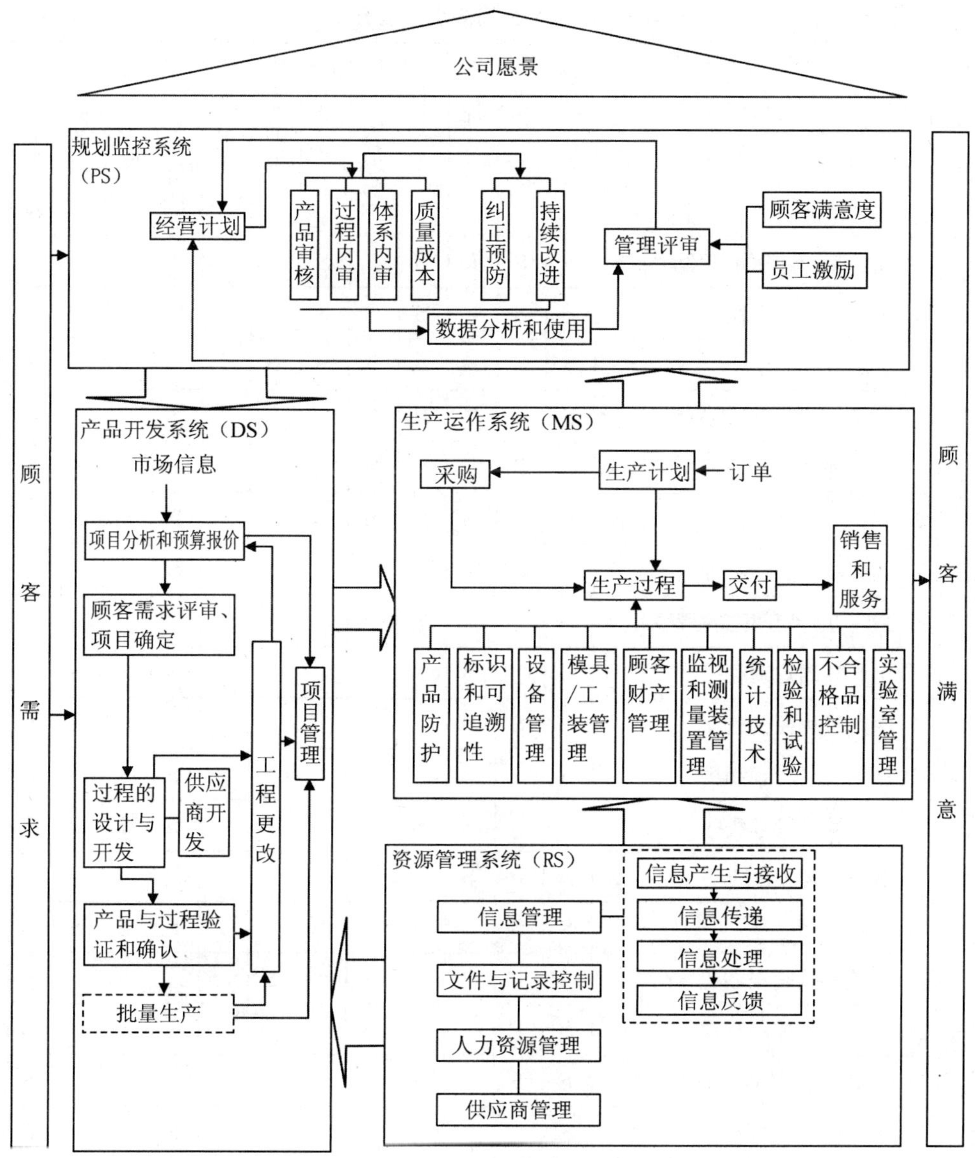

图 6－1　XY 公司质量管理体系网

某公司按上述策划的过程清单和公司组织机构图，划分出部门的职责，具体分工见表 6－2。

表 6—2　YY 公司质量职能分工

系统	序号	部门 程序文件	中外方总经理	管理者代表	质量部	客户部	技术中心	供应链管理部	财务部	人力资源部	综合管理部	工厂			
												工业工程科	各车间	设备模具科	计划保障科
产品开发系统	1	成本核算与报价管理程序	S	S	S	P	S	S	S						
	2	客户需求管理程序	S	S	S	P	S	S	S			S	S	S	S
	3	项目管理程序	S	S	S	S	P	S	S	S		S	S	S	S
	4	过程设计和开发控制程序	S	S	S	S	P	S		S		S	S		S
	5	生产件批准管理程序	S	S	P	S	S	S				S	S	S	S
	6	工程更改控制程序	S	S	S	S	P	S	S			P	S	S	
	7	供应商定点控制程序	S	S	S		S	P				S			S
	8	供应商项目开发控制程序	S	S	S		S	P							
生产运作系统	9	生产计划管理程序		S		S		S				S	S	S	P
	10	生产过程控制程序		S	S	S	S	S		S		S	P	S	S
	11	产品交付管理程序		S		S						S	S	S	P
	12	客户财产管理程序		S		S	S					S	S	P	S
	13	服务管理程序	S	S	P	S									
	14	采购控制程序		S	S		S	P	S			S	S	S	S
	15	检验和试验控制程序		S	P		S	S		S			S		S
	16	不合格品控制程序		S	P		S	S					S		S
	17	标识和可追溯性控制程序		S	S		S					S	P		S
	18	产品防护管理程序		S								S	S		P
	19	设备管理程序		S			S	S				S	S	P	S
	20	工装管理程序		S			S	S				S	S	P	S
	21	监视和测量装置管理程序		S	P			S		S			S	S	
	22	统计技术控制程序	S	S	S	S	S	S	S	S		P	S	S	S
	23	实验室管理程序	S	S	P		S	S		S			S	S	

续表

系统	序号	部门 程序文件	中外方总经理	管理者代表	质量部	客户部	技术中心	供应链管理部	财务部	人力资源部	综合管理部	工厂			
												工业工程科	各车间	设备模具科	计划保障科
规划监控系统	24	经营计划管理程序	P	S	S	S	S	S	S	S	S	S	S	S	S
	25	管理评审程序	P	S	S	S	S	S	S	S	S	S	S	S	S
	26	数据分析和使用管理程序	S	S	P	S	S	S	S	S	S	S	S	S	S
	27	信息沟通管理程序	S	S	P	S	S	S	S	S	S	S	S	S	S
	28	体系内部审核管理程序	S	S	P	S	S	S	S	S	S	S	S	S	S
	29	过程审核管理程序		S	P	S	S	S	S	S		S	S	S	S
	30	产品审核管理程序		S	P		S			S		S	S		S
	31	质量成本管理程序	S	S	S	S	S	S	P	S		S	S	S	S
	32	纠正预防措施控制程序	S	S	P	S	S	S	S	S	S	S	S	S	S
	33	持续改进管理程序	S	S	P	S	S	S	S	S	S	S	S	S	S
	34	客户满意度管理程序	S	S	S	P						S			
资源管理系统	35	文件控制程序	S	S	S	S	S	S	S	S	P	S	S	S	S
	36	记录控制程序	S	S	S	S	S	S	S	S	P	S	S	S	S
	37	人力资源管理程序	S	S	S	S	S	S	S	P	S	S	S	S	S
	38	员工激励管理程序	S	S	S	S	S	S	S	P	S	S	S	S	S
	39	供应商管理程序	S	S	S		S	P				S			S

注：P=主要职责；S=辅助职责。

6.2 质量审核

质量审核的目的可分为：第一方审核，即内部审核；第二方审核，即客户的审核或客户委托的三方机构的审核；第三方审核，即三方认证机构进行的审核。在此介绍的是内部审核，即第一方审核，按类别可分为质量管理体系审核、过程审核和产品审核。每一种审核都应按以下步骤进行，即第一步做审核计划、第二步按计划实施审核、第三步整改审核中发现的问题、第四步验证问题的关闭情况。具体见图 6－2。

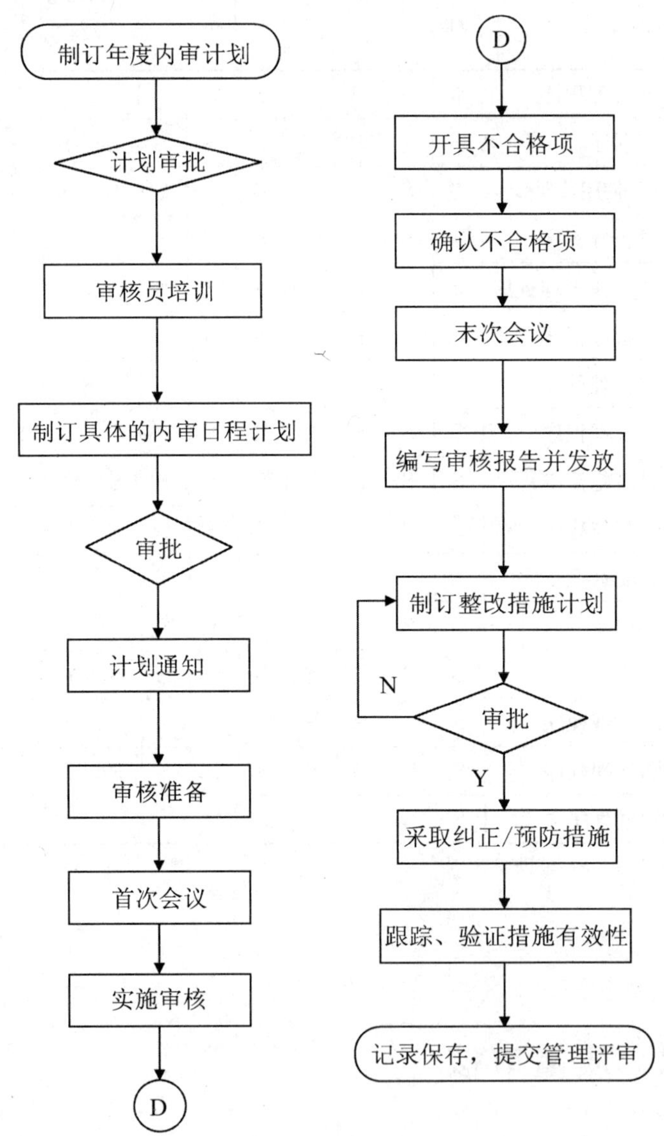

图 6—2 内部审核流程

内部审核计划应包括审核目的、审核范围、审核依据、审核的具体日程安排、审核小组长及审核员的确定等。审核计划中应按过程方法分配任务。

审核前，各审核员应做好审核准备，包括收集审核文件、提前熟悉产品和过程。例如，TS16949 相关标准、国家相关法律法规、顾客要求、公司程序文件和相关三级文件、过程控制计划、产品检验标准等。然后编制“检查表”（编制时要将上次审核发现问题的验证内容输入进去）。

内部审核人员应由经有资格的审核员培训机构培训并取得资格证明的人担任。审核人员在一个审核年度内至少应参加一次审核活动，质量部负责建立内审员清单及内审员资格的维护。各内审员应与所审核活动无直接责任。

首次会议由审核小组组长主持，管理者代表、内审员及被审核的部门负责人参加，在会议上说明审核目的、范围、依据、审核方法等，进一步确认审核计划。首次会议出席人员应在“内部审核首（末）次会议签到表”上签到。

审核员对照检查表，通过交谈、提问、查阅文件和记录、检查现场等方式，有目的、有重点地收集客观证据，检查过程和体系的运行情况。客观证据包括：存在的客观事实；与被审核的过程、活动负有责任的人的谈话；现行有效的文件和记录。具体审核发现在审核检查清单中记录，显示符合和不符合的证据。质量体系审核和过程审核必须包括工厂的所有班次。审核小组必须完成检查清单上的所有问题；在任何时候如果不适用被标注则要有书面说明。

如果不符合在审核检查清单中被标注，措施要求表上的审核不符合框必须打钩。“严重不符合”被打钩的情况有：顾客的要求没有遵循和没有得到顾客书面的授权；一个质量体系的程序（第二层次）没有执行或遵循。过程审核和产品审核除了记录不符合项，评价不符合项或缺陷时要转换为打分的格式，并根据打分规则判断审核的结果通过与否。

末次会议的组织及参加人员与首次会议相同。会议的内容应包括：报告整个质量管理体系运行的情况；不符合项目及责任部门通报；改进的建议。

受审部门在收到不合格报告一周内将整改措施计划提交审核人员。审核人员跟踪纠正措施的实施并验证其有效性，直到不符合项目关闭。

质量部负责所有审核记录的保存。内审报告作为管理评审的输入。

质量管理体系审核、过程审核、产品审核每年不少于一次。针对以下特殊情况，审核频次要增加：

（1）重要客户对公司进行审核前。

（2）认证公司对公司进行审核前。

（3）重大客户抱怨、投诉、退货。

（4）内审中不合格项较多的过程。

（5）生产场地发生变化、生产流程变化、过程不稳定、产品质量下降，一个月内安排一次过程评审和产品审核。

（6）发生严重质量问题或顾客严重抱怨后，一周内安排该产品进行过程评审和产品审核。

（7）在 SOP 前至少做一次过程审核、一次产品审核。

6.3 数据分析

6.3.1 数据分析的目的

数据分析的目的是对公司各管理过程绩效和经营指标的数据进行分析，并通过有效控制和管理，确保公司质量管理体系得到有效运作，同时利用过程绩效和经营指标的有效数据和资料对公司质量管理体系的适宜性和有效性进行评价，促使其持续不断地改进。

某公司建立执行层数据卡和管理层数据卡，用于分别评价过程绩效指标和经营业绩指标。凡公司经营管理体系过程有关的绩效指标，如质量趋势、运行能力（生产率、效率、有效性、不良质量的成本等）、客户满意度、与产品要求的符合性、过程和产品的特性及趋势，采取预防措施的机会、与供应商有关的产品质量、交付以及目前关键产品与服务特征的质量水平及发展趋势等项目均可分别纳入到该两种数据卡中进行管理。某公司执行层数据卡举例见附录 1。某公司管理层数据卡举例见附录 2。

6.3.2 确定数据分析的指标

确定统计项目，经营计划指标需输入董事会的要求和社会法律法规要求，每年年底由财务部确定下一年度的经营指标。经营指标中包含质量目标，质量目标项目除考虑以上要求外，要输入客户要求。过程绩效指标由各个过程的责任部门规定指标项目及目标，在每年 12 月制定下一年度的过程绩效指标。

制定目标时，须考虑客户的需求、公司上一年度运行的结果并持续改进、竞争对手的运行绩效等。当客户有指标要求时，公司内目标要高于客户要求。新项目目标的设置要考虑过去类似产品的经验、客户要求等。

6.3.3　统计频次

统计的频次在绩效表中规定，一般视项目的不同，频次可定为每月、每季度、每半年、每年统计一次。按月统计的项目，如客户 PPM、客户抱怨、供货及时率、内部 PPM、一次合格率、料废率、生产计划完成率、OEE（设备综合效率）、超额运费、索赔和售后 PPM、问题清单、供应商质量业绩，必须在下一个月第 6 个工作日以前将结果报给质量部；按季度统计的项目必须在下一季度开始后 7 个工作日以内将结果报给质量部；按半年/年统计的项目必须在每年 1 月和 7 月第 7 个工作日以前将结果报给质量部。

6.3.4　数据的分析

各统计责任部门负责分析各项数据，分析的内容有：

（1）与目标值或竞争对手进行比较分析，当实际值低于目标值时，要找到根本原因。

（2）趋势分析，当趋势较上个月上升或下降都要有原因说明。若趋势好于上个月，要将原因和措施标准化，以实现绩效的持续上升；若趋势差于上个月，要提前分析原因和采取对策以便预防。

（3）主要缺陷的排列分析，要找出主要问题，如缺陷的前三项。

（4）上个月已采取的措施是否有效的验证。主要是检验本月绩效是否在采取措施后好于上月绩效。若未提高，则说明措施无效，需重新分析原因和采取措施。

6.3.5　数据评审

每月的第三个周四，公司组织召开经营委员会，评审经营绩效，由财务部汇报，中外方总经理和各部门部长参加。汇报采用幻灯片的形式，评审数据现状及趋势。对与客户相关的问题优先考虑，优先采取有效的纠正和预防措施。

每月的第二个周四，质量部召集质量例会，各部门部长和中外方总经理参加，评审工厂营运绩效数据。质量部负责质量问题的汇总分析与跟踪。执行的进度及其有效性，直接在问题清单的状态栏给予评价。若无效，应继续分析，寻找有效的措施。公司质量业绩运行指标包含，如客户 PPM、售后市场退货 PPM、废品率、一次交检合格率、问题清单跟踪等，按月公布和张贴，使全体员工知晓公司实际运行业绩和年度预算目标之间的差异，并主动采取相关改进措施，以达到或超越公司制定的年度预算目标。

以上指标每月统计一次，若某些指标项为红色或黄色状态，需在“数据卡分析说明”中进行解释说明，并用“反应计划”汇报未达标项的原因分析和行动措施。

6.4 管理评审

管理评审的目的是按年度的过程绩效指标结果及趋势与目标进行比较、与竞争对手进行比较，综合评价公司质量管理体系的有效性，并持续改进各过程，以确保公司质量管理体系持续的适宜性、充分性和有效性。

6.4.1 管理评审频次

在正常情况下，每间隔 12 个月一次，要求至少在有一次完整的、全面的内部质量体系审核实施完成后进行。当公司内部/外部环境发生重大变化（如公司质量管理体系发生变更）、公司因产品质量/交付/服务发生重大索赔事件、客户严重抱怨或公司在生产过程中出现重大质量异常时，应增加管理评审的频次，以保证管理评审有足够的频次，确保所建立的质量体系的有效性。

6.4.2 管理评审计划

管理评审计划由管理者代表协助中外方总经理编制，计划内容应包括评审目的、参加人员、评审时间与地点、各负责人需准备和分析的相关数据及分析资料、问题清单、建议的措施等。所有评审的内容需要先由各职能部门输入相关资料，具体包括以下内容：

（1）质量管理体系内审结果/过程审核结果——质量部。

（2）公司发展规划、市场形势分析及其影响——客户部。

（3）质量方针和质量目标的适宜性——管理者代表。

（4）年度经营计划目标的适宜性——财务部。

（5）质量成本监测结果——财务部。

（6）设计和开发各阶段的评审汇总结果——项目经理。

（7）已发生的和潜在的售后失效的分析及其对质量、安全和环境的影响——项目经理。

（8）顾客满意程度、客户退货、抱怨、投诉及处理——质量部。

(9) 纠正和预防措施（内部重大体系或产品相关问题/环境事故/员工对体系、过程、产品所提出的预防性的建议）——质量部。

(10) 产品审核结果、产品 PPM——质量部。

(11) 过程绩效指标完成情况及其趋势——质量部。

(12) 持续改进的提案和实施效果——质量部。

(13) 员工满意程度——人力资源部。

(14) 资源的充分性——各部门。

(15) 以往管理评审措施改进状况——质量部。

6.4.3 管理评审报告

质量部负责做会议纪要，形成管理评审报告，并在会议上确定改进的方案。管理评审报告应包括评审的输出：①质量管理体系及其过程有效性的改进；②与顾客要求有关的产品的改进；③资源需求。管理评审报告由质量部负责在评审后两天内下发。各部门根据管理评审报告，对未达到目标的项目，制订纠正措施计划，并做相应风险分析及制订预防措施计划；对已达到目标的项目，做改进措施计划，计划在 3 天内递交质量部。

因计划中会涉及公司体系、产品的改进和资金的投入，所以需获得中外方总经理审批。质量部负责按计划中的节点定时跟踪措施实施的进度及有效性。对于措施未按要求实施和未达到预期有效性的项目，要继续制定纠正措施，直至其关闭。

6.5 检验与试验

检验的目的是依据策划的安排，对产品特性进行监视和测量，以验证产品要求已得到满足，确保未经检验或未经检验合格的产品不投入使用或加工，向客户提供检验和试验合格的产品。根据检验所设置的过程的不同，可分为进货检验、过程检验、成品检验。

6.5.1 进货检验

质量管理的理念是，不接受不合格品、不制造不合格品、不流出不合格品。即不合格品控制得越早，损失越小。进货检验的目的，就是要做到不接受不合格品。在此，并不是强调百分之百检验，而是通过有效的进货检验来防止不合格品流入。那么，策划怎样做进货检验就尤其重要了。每种材料和产品的进货检验频次和检验项目要根据供应商过程控制和质量保证能力而定，检验方式也要考虑到检验成本，可以将复杂的破坏性试验做周期性验证，转换成的简单的检验方法做每批次抽检。进货检验的基本流程是：报检、检验或试验、输出检验报告、不合格品处置、反馈供应商、纠正与预防。

采购件的质量允许采用以下方法验证：接收并评价供方的检验报告；按零件缺陷的接收方法做抽检；结合供方的供货绩效或第二方或第三方机构对供方现场的审核结论，免检；在供方现场进行过程监控或验收；具体产品的验证方法见进货检验指导书。检验员根据检验/试验结果做出结论，在“送检单”上填写检验结论，将“送检单”自留一联，其余联传递仓库保管员。同时，对采购件做判定状态标识，如合格、不合格、让步接受。

所有不合格信息，供应商质量工程师应在当天反馈给供应商，并要求供应商在 2 个工作日内提交 8D 报告，在 24 小时内实施临时措施，保证装车质量。

6.5.2 过程检验

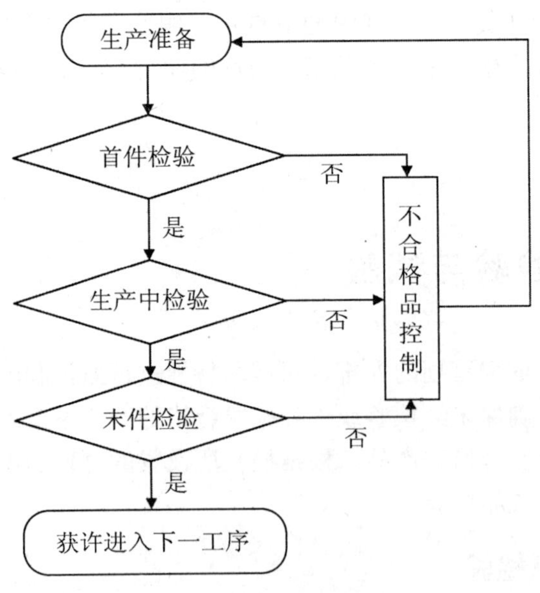

图 6—3 过程检验

首件检验是对过程起始前准备工作的确认，即首件检验合格，生产才能正式开始；否则，要继续调试（人、机、料、法、环）。首件检验合格后，要做首件样件标识和保存，以便过程巡检或抽检时做比较。生产中检验一般是抽检，抽检频次要符合检验指导书的策划，策划的频次是根据项目初期的过程能力而确定的。

所有工序的操作工必须按一级检验作业指导书进行自检和互检。自检合格的半成品才允许流入下道工序。对上道工序输入的半成品和外协件，操作工检验合格后才允许进行本道工序的加工。检验员按项目阶段策划的时机和频次对工序间产品进行抽检或巡检，具体参照二级检验作业指导书。当检验指导书要求有统计过程控制（SPC）时，操作工或班长按要求的频次记录检验的结论，并描点。操作工自检和互检发现的不合格品，作“不合格”标识，并放置于不合格品容器中。检验员抽检时发现不合格品，视整个批次不合格。巡检时发现不合格品，视整个巡检的时间段所生产的所有零件为不合格，并在容器上作“不合格”状态标识。

6.5.3 成品检验

检验员按二级检验指导书上要求的频次和检验项目对产品实施终检，并记录产品缺陷项和不合格品数量。当所有检验项目合格时才能判定产品合格。需进行功能/性能试验的，由检验员填试验申请单，实验室负责按试验方法进行试验并出具试验报告。检验员根据试验报告进行判定合格与否。操作工自检合格后贴“合格证”标签。检验员全检或抽检合格则在标签上盖章。检验印章每名检验员对应一个号。可通过此号追溯产品检验责任。检验员专检发现不合格，则按抽检频次，在相应容器上挂不合格标牌。按不合格品控制程序进行处理。操作工返工后的产品必须100%检验，且合格后才能放行。

6.6 不合格品控制

不合格品控制的目的是防止不合格品的非预期使用和交付。通常有四类不合格产品：①可疑材料和产品；②不合格外购产品；③公司内部的不合格在制品和成品；④在交付过程中和顾客处所发现的不合格品。

6.6.1 可疑产品的控制

发现可疑产品的时机：①定期检查储存产品；②检定/校准监视和测量装置时发现不合格；③产品审核发现不合格项；④坠落后的产品。

可疑产品的处理：①发现储存的可疑产品，计划保障科送检，检验员负责按检验指导书进行检验，判断合格与否。②发现量具不合格时，检验员用合格的量具验证被检的产品，判定其合格与否。③产品审核发现不合格项，要按生产批加大审核频次，验证其风险。当验证的结果不合格时，按《标识和可追溯性程序》追溯不合格品的批次和范围，按评审结论进行返工或报废。若已发运至客户，需通知客户，并与客户一起评价风险，必要时召回。④发现有坠落的产品时，由检验员重新检验，不合格品的处置根据评审结论返工或报废。

6.6.2 不合格品控制的基本流程

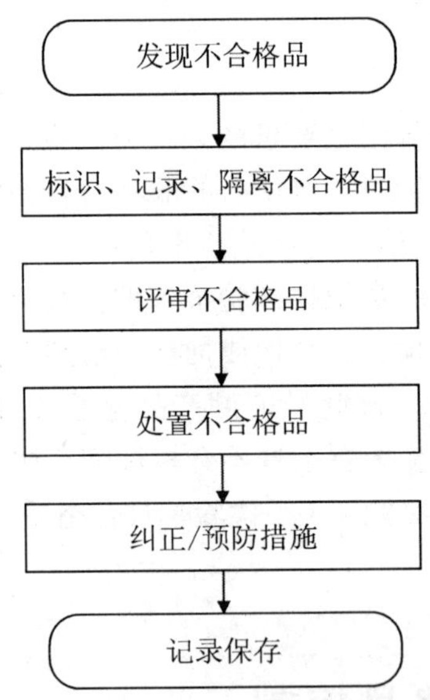

图 6—4 不合格品控制的基本流程

发现单件不合格品时，在零件上做缺陷标签，将零件放入红筐中隔离，并在缺陷记录表中记录。抽检时发现批次不合格时，在容器上做不合格标签，将容器放置在红色区域。发现不合格安全类产品，为防止误用，必须做破坏性标识或防擦洗标识，将产品放置红区。所有的不合格品要做好缺陷名称和缺陷数量的记录，以便做数据的统计与分析。

若连续出现10件以上的不合格品，则视同批量质量问题，生产班长需马上通知质量工程师、工艺工程师，一起评审不合格品，分析原因，寻找解决措施。评审在现场红区进行，评审报告要描述不合格品缺陷数量、缺陷名称、缺陷原因、纠正措施、处置方式（如让步接受、返工、返修、报废）。

当处置方式为返工或返修时，返工或返修后的产品要经百分之百的检验判断合格才可放行，并做返工标记。为方便追溯，当产品不能满足本公司质量部门规定的技术要求，然而却满足客户的特定要求时，可作让步接收。让步接收由生产车间申请，由产品工程师/工艺工程师分析原因，由质量工程师判断风险，质量部长决定是否临时更改内部技术要求，并做跟踪记录。当让步接收被质量部长批准后，质量部负责更换状态标识，即用“合格”标签替换“不合格”标签。

6.7 纠正与预防

纠正与预防的目的是针对问题或缺陷，建立行动目标，运用计划/执行/检查/实施（PDCA）循环的方法执行行动计划，验证改进效果，并将有效的措施展开到类似的过程和产品，预防类似问题的再次发生。

描述问题可以采用客户要求的格式或与过程相关的量化数据及技术性描述，也可以采用5W1H（What：对象、When：时间、Where：场所、Who：人员、Why：为什么、How：方式）的记事方法。对于一般性问题，采用问题清单的形式追踪问题的解决并验证其有效性。其问题描述用“任务和问题清单”。对于顾客投诉及管理评审、经营计划等的不符合项，采用8D的方式分析和解决问题。其问题描述用“8D报告”，具体见附录4。针对零件缺陷，适用时，可采用图片的方式补充描述。

8D是一种解决问题的方法，采用D1“成立小组”、D2“问题描述”、D3“临时措施”、D4“发现并验证根本原因”、D5“选择纠正措施并验证”、D6“实施纠正措施并验证”、D7“防止再发生”、D8“总结祝贺小组”共8个步骤。

针对问题或缺陷，需制定有效的临时措施而且立即执行，以确保客户的交付。

对问题现象采用重复5W的方式分析原因，如根本原因未知，可用质量工具，如头脑风暴法、鱼刺图法等来确定可能原因，并通过分析以验证根本原因；如根本原因不确定，可写下可能的原因并进行缺陷再现的测试。

考虑使用系统化的步骤，对措施进行风险分析并采用 POKA－YOKE（防错）方法，还需要制定定量指标验证措施是否达到预期效果。如措施的完成时间，措施完成后通过结果系指标的测量来判定。

为了防止该缺陷在类似过程或零件中再发生，需将经验证有效的措施标准化。如针对过程或管理问题修改程序文件、作业指导书等。对于零件缺陷，则需输入 FMEA（潜在失效模式和效果分析）、控制计划、作业指导书、检验指导书中。所有措施可展开到类似的零件生产过程或管理过程，并在类似零件的生产或管理过程开发时，将已批量生产零件的 FMEA 作为经验输入，即执行了预防措施。

具体的纠正和预防流程可参考图 6－5。

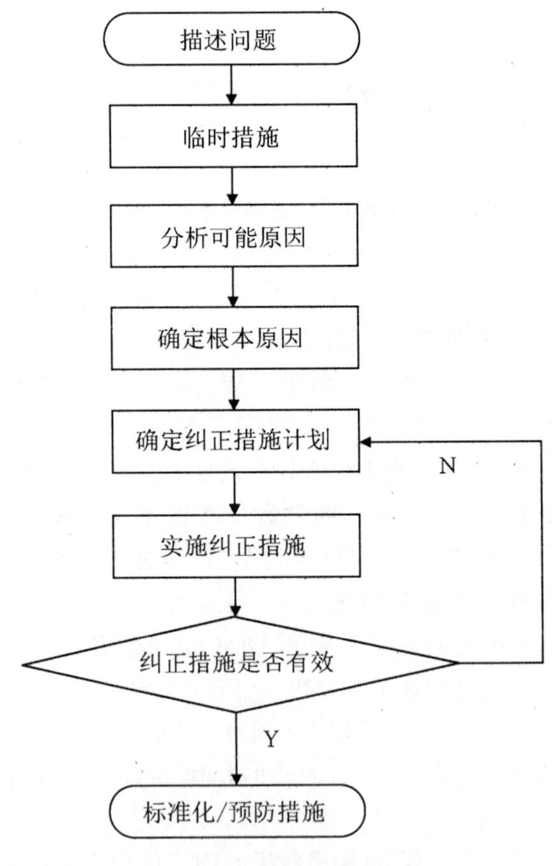

图 6－5　纠正和预防流程

第 7 章　采购管理

7.1　生产性物资的采购

7.1.1　采购物资的分类

采购物资指所有需要外购的物品及服务。根据属性不同，分为两大类：生产性物资：产品生产用原材料、外协/外购件、外包生产工序等。非生产性物资：手工样件、样品、快速成型样件等一次性零件；模具、检具、工装、设备等固定资产；工程技术服务、设计服务、造型服务、租赁服务、委外测试、维修维护等各类服务；间接材料、办公用品等低值易耗品；国内外采购物资及对客户交付物资的仓储、运输、配送等物流服务；基建。

7.1.2　生产性物资的定点

对于生产性物资，采购的特点是，所有产品的采购都会重复地持续，直到其生命周期结束，而前期还会有一个开发的过程。根据该特点，生产性物资的采购包括三个步骤：生产性物资的定点、生产性物资的开发和生产性物资批量生产后的采购。生产性物资的定点一般按如下流程进行，见图 7－1。

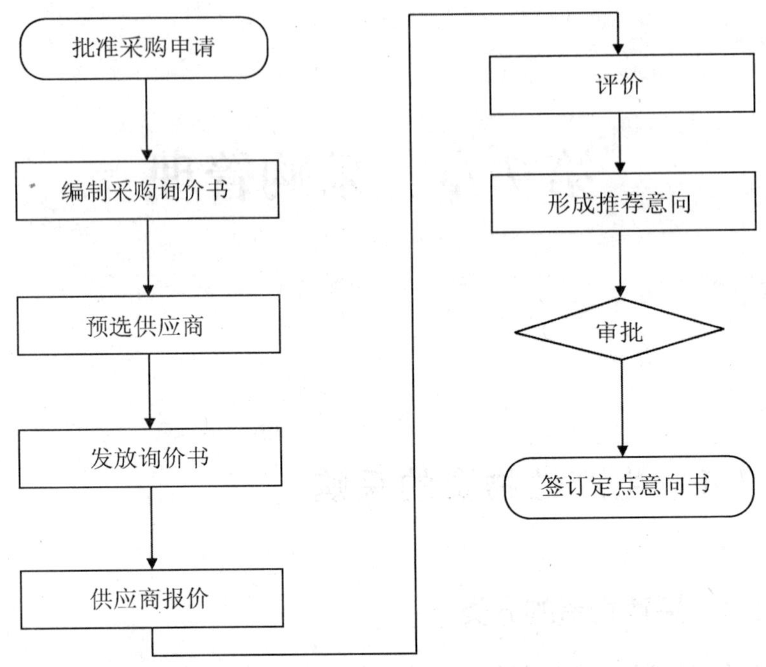

图 7—1　生产性物资的定点流程

(1) 生产性物资的采购申请以物料清单（Bill of Material，BOM）为准，即 BOM 中批准某零件为采购件，则应按项目进度要求完成采购的定点。采购工程师负责编制采购询价书，询价书中应描述清楚产品尺寸（通常用电子数据作为附件进行描述）、材料要求、技术要求、项目背景、产品生命周期内的量纲、产品开发节点和周期要求、质量要求、包装要求、运输和交付要求、报价明细要求等。所有相关要求由不同的职能部门输入给采购工程师。预选供应商应从“合格供应商清单”及“潜在供应商清单”中选择。如果资源不够，进行供应商资源调研、潜在供应商评审，合格后方具备预选资格。

对母公司的合格供应商资源，公司可直接录用，不必进行潜在供应商评审。客户指定的和国外原配供应商可免于评审，客户指定供应商应有客户指定的书面文件。预选供应商由采购部召集技术中心、质量部、需求部门（新项目为项目经理参加）指定人员根据供应商技术开发能力、质量保证能力和服务保障能力择优选择（原则上选择至少 3 家），编制并批准“布点计划”。

（2）采购工程师根据批准的布点计划向供应商发放“询价书”。因询价书中包含了相关项目信息、完整的技术资料，所以应严格按受控文件的发放流程来进行管理和发放，并要求供应商签收资料及样件前签订保密协议。为确保供应商正确地理解标书内容并准确报价，可根据实际情况组织一定轮次的技术交流，包括供应商的方案介绍和答疑，并以适当的方式将交流的内容告知其他竞标者，但前提是不损害竞标者的利益和不侵犯其知识产权。

（3）供应商报价的进度由采购工程师负责跟踪，在规定的时间内接收报价书。所有供应商报价书收到后，采购工程师组织需求部门（新项目为项目经理）、财务部、质量部、技术中心等相关职能部门指定人员一起拆封或在邮箱中提取报价书，评审报价。

（4）报价评审前，客户部将被客户确定的报价信息输入给财务部，财务部再根据 BOM 表和采购部输入的相关市场信息做出本公司的目标价格，报中外方总经理批准。报价评审过程中，质量部负责评价质量保证能力，并给出量化的分值；技术中心负责评价技术开发能力，并给出量化的分值；供应链管理部通过各种信息渠道了解信誉度后评价其服务，给出量化的分值，根据其报价评估其价格得分，然后输出总的 QSTP 评价表。

（5）采购部将 QSTP 的打分及报价汇总到项目审定书，并将评价组的意见形成推荐意向，经需求部门负责人（新项目为项目经理）确认后，报采购委员会审定。采购委员会由中外方总经理、工厂厂长、采购部、财务部、技术中心、质量部、客户部等负责人组成。财务部负责审定其价格，技术中心负责审定其技术开发能力，质量部负责审定其质量保证能力，其他部门参与审批。最终由中外方总经理共同批准供应商的定点、采购方案及策略。

7.1.3　生产性物资的开发

采购委员会审定批准供应商定点意向后，对于生产性物资，采购部负责与供应商签订定点意向书，转入供应商开发管理阶段。下面介绍供应商开发管理的流程，具体见图 7—2。

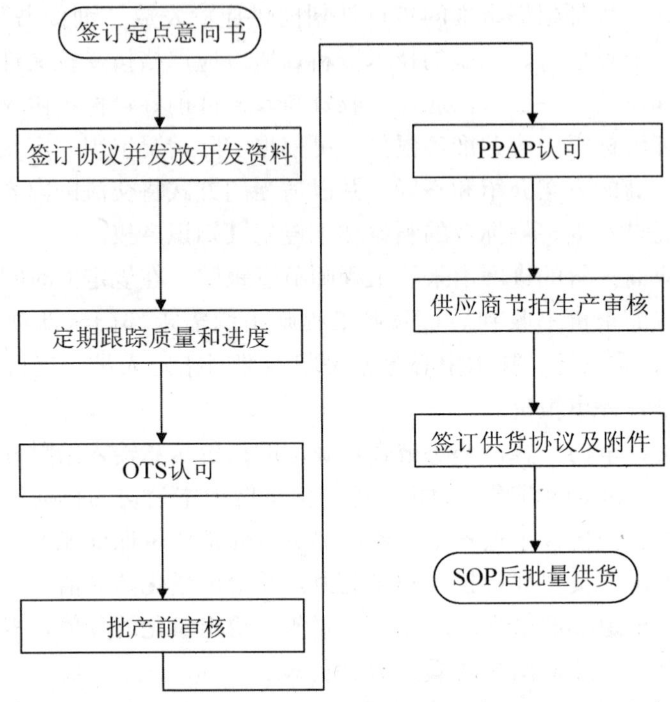

图 7—2 供应商开发管理流程

（1）定点意向书是合同的一个组成部分，当双方签署定点意向书后，即形成了供应商与客户的关系。供应商就应遵循定点意向书上的时间节点和要求交付零件和开发过程中的文件。为确保供应商充分理解客户的要求，通常在项目定点完成后，采购工程师应组织供应商启动大会。会议上，应确保双方的项目团队充分地沟通，讨论项目开发体系、产品技术要求和质量要求、开发的时间节点要求。会议的输出应包括：向供应商签发的各类文件和资料，包括图纸、技术要求、电子数据、必要时的样件等，签署质量目标和技术协议、问题和任务清单。

（2）为确保供应商的开发进度满足客户要求，供应商须按期提交进度计划，采购工程师至少每两周跟踪一次供应商开发进度，并列出问题清单。在重要的时间节点，采购工程师应组织项目组到供应商现场或模具开发的现场拜访及检查进度。项目 SQE 负责按时间节点检查其开发的输出是否满足阶段性质量目标的要求。

（3）为验证模具、夹具的开发状态，开发阶段的一个重要节点是 OTS（Off-tooling Sample，工装样件）阶段。在该阶段的时间节点中，供应商应提交用正式模具或夹具制造的产品，并附上全尺寸报告、外观检查报告和材料试验报告。产品工程师负责评价OTS的符合性，并输出OTS认可证。只有获得了OTS认可证的供应商才能进入下一步的开发流程，如模具皮纹的启动。若评审不合格，但为了保证项目顺利进行，也可采取临时认可方式，即在认可证上注明存在的问题、问题整改的措施、临时认可期限，期限已到仍没有整改的，不能再进行发运，收货部门拒绝收货（发运时应将认可证和发运单一起交予收货部门）。

（4）批量生产前审核由采购工程师组织SQE、产品工程师按过程审核的相关规定完成。过程审核的依据是控制计划，所以，过程审核前，应要求供应商先提交相关的PPAP文件（包括过程流程图、PFMEA、控制计划、产品和过程验证报告、PPAP样件等）。过程审核的输出应包括过程审核报告、问题清单。

（5）当供应商提交的PPAP资料符合项目要求，且过程审核达85分或85分以上，则满足本公司PPAP要求。SQE签署PSW并提交给采购工程师，采购工程师下发给供应商。战略采购负责按PSW的结果及时更新“合格供应商清单”。当供应商提交的资料和过程审核不满足要求时，要求供应商限期进行整改。若评审不合格，但为了保证项目顺利进行，也可采取临时认可方式，即允许按限定时间或零件数量运送生产需要的产品。仅当供应商在下列情况下，可给予临时批准：①已明确了影响生产批准的不合格品的根本原因。②已准备了一份经批准的纠正措施计划。一份临时批准文件所包括的产品，若没能按截止日期或规定的发运量满足已同意的行动计划，则会被拒收。如果没有同意延长（扩展）临时批准，则不允许再发运。③设置ERP中价格单的期限等同于临时认可期限。

（6）批量生产前的产能审核旨在考察供应商生产节拍和能力是否满足批量生产要求。如审核不能通过，则要求供应商限期整改。整改期间，停止该供应商一切新业务机会。

（7）供货协议，即批量生产合同，其附件包括：物流协议，计划保障科负责签署；质量保证协议，采购部项目SQE负责签署。计划保障科、采购部SQE将签署完的协议提交给项目采购工程师，项目采购工程师将其作为供货协议附件，同供应商签署外协件供货协议。

7.1.4 生产性物资批量生产后的采购

生产性物资批量生产后的采购是一个重复的过程，即按供货协议，每天/周/月向供应商发放订单，供应商按订单交付，公司按供货协议规定的付款期限与供应商进行对账后付款。

7.2 非生产性物资的采购

7.2.1 非生产性物资采购的步骤

非生产性物资采购的步骤包括：①确定采购需求，如货物的种类、品种、型号、数量或具体的技术要求等；②调查分析供应商资源；③确定采购的方式是招标还是非招标方式，若用招标方式，采用哪种具体方式；④招标采购要组织进行招标、评标，而非招标采购方式则要制订采购计划、采购认证、订单认证等；⑤签订合同和技术协议；⑥合同的实施与监督，包括按进度要求监控每个阶段的制造是否满足要求，合同执行中对存在的问题采取必要的行动措施；⑦合同管理，包括验收、合同支付，合同纠纷的处理等。

7.2.2 非生产性物资的采购方式

非生产性物资的采购方式可分为招标采购和非招标采购。招标采购主要包括公开竞争性招标、有限竞争性招标和询价招标；非招标采购主要包括国际、国内询价采购及直接采购等。

非生产性物资采购方式分类如图 7—3 所示。

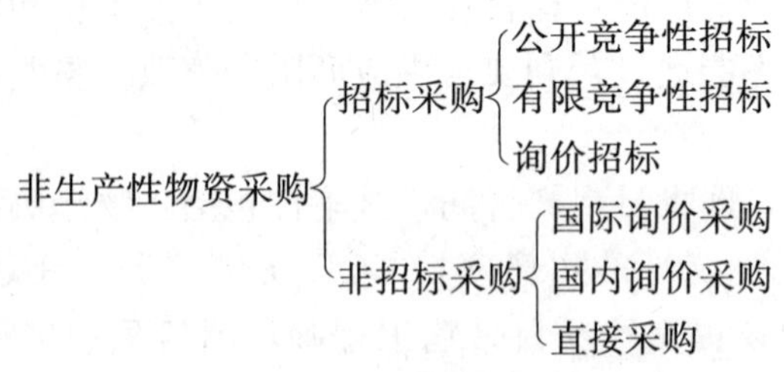

图 7—3 非生产性物资采购方式分类

（1）公开竞争性招标。公开竞争性招标是由招标单位通过报刊、广播、电视等公开媒体工具发布招标广告，凡对该招标项目感兴趣又符合条件的法人，都可以在规定的时间内向招标单位提交意向书，由招标单位进行资格审查后购买招标文件，进行投标。公开竞争性招标的方式可给一切合格的招标者以平等的竞争机会，能够吸引众多的投资者，一般也称为无限竞争性招标。

根据项目采购的规模大小、要求的货物和服务的技术水平的高低以及资金来源，公开竞争性招标又可根据其涉及的范围大小，分为国际竞争性招标和国内竞争性招标。

公开竞争性招标优点：竞争公平而激烈；在更加广的范围内选择供应商；有利于选择最佳供应商。

公开竞争性招标的缺点：准备工作量较大；可能会出现低水平标书；增加采购管理费用。

这种招标方式主要适应对象是技术简单、规模较小的项目。

（2）有限竞争性招标。有限竞争性招标，又称为邀请招标或选择招标。有限竞争性招标是由招标单位根据自己积累的资料或由权威的咨询机构提供的信息，选择一些合格的单位发出邀请（应邀请单位必须有3家以上），要求其在规定时间内向招标单位提交投标意向，购买投票文件进行投标。

有限竞争性招标优点：缩短评标周期和费用；有利于项目迅速开工；节省招标管理费用。

有限竞争性招标缺点：竞争不公平；不能有效地发现潜在的供应商；采购价格可能会提高。

这种招标方式一般适用于技术复杂、规模巨大的项目，潜在的竞争者数量有限。

（3）询价招标。询价招标即比价方式，一般称做“货比三家”。它适用于项目采购时即可直接取得的现货采购或价值较小、属于标准规格的产品采购。有时也适用于小型、简单的工程承包。

询价采购是根据来自几家供应商（至少3家）所提供的报价，然后将各个报价进行比较的一种采购方式，其目的是确保价格的竞争性。这种方式无须正式的招标文件，具体做法同一般的对外采购区别不大，只不过是要向几个供应商询价进行比较，最后确定采购的供应商。

询价采购优点：采购速度快。

询价采购缺点：因缺乏竞争导致成本大幅度上升。

这种招标一般适应于应急工程、项目中只有个别公司掌握技术的特殊环节。

（4）非招标采购。在特定的采购环境下，不进行招标而直接询价、议价、签订合同的采购方法。这主要适用于不能或不便进行竞争性招标、竞争性招标优势不存在的情况。例如，有些货物或服务具有专卖性质，只能从一家供应商处获得。在重新招标时没有一家供应商愿意投标等。非招标采购主要包括国际、国内询价采购及直接采购等。

7.3 采购的体系和机制

采购的宗旨是技术、质量和进度满足要求的前提下，使采购价格最低。怎样使采购工作系统化呢?

7.3.1 建立合格的供应商资源平台

采购工程师在日常工作中根据其分管的类别和公司采购战略，应关注行业国内、国外的供应商资源状况。信息来源主要有网络和报刊、行业内产品展示会、母公司、客户、供应商、项目组。经过筛选，针对合适的供应商，发出基本信息调查表和问卷调查表。主要就供应商地址、注册资金、公司资产所有类别、产品类别、主要客户、固定资产、人力资源状况、质量体系及环境体系认证状况、客户处的质量业绩、来自客户的评价、是否具有设计能力等进行调查。调查结果符合公司采购战略，则可以发起潜在供应商评审。潜在供应商评审合格者，可以参与报价。合格的供应商资源即意味着此类供应商能够满足公司的技术、质量的要求。在每次项目定点时，要特别评审该供应商当前的产能状态是否能满足项目进度要求。通常情况下，可以借用母公司的供应商资源，即母公司评价合格或合作过的供应商可以直接进入公司合格潜在供应商清单。

7.3.2 建立成本分析数据库

针对生产性物资、非生产性物资及其类别根据以往的采购经验和市场价格信息，建立成本数据库。①不同原材料价格建立随市场行情波动的价格趋势表。②收集各种标准件的价格。③根据公司所需的零部件类型按不同工艺，收集各种价格基础信息。例如，收集各种注塑件价格信息，按材料成本、人工成本、模检具成本、开发成本、制造成本、动力成本、包装/运输成本等进行分解；各种油漆表面处理件，需收集油漆原材料价格、喷涂单位面积耗量、工艺节拍、人工成本、制造成本、开发成本、模检具成本、包装/运输成本等。各种金属冲压件成本数据库，按材料利用率、冲压工时节拍所影响的制造成本、动力成本、包装/运输成本等建立信息库。各种表皮包覆件成本数据库。针对非生产性物资，要建立关键零部件、材料、工时耗用量及其单价的数据库。

7.3.3 价格分析和比质比价

通常一种类别物资的供应商至少具备3～4家战略供应商资源，定点时参与比质比价。根据供应商产能和公司五年业务预测，可适当增减供应商资源。采购进行比质比价是获得低价的一种途径，但还需进行正规的价格分析，以便清楚每种采购件中的利润状况，这样可以进一步评价供应商，并合理地继续引进新的资源，压缩采购成本。

7.4 供应商的质量控制

非生产性采购是一次性的买卖活动，对供应商的质量管理和控制在于对其制造过程、交付物质量验收及售后服务的管理。具体约束手段可根据风险在合同和技术协议中阐明，并用合适的付款方式对其加以约束。

对于生产性物资的采购，需在整车或产品的生命周期内连续按订单供货。其中，有些产品是标准件，不需要专门开发。有些产品是专用件，需要与整车同步开发，并满足其生命周期内的供应。这里着重介绍生产性物资中专用件的供应商的质量管理和控制。供应商的质量管理和控制分为潜在供应商阶段、初始供应商阶段和合格供应商阶段三个阶段。除各阶段的常规控制外，供应商设计变更和4M变更的控制对质量控制也非常重要。

7.4.1 潜在供应商阶段：报价阶段

潜在供应商阶段即报价阶段所需进行的活动，按顺序包括：

（1）通过供应商问卷调查表来初步筛选供应商。调查表中要包含该供应商以往的供货质量业绩、客户评价、质量保证体系是否建立等。

（2）潜在供应商审核，主要是现场审核供应商是否具备质量保证体系和质量保证能力。

（3）RFQ报价咨询。RFQ中要明确对质量保证的要求，供应商的报价书中要承诺其提交报价书的前提是满足公司RFQ的要求。

（4）QSTP（质量、服务、技术、价格）评价。评价中，如果Q（质量）

在 60 分（满分 100 分）以下，则该供应商在比较中要被淘汰。

（5）供应商定点，签订定点意向书。定点意向书中要明细各阶段需满足的质量要求，供应商签字则视为对质量要求的承诺。

7.4.2 初始供应商阶段：项目阶段

在双方签署定点意向书后，供应商应严格按照公司项目开发体系和客户特殊要求开展产品开发工作，并对其定点意向书范围内的零件实施控制，以获得产品和工序的质量。其活动包括但不限于：

7.4.2.1 供应商职责分工，并培训供应商关于项目的特殊要求

供应商应成立专门项目小组，并输出小组联络单给公司。在项目开始启动时，公司采购部负责召开新项目供应商启动大会，供应商项目小组负责人、质量工程师、产品工程师等必须参加。在启动会上，明确供应商的职责，培训该项目开发的特殊要求。一般遵循的原则是，当主机厂有特殊要求时，将主机厂特殊要求整合到公司项目开发体系进行；当主机厂无特殊要求时，完全按公司开发体系进行。

7.4.2.2 产品定义确定

供应商在收到公司正式发放的技术文件，包含但不限于 2D、3D 数据及技术标准、样件、公司的特殊要求等时，必须在接收清单上签字确认，以此作为正式开发的依据。供应商应在第一时间对收到的技术资料进行评审，存在疑问或资料缺失可以与公司相关工程师沟通，发现产品定义有错误或有理解上的问题及时与公司产品工程师进行交流。供应商在接收到技术资料的同时应该同公司产品工程师签订技术协议，开发过程中严格遵守技术协议的相关要求。

7.4.2.3 评审供应商项目策划文件，确认供应商项目总体状况

供应商应按期提交并实施项目的风险分析报告、缺陷消除计划、风险消除计划及阶段性先期质量策划。在开发初期，应测量原始进口件，若发现所测得的原始进口件参数与公司下发的技术任务书、功能图或数据有明显差异，应及时向公司项目组通报；按启动会上的要求，公司对供应商在策划阶段输出的文件进行不定期评审，以确保供应商项目开发的过程质量。供应商提供的技术文件包括纸质格式或数字化格式，内容包括履行订货合格所必不可少的技术规范、质量检查标准、专用工装模具正常使用和维修保养所必需的技术文件。

公司有权利也有义务核查或者安排核查供应商提交的技术文件，并向供应商指出在核查过程中所发现的错误或者遗漏。

供应商应根据公司的评审意见对技术文件进行修改。这些修改不应引起对

合同条件，特别是价格和实施时间计划的任何修改。供应商将这些改正后的技术文件再提交给公司。供应商对文件的质量负责，包括公司在核查过程中未发现的错误或者遗漏。

7.4.2.4　跟进供应商项目进度和解决产品质量问题

公司项目采购工程师负责跟踪和协调供应商新开发项目的总体进度，若因产品质量问题改进速度导致了项目的进度风险，采购工程师将跟踪和督促此类质量问题的解决。

7.4.2.5　评价供应商提交的各阶段样件

供应商应按指定地点、时间提交产品样件、纹理样板、颜色样板等。供应商送交的样件必须按公司的试验规范和技术要求自检合格，并随样件附交内容真实的试验报告、检测报告及送样清单。

供应商有义务配合公司对合同项下的开发项目进行OTS样件和PPAP认可。对于供应商的同一种外协件，公司免费为供应商提供一次OTS样件、PPAP样件认可和小批量试装。因供应商原因造成的第二次及第二次以后的评估费用全部由供应商负责，除非在公司的要求下发生了技术、工艺更改。

公司将对供应商提交的样件进行认可并及时把结果通知供应商。这份结论将说明公司同意接收所送交的样件或者拒绝接收并说明拒收的原因，供应商对存在的缺陷提出补救办法。

需明确的是，不论哪个阶段，供应商向公司提交的样件，一定是得到供应商自己的评估和审核，交样的同时须提交包含但不限于产品外观报告、产品尺寸报告、产品功能报告，具体依项目工程师决定需要提交的文件，如供应商不能提交要求的相关文件，项目工程师有权拒收或判样件不合格。

7.4.2.6　审核评定供应商PPAP文件资料

在项目启动会上，公司会与各供应商明确PPAP文件提交的范围和文件格式的要求。在开发阶段，供应商按约定的时间进度向公司提交PPAP文件资料，公司审核评定其文件的充分性、适宜性、可行性。当供应商的这些文件资料有更改时，必须即时重新提交公司。

7.4.2.7　供应商质量验收协议确认

为明确产品验收质量标准，更好地使供应商对产品质量控制的水准与公司要求保持一致，在项目阶段，需要签订供应商质量验收协议。

7.4.2.8　对供应商实施产品和过程审核

在对PPAP文件确认后，采购部SQE负责签署零件提交保证书（PSW），在此之前，项目SQE负责组织对供应商产品和过程实施审核。目的是验证供应商针对该项目合同范围内的零件是否具备了合格的过程。审核的依据是遵循过程审核条款和 PPAP 文件确认的要求。在做过程审核的同时，要抽样做零件的产品审核，验证在该过程的条件下生产的产品状态是否可接受，从而进一步确认过程能力。

7.4.2.9 节拍评审

在供应商过程审核通过后，公司项目采购工程师将按照双方达成一致的产能计划对供应商进行节拍评审，目的是：

（1）为公司提供产品的设备、检查设备和工装是否到位，核实这些设备是否投入使用。

（2）通过一段有代表性时间的测算，评估其生产设备的节拍和能力。

（3）评估供应商保证现生产供货和备件供货质量和数量的能力。

（4）核实供应商建立要求的饱和生产能力与柔性生产所具有的条件。

满负荷的生产节拍评审是关系到能否实现批量生产，以及项目是否能按期投产的一个重要条件。在此过程中，公司项目采购工程师确保供应商对其主要分包商或者外委供应商实施了同样的评审，并提供结果。需要明确指出的是，对因供应商责任，在双方约定的时间节点上不能通过满负荷的生产节拍评审，将被视为供应商违反了双方所签署的合同，根据由此导致事故的严重程度，公司将追究该供应商的违约责任。

7.4.2.10 批准供应商产品和过程状态

产品、过程审核和节拍评审通过，且开发阶段的问题都被关闭后，供应商可获得正式批准的零件质量保证书（PSW）。若没有大的风险，但仍有些小问题未解决，可获临时批准，在供货过程中再逐步改进，以获取正式的零件质量保证书。

7.4.3 合格供应商阶段：批量生产阶段

项目结束后，公司项目组将做出公司与供应商合作开发的总体质量及经验反馈。即对供应商的项目组织和管理能力、供应商计算机辅助设计的使用情况及能力、供应商对问题的反应速度和沟通能力、供应商对分包商或外委供应商管理及质量控制能力、实施认可试验的能力、开发计划的遵守和批量生产时的质量状况等进行量化的综合评价。这种量化的综合评价结果将作为该供应商新产品开发能力的业绩，也将作为下一个新项目供应商选择的一个重要的参考依据。

供应商批量生产阶段的质量控制，即供应商绩效控制。采购部负责供应商业绩考核的归口管理，每月对供应商进行综合评价。采购部供应商开发质量经理根据考核结果，针对连续排名在最后3名的供应商制订供应商能力提升计划，并组织实施。

综合评价内容包括：

（1）供应商质量体系三方认证情况，由采购工程师提供。

（2）公司对供应商周期性过程审核的结果，由批量生产SQE负责提供。

（3）供应商过程能力提升的结果，由批量生产SQE负责提供。

（4）供应商供货及时率，由计保科负责统计提供。

（5）供应商供货PPM，由批量生产SQE负责提供。

（6）供应商问题关闭及时率，由批量生产SQE负责提供。

（7）供应商让步接受的次数（扣分项），由批量生产SQE负责提供。

（8）供应商新产品开发能力得分，由项目SQE负责提供。

（9）供应商VA/VE（价值分析/价值工程）提案实施率得分，由采购工程师提供。

在批量生产阶段，对供应商出现的一般质量问题，质检员提出申请、SQE签发“供应商质量速报”，要求供应商限期提交纠正措施；对当月发生重大质量问题（重大质量问题的类别见注1）以及PPM统计排名最高的供应商，SQE提出申请，质量部长签发“供应商质量通知”，要求供应商提交8D报告。对供应商达到警示界限的（见注2），SQE提出申请，经质量部和采购部部长签字许可后，由采购部对供应商发出警示，将该供应商列入警示供应商清单中。警示期间，停止其从公司获得新业务的机会。若警示期间，供应商未能整改到位，SQE可申请撤销该供应商，启用另一家新供应商。

供应商在警示期内将问题关闭，经SQE验证通过，可在警示期满后，向公司采购部提出撤销警示申请。采购部部长和质量部部长签字许可后，采购部可撤销警示。

对于业绩最差的供应商，限期整改，逾期不改者，酌情调整合格供应商清单。

注1：

凡发生下列情况之一的，均为重大质量问题：

——因供应商质量问题，导致主机厂生产线停顿或公司生产线停顿4小时以上；

——因供应商质量问题，导致主机厂或公司生产线批量退换货；

——因供应商质量问题，导致公司受到主机厂黄牌警告；

——因供应商质量问题，导致公司产品被召回；
——因供应商质量问题，导致公司被索赔；
——供应商相同的质量问题重复多次发生。

注 2：

供应商警示处理条件及期限

警示性处理条件	警示期限
因供应商质量问题，导致主机厂生产线停顿或公司生产线停顿 4 小时以上	3～6 个月
因供应商质量问题，导致主机厂或公司生产线批量退换货	3～6 个月
因供应商质量问题，导致公司受到主机厂黄牌警告	3～6 个月
因供应商质量问题，导致公司产品被召回或受到索赔	3～6 个月
因供应商不积极解决问题，导致相同质量问题重复出现	3～6 个月

7.5 采购目标价格的制定

确定项目采购的目标价格非常重要，可以使公司做到“胸有成竹、胜券在握”。通过优化项目采购成本，提升本公司的竞争能力，并确保项目的成功。目标价格制定的部门一般包括财务部、采购部、技术中心。所有成本与产品的技术规范息息相关。因此，在制定目标价前，需先确定产品的技术规范，技术规范越全面准确，目标价格就越精确。开发前的技术规范也叫技术任务书或 RFQ 报价需求，其表现形式有 BOM、2D 图纸、3D 数据、材料定义、技术要求等。产品的价格通常由以下几部分构成，所以目标价格的制定也从以下几部分分析和考虑：

(1) 材料成本。材料成本是材料耗用量与材料单价的乘积。材料耗用量可以在 BOM 中描述，供应商也可在 3D 数据中计算零件体积用材料密度进行核算零件净重，然后根据工艺、零件质量要求和经验值计算出耗用量。材料型号在 BOM 中要准备描述，材料单价会根据市场原油和能源等行情进行波动，需关注适时价格。

（2）外协/外购件成本。这里谈到的外协/外购件一般是标准件，如果涉及专用件，其核算方式与产品成本核算方式一样。对于标准件，需做好标准件数据库，并进行市场调研，做细致的成本比对，以便准确把握其成本。也可建议产品工程师在标准件成本数据库中选择类似产品的低成本标准件，直接在BOM中定义。

（3）加工/制造成本。其与产品的加工工艺、工时节拍、产品体积、存放要求等多方面有关系。加工工艺会影响到所选择的设备、设备价格、设备折旧成本、设备利用率。产品体积和存放要求会影响该产品在供货过程中所占用的场地面积。

（4）动力燃料成本与设备动力功率、所需的动力类别、工时节拍等有关系。

（5）对于专用件，有些专用的模/夹/工/检具需要在产品单价中按产品的量纲进行分摊，如果是客户一次性投资，则不包含这部分费用。

（6）设计/开发成本。对于一些专用件，因其专业的局限性，需邀请供应商一起来进行同步设计，根据零件的复杂程度，可以得到所需投入的设计人员人工工时。人工工时决定了设计成本，通常做CAE设计验证或油泥模型验证的成本也归到设计成本中。一个整车的开发周期通常是2年左右，其零部件的设计/开发通常要求与整车同步。也就是说，从产品定点到开始批量生产交付，有1年多的时间，这其中会有多次的试制和验证以及供应商与客户之间的沟通差旅，这部分费用被计入设计/开发成本。

（7）人工工资。人工工资与产品的工艺、工时节拍有关，与所用到的设备也有关系。通常设备先进，工时节拍会低，所用到的人也会相对少，落后的设备会导致人工成本的上升。

（8）包装成本。零件的外观及防护要求、产品尺寸、客户对包装材料的要求、运输距离、客户现场提供的存放场地及要求等会影响包装成本。

（9）运输成本。零件包装、运输距离、交付频次、量纲等会影响到运输成本。

（10）管理费用。管理费用通常按上述费用分摊到每个零件的单价后，按5%进行核算。

（11）利润。以上所有费用的相加，依据“利益共享和利益共同体”的规则，考虑较为合理的供应商利润比例。具体可参照表7—1。

表7—1 供应商成本构成比率分析

编报单位：__________

日期__________

编号__________

序号	变更申请号	变更原因	变更日期	报价表编号

产品名称		计量单位	
图　号		产品重量	
每车用量		产品批量	
产品批量		定　价	

序号	项目	金额（元）
1	动力燃料	
2	工资	
3	制造费用	
4	管理费用	
5	合计	
6	专用费用	
7	包装物	
8	运输费	
9	原材料	
10	外购/外协	
11	总计	
12	利润	
13	到厂价格	
	税金	
	含税价格	
	工时（小时）	

序号	原材料外购/外协分析				
	名称	单位	耗用量	单价（元）	金额
1	PC/ABS	克			
2	PA6+GF30	克			
3	POM	克			
4					
5		根			
6		个			
7		个			
8		个			
9		个			
10		个			
11		个			
	合计				0

序号	设备分析				
	名称	规格	单位	数量	单价（元）
1					
2					
3					
4					
5					
6					
7					
	合计				0

序号	项目	分配率	工时分析		
		元/t	工序	秒	金额(元)
1	动力燃料				
2	工资				
3	制造费用				
4	管理费用				
	合计				0

序号	专用费用分析				
	项目	单价	分摊数量	金额	备注
1	模具				
2	设计				
3	检具				
4	专用工装				
5	测量、试验费用				
6					
7					
8					
	合计				

包装条件以及其他成本项目分析		定价及调价理由	经办： 主管：	××公司意见	外购件科	经办章：　主管章：
备注： （1）各栏不够用，可另纸补充。 （2）根据各单位生产特点可增添内容。					价格核定	经办章：　主管章：

我公司承诺所报价格完全符合××公司提供的报价依据，并无异议。

当目标价过高，导致公司项目财务指标不能完成时，财务部要组织公司各部门推进降低成本活动。降低成本的基础工作是从技术的角度找出一些 VA/VE 方案，有些 VA/VE 涉及定义的更改，需按设计变更过程获得客户的准许；有些 VA/VE 在公司内部推行即可。

第 8 章　制造管理

要确保交付的产品质量、产品数量、产品时间节点三个 100%，一家公司的制造管理可细化为以下几个过程进行管控：订单管理、交付管理、仓库管理、生产过程控制、设备和模具的管控等。

8.1　订单管理

现在的生产模式是拉动式生产，即用客户订单来拉动供应商供货、生产环节的各个工序，这样可以减少库存，做到及时供货（Just In Time，JIT）。订单通常有两种形式，一种是周/日的准确可执行订单，可用于指导公司按此编制生产计划，指导公司各工序的生产和交付；另一种是年/月的预测订单，该订单信息用于评估供应商产能风险和公司内部各工序产能风险，以便提前策划和做好预防风险的措施。

8.1.1　订单评审

周/日订单由工厂计划保障科主计划员按客户规定的方式（例如，A 主机厂的订单从 EFI 中接收，B 主机厂的订单从 C-PARTNER 中接收，C 主机厂的订单从 EPS 中接收）接收，将订单汇总记录于“订单汇总表”内，并在工厂生产车间和计划保障科授权评审。将评审通过的订单信息输入生产计划。

主计划员根据客户更新的频次收集订单预测信息（例如，某主机厂每月发当月订单时，滚动更新未来 3 个月的订单预测）输入至 ERP 系统［EPR 系统中的一种企业资源系统（Enterprise Resource Plan)］。计划保障科经理每月组织各生产车间经理、工业工程科经理、设备模具科经理召开一次评审会，评审本公司目前产能是否能满足未来 3 个月预测订单的要求。

评审的输入是产能规划报告、客户订单预测信息；输出是会议纪要，必要时附带问题清单。当产能不能满足要求时，由工厂厂长决定其行动措施。按ERP系统要求，需维护6个月的订单预测时，主计划员以客户年度订单预测为准输入后续第4～6个月的订单预测数据。

针对试生产阶段的订单，客户部负责接收，并传递至生产启动经理；生产启动经理以“试制申请结算单”作为输入，并由其组织订单的评审。

8.1.2　下发生产计划

主计划员根据ERP系统中获得的库存数量、生产线产能、发运周期、制造周期、包装单元最小数量、所制定的最高/最低库存范围，编制“生产计划”和对供应商的“要货计划”。公司产能由项目组策划并验证后输出。当公司有任何关于生产线的持续改进措施实施后，若涉及产能变化，则由各生产车间负责提供数据，计划保障科负责更新“产能规划”。生产计划由计划保障科经理审批签字后发放各生产车间，通常在每周的周五下发下一周的生产计划。

8.1.3　下发作业计划

生产车间计划员收到计划保障科的生产计划后，依据工艺流程图、工序间半成品库存数量、生产线能力、制造周期、包装单元、最高/最低库存范围、各工序的合格率等来编制能满足入库要求的“作业计划”。作业计划经生产车间负责人批准后并下发至车间班组、计划保障科、工业工程科、设备模具科、质量部。

8.1.4　下发供应商订单

物料员负责维护ERP系统中的相关采购计划参数。系统根据生产计划、库存材料/外购件数量、最低/最高库存要求、采购周期、包装信息等生成物料计划，物料员每天监控物料计划的生成与下发。

按ERP系统要求，物料计划中包括当月需供货的准确信息和未来5个月的滚动预测供货件数（尤其是针对国外采购件，需考虑采购提前期）。物料员负责按合格供方清单，将供应商物料计划用邮件或传真的方式发至供应商处。如果没有问题，供应商在收到订单后将会及时确认回传并归档；如果有问题，双方共同协商一致后，物料计划员将重新制定订单下发。物料员同时负责在系统中追踪原材料、外购/外协件的按计划入库。对于计划执行过程中出现的各类问题，例如，生产计划变更、物料出现批量质量事故、供应商无法按期交付等情况，物料计划员应当及时进行物料计划调整，处理各类问题（必要时采用非常手段运输），并将情况及时通报相关各部门，直至最终确保物料采购计划完成。若因供方原因造成未按计划交付（供应商准时交付指交付时间在订单规定的时间±1天以内，货物数量、包装、交付地点准确），要求供应商分析原因，并给出纠正预防措施、措施实施后的验证报告。物料员每月汇总一次供应商交付及时率，并在下月10日前将其发放采购部和体系工程师。对于不按期交付且造成公司生产停顿的供方，供应商须提交问题清单解决报告，并按采购通则给予处罚。

8.1.5 按计划生产

生产车间负责按生产计划保质保量地完成生产任务；质量部按生产计划安排检验员及时地判定产品；设备模具科安排模具人员做好换模工作，并保障设备运行的完好，配合车间生产。

8.1.6 监控计划完成率

计划保障科负责安排及时配送原材料、外购件及半成品的转移，保证物流畅通。计划保障科主计划员负责按班跟踪各生产车间生产计划的完成情况，并记录在“生产周报表”中，每周一公布上一周的生产计划完成的情况，粘贴在看板上。每个月的5日前，将上一个月的生产计划完成情况汇总于“生产月报表”中。当生产计划有未完成的情况时，立即报告生产车间负责人，并查明原因，在生产月报表后注明。计划保障科主计划员在每个月10日前将上一月的“生产月报表”报体系工程师，汇总到绩效指标统计表中。若遇特殊情况不能完成计划并影响交付，则提前3天通知客户部，并将此情况与客户进行沟通和协商，使客户能及时调整生产线的品种，并取得客户的谅解或征得客户同意延迟交货。

如生产正常，则继续进行生产，直至该产品合格生产完毕，入库并交付给客户；如生产异常，则由各生产车间将其状况通知计划保障科，计划保障科判断该生产异常是否会影响客户的交货日期。如不会影响客户的交货日期则由计划保障科会同生产车间对该生产异常的订单进行生产计划调整，由各生产车间调整生产计划进行生产。

8.1.7 计划调整

（1）紧急插单。当接到客户的紧急订单时，计划保障科根据客户对订单紧急需求的状况结合公司实际的生产应变能力对非原生产计划内订单，在生产计划中增加计划数量，并用其他颜色标识表示为追加的订单，分发至各生产车间及各相关科室组织进行生产作业。如涉及外包企业的生产计划变更情况，则须以追加要货计划的形式通知外包方，待得到外包方的确认后方可实施。若现有班次无法满足客户的订单追加，计划保障科组织各科室做订单变更的评审，以采取增加班次的措施来满足客户的要求。

（2）补单。在生产过程中，当产品不良率过高或其他质量异常造成的补单，计划保障科结合公司实际的生产应变能力以“生产计划（追加）”的形式安排生产作业。

8.2　交付管理

8.2.1　交付前的准备

主计划员负责将客户要货计划输入给计划保障科成品库管理员。若出现客户订单变更的情况，需更新要货计划版次，并收回旧版次。

成品库库管员按要货计划，提前一天检查库存产品：①数量是否能满足订单要求。②包装是否破损，包装的型号是否符合“零件交付检验标准”的要求，以确保它在运输过程中能有效防护产品。③标识是否符合“零件交付检验标准”的要求，以确保零件在客户处的正确识别、交付及装车。若不能满足，立即报警给仓库主管。

8.2.2　交付流程

（1）对于 A 主机厂的要求，备货员按发货计划（客户需求订单）备货，库管员开具“成品出门单”一式四联，并签字，交由物流运输司机确认，产品出门时交保安一联，其余三联由物流司机将其与产品一同交付给客户，客户在单据上签收确认。当日交付完后客户开具总“到货单”，物流司机将“到货单”与“成品出门单”一并交由仓库保管员。保管员将客户开具的“到货单”交给计划员用于统计订单完成情况，将回收的成品出门单一联交记账员下账、一联留自己做账。

（2）对于 B 主机厂，是取货制，备货员每天按客户周需求订单组织备货。库管员上 B 公司网站，下载条形码并生成“交货清单”，备好货后库管员开具“成品出门单”，然后粘贴条形码标签。发货之前，库管员检查数量及标签与实物的一致性，并做检查记录。库管员将“成品出门单”中一联与交货单一并交给物流司机，司机将其与产品运送至B主机厂，对方收货确认后，每月返回“交货清单”给公司。库管员将其传至计划员处，核对送货情况。库管员与记账员依“成品出门单”下账。

8.2.3 交付过程的控制

产品出库原则是先进先出。在交付过程中，如客户发现实物数量短缺、产品损坏时由物流司机及时与计划保障科电话联系，由计划保障科核实后进行处理。在交付装车过程中，成品库保管员应监督并主动消除一切不利于包装/防护要求的因素，确保向客户提供完好的产品。

为确保按期交货，计划保障科必须对交付过程进行监控，一旦发生未按期交货的情况应及时与客户沟通，并立刻实施纠正措施。当产品在交付过程中发生突发性事件时，计划保障科应采取相应的应急措施：

（1）计划保障科应首先了解该批出货产品目前在哪段运输过程中发生了状况，及时向客户部反映。

（2）当客户部了解到该批出货产品目前在运输过程中所发生的状况后，应立即与客户进行沟通和联络，并按客户的要求进行处理。

（3）当客户部与客户进行沟通和联络后，应立即将其要求通知公司计划保障科，并提出紧急处理方案（必要时方案需中外方总经理审批）。例如，重新发货、换货、派车去接送、派人员去事件发生地进行实地了解和处理等，以确保合格的产品能按时到达客户目的地。

计划保障科对额外运费进行统计和分析。计划保障科对产品交付情况适时进行监控，主计划员每天将“到货单”与客户要货指令对照，判断是否100％及时交付或者在客户系统中查看货物是否按订单要求及时交付。客户的交付订单按天下达，因此，满足当日交付的数量则为及时交付。若有未及时交付的现象发生，则立即分析原因，采取措施，验证其有效性，并反馈客户。

8.3 仓库管理

8.3.1 原材料、外协件的仓库管理

（1）库管员每天按ERP系统输出的要货计划进行收货。供方将货物按供

货协议要求和定单要求的日期、数量、包装单元送至仓库区。库管员负责指挥其将货物卸至待检区。

（2）仓库保管员负责按送货单及供货协议，验收其包装的符合性及数量、标识的正确性。当以上三项都符合时，填写送检单给进货检验员。进货检验员负责按进货检验工艺卡进行进货检验。合格则通知仓库管理员开具入库单并办理入账手续，不合格则通知仓库管理员退货。同时，将“采购物资检验单”一式三联中的一联传递给计划保障科，一联留底。检验员检验后的零件或材料外包装箱上必须做“合格”或“不合格”的清晰标识。

（3）仓库管理员负责办理ERP系统中的入库手续。将带有“合格”标识的零件从待检区搬运至该类零件或材料所属的合格品区。零件的区域划分按仓库平面布置图实行定置管理。为保证先进先出，零件的放置须按要求，首先进行批次号的识别，每个不同的批号必须放置在不同的区域。当供方包装箱上无批次号时，以其生产日期的标识为批次号。存放架上应有批次存放的先后顺序指导图或先进先出目视板。每种物资必须建立相应卡片，卡片上数据与实物要保证完全一致。

（4）储存环境的要求。外购件分不同类别进行储存。对于有安全隐患的危险品须储存在专门的危险品库，并对其进行严格的管理。对储存环境有要求的产品储存在封闭区，并定期检查其环境（温度、湿度、光照度等），如化学品。为防止在储存过程中因堆放不当造成零件被压伤，储存高度也应有相应的要求。

（5）库存数量的要求。按目标中的库存周转天数，计划保障科经理负责将其分解为每种零件的最低/最高库存，并在目视板上展示。仓库管理员在每次发货后在物料卡上填写当次发货数，并计算出实际库存。当实际库存在最低/最高库存目标的范围外时，及时电话报警给物料计划员，并在目视板上用红色标识出来。

（6）定期检查。为确保储存过程中的产品数量无错，即账、卡、物一致，并确保质量完好，仓库管理员每天须检查其责任范围内的所有产品，填写仓库巡检记录单。若发现产品在储存过程中有包装破损、产品外观不良、标识丢失、超过有效期等现象，均须填写检验申请单，请检验员按检验作业指导书进行复检。若发现数量与账或卡上不一致时，则进行全部盘存，并将结果立即报告给计划保障科经理。财务部组织的盘存每月一次，盘存时发现与ERP系统中的不一致时，查找差异原因、制定整改措施，并根据差异的多少，将差异表报相应领导层，确定采取处理措施。

（7）不合格品的储存。当生产车间在生产过程中发现不合格外购件，由检验员确认后每天集中一次退库。仓库管理员负责按数量给生产车间补货，并将不合格零件存储在仓库不合格品区。计划保障科经理根据不合格品区的大小，制定不合格品的最高库存，以便仓库管理员参照要求及时进行退货。

（8）公司计划保障科对生产车间实行配送制。仓库配送工负责按作业计划、配送节拍实施配送。配送时，按配送作业指导书检查确认零件号、零件名称与岗位的符合性，并执行先进先出。所有零件送至岗位固定位置，由操作班班长确认零件号与数量的符合性。

8.3.2 半成品的仓库管理

（1）针对非流水线制造的产品，即进入下一工序前需储存或等待的半成品，为在储存过程中有效防护产品，应由工序操作工负责包装。其包装的策划或设计在过程开发与设计阶段即应完成，并得到验证。不同半成品的包装方式与数量见工序作业指导书。每个装有零件的包装容器，为防止误用，应做好产品标识和状态标识。

（2）半成品的储存分为两类。一类是工序与工序间的节拍不能匹配时，为考虑设备启动成本和批量生产，需将生产后的零件入库管理。此类零件的储存防护的职责归计划保障科。另一类是工序与工序间的节拍基本匹配，但又非流水线，需做中间过渡储存，其防护的职责归生产车间。所有半成品的储存须控制以下几点：①储存环境，如温度、湿度、防尘、光照等，具体见零件的工艺卡或作业指导书。②储存时间，当工艺卡上或作业指导书中有储存时间要求时，必须遵循，并做好标识和记录。③储存时容器的定置，必须按车间平面布置图放置在定置线区域内。④储存时标识的保护。储存时须确保标识清晰、不丢识，以便于产品类别和状态的识别。任何无产品标识和状态标识的零件均为可疑零件，要得到质量部重新检验，并判断状态是否可使用。⑤最低/最高库存量的限制。计划保障科经理负责制定半成品的最低/最高库存量，仓库管理员在零件数量达到最低/最高库存警戒线时，要及时报警给车间计划员。

（3）按控制计划要求，有些工序半成品需经质检员专检才能进入下一道工序。质检员完成检验后，一定要做状态标识和记录。检验过程中，要按检验指导书的要求，轻拿轻放，在固定的检验台上进行，以有效地做好产品防护。

（4）计划保障科物流工负责半成品的搬运工作。所有半成品的搬运方式根据其包装容器的不同而不同。搬运的控制点为：①搬运前，检验搬运工具的完好性，防止因工具损坏而导致产品得不到防护。②特殊搬运工具的人，应获得相应资格。③先进先出。④搬运时的操作方法必须严格执行搬运作业指导书。⑤容器移动后的定置，按车间定置线存放。⑥搬运工具的定置管理。

（5）操作工在继续加工零件时，必须先确认该零件状态为合格，否则移到待检区或不合格品区。

8.3.3 成品的仓库管理

（1）若客户对包装和标识有特殊要求，按客户特殊要求进行；若客户无特殊要求，在过程开发与设计阶段，包装工程师负责策划成品的包装方式和标识。策划的输出是控制计划和零件的包装作业指导书。生产车间操作工负责按包装作业指导书的要求做产品的包装和标识。包装前的零件必须是经操作工自检合格的。包装所用的材料和容器在使用前，也须经确认合格。特别是容器上的废旧标识要清理干净方能使用，以防给出错误信息，导致误用。

（2）成品的储存分两类。一类是车间的临时储存，由生产车间负责防护。另一类是车间在完成一个班次后入库至计划保障科仓库的储存，由计划保障科负责防护。成品储存的控制点：①数量。根据客户的订单，确定成品最低/最高库存，并在目视板上展示。当超出警戒线时，要及时报警给主计划员。为保证账、卡、物上的数量一致，仓库管理员每次在收发货后，及时登记物料卡和记账簿，并重点检查零件数量。财务部每月一次盘点。②先进先出。③标识。有效地防护容器上的标识，若发现标识丢失或不清晰，应将该产品作为可疑产品送至待检区，重新检验确认状态后进行补充标识。

（3）检验员负责按控制计划或检验指导书的频次要求对成品进行检验和产品审核。

（4）所有产品发货前，仓库管理员必须再次确认容器的完好性、产品标识与数量的正确性（与客户定单核对），然后开出库单。运货司机必须在出库单上确认数量和质量。

（5）三方物流负责将成品从公司仓库运至客户仓库。若是客户取货制，则客户负责运输过程中的质量控制；若是公司送货制，则由公司控制三方物流供应商的运输质量。运输过程控制要点：①协议上责任明确、手续齐全；②不允许公司零件与其他产品混装；③交付时间准点；④运输工具清洁、完好。

（6）三方物流供应商负责将零件按要求时间节点交付至客户仓库，并将交付零件的回执单送至计划保障科主计划员。

8.4 生产过程控制

8.4.1 项目试生产过程控制

8.4.1.1 工装样件试制过程的控制

项目启动经理按开发计划，在模具到公司前半个月制订“工装样件试制计划”。计划必须详细包括试制时间、所需材料、人员、设备、工位器具等，项目经理批准后发放计划保障科、生产车间、采购部及项目组其他成员。试制前须准备到位的输入包括相应的设备、工装（包括模具和工位器具、辅助工具、检具等）、操作及检验人员、试生产控制计划、设备操作规程、包装方案、包装容器、所需的经检验合格的原材料、外购件、现场适当的储存区域、需记录的空白表单及人员任务分工、产品及状态标识的方法及相应标签。

准备就绪后，项目组产品工程师组织工装样件的试制，质量部、工厂相关科室配合，项目组对试制过程进行跟踪、监控和记录。生产人员按批量生产要求做好作业准备，按“控制计划”进行生产作业，标识试制产品，并隔离不合格品。

8.4.1.2 产品试生产控制

（1）客户工装样件认可通过后，进入试生产准备阶段。计划保障科主计划员以项目启动经理编制的“试生产计划”为输入，编制生产计划；生产车间编制作业计划。

（2）项目启动经理组织试生产，质量部和工厂相关科室配合，项目组对试生产过程进行跟踪、协调和监控，并做好必要的记录。

（3）试生产过程必须是1～8小时的生产，且规定的生产数量至少为300件连续生产的部件，除非客户另有规定。

（4）试生产过程中应按批量生产要求实施作业准备验证。生产人员依据试生产作业指导书作业，按规定的频次进行过程监控和记录，做好试生产产品的标识，实施5S整顿。试生产不合格品严格按要求标识、隔离和处置。

（5）项目组按计划对产品和过程进行验证，质量部配合进行产品外观检查，项目组质量工程师组织实施产品全尺寸检验和功能材料试验。项目组按计划进行过程能力、设备能力、测量系统的研究，评价包装规范的有效性，采取纠正/预防措施。

（6）试生产结束的标志是，客户对产品 PPAP（生产件批准）的认可。

8.4.2 批量生产过程控制

8.4.2.1 生产计划的控制

计划保障科以客户合同/订单、要货计划为输入编制生产计划；生产车间根据生产计划编制作业计划，并组织实施。计划保障科对生产计划的完成情况进行监控。

8.4.2.2 过程条件的控制

（1）作业人员。生产制造过程各类从事影响产品质量工作的作业人员，都应经过相关的岗位知识技能培训，并经评估合格后方可上岗。对从事检验/试验和特殊过程操作等特定人员，还必须经岗位专业技能培训和资格鉴定，方可持证上岗作业。顶岗人员必须具备本岗位所要求的能力和资质方可上岗作业，生产现场必须得到易于识别的顶岗计划。

（2）设备/工装。操作工在开机前，必须按设备操作指导书的要求做好设备/模具的点检及记录，确保生产设备/工装的状态完好，满足产品质量要求和生产的工艺节拍要求。设备工程师和模具工程师负责设备和模具的二级及三级预防性维护保养计划的实施。计划保障科负责批量生产后工位器具的保养和维护，确保工位器具满足产品的防护要求。

（3）采购件控制。质量部对采购件实施进货检验，确保经验证合格的采购件投入生产和加工；SQE 统计采购件供货质量，及时向供应商通报质量信息，并对供应商进行过程审核，督促供应商持续改进，不断提高产品质量；计划保障科实施采购件计划、交付、储存、标识和防护，并根据生产计划，按策划的间隔时间配送采购件上线。

（4）作业方法控制。公司必须为所有负责影响产品质量的过程操作人员，提供文件化的作业指导书。质量部负责批量生产后控制计划和检验指导书的更新维护和发放。工业工程科负责批量生产后过程流程图、BOM（物料清单）、特殊特性清单、PFMEA（过程潜在失效模式和后果分析）等技术文件的更新维护和发放；同时，根据“控制计划”编制作业指导书、工艺卡，发放生产车间指导生产作业，并对生产人员进行培训。计划保障科负责编制物流、包装、储存指导文件，并对物流、包装、储存人员进行培训。生产车间负责现场作业文件的管理，严格执行生产工艺，按作业指导书、检验指导书正确进行生产操作和自检互检，按设备/工装点检保养指导书对设备/模具进行点检和维护，以确保生产过程在受控状态下进行。工业工程科每天对生产过程工艺执行情况进行作业观察，对不执行工艺的情况进行考核。

（5）环境条件控制。工业工程科负责批量生产后生产作业现场平面布置的更新维护，计划保障科负责物流仓储的平面布置。工厂的平面布置必须尽量优化材料的搬运以及实现对场地空间的增值使用，促进材料同步流动。安全环保科负责要求操作工对作业现场进行整理、整顿、清扫，保持生产现场、生产设施处于清洁、整齐、有序和良好的维护状态。

（6）检验试验控制。质量部依据“控制计划”规定的频次和方式，对产品进行检验和试验，以验证产品的符合性。对不合格品，按要求进行评审确认，采取措施防止不合格品的非预期使用或应用。所有用于产品质量控制的测量设备在使用前必须经过校准合格，并带有其有效状态的标识。

8.4.2.3　作业准备验证

（1）生产前，生产人员必须进行作业准备。作业准备的内容包括点检和保养设备、模具，清洗设备残料；核对工艺文件是否齐全、有效；检查和验证工艺参数设定；核对采购件/半成品牌号、批次和时效；检查工装、工具、容器完好状态；检查测量设备是否准备到位，状态是否正常；查看上班次交接班记录；检查生产作业环境是否满足要求等。

（2）作业准备就绪，生产人员记录准备情况，填写相关记录表单，开始首件生产。

（3）生产人员和质检员实施首件检验，检验合格，进入正式生产，作业准备结束。检验不合格，生产人员再次验证作业设定，在工艺允许的范围内进行调整，重新生产首件。重新生产的首件仍不合格时，按反应计划通知相关人员进行处理。作业准备产生的不合格品，按要求进行标识、隔离和处置。

（4）在作业的初步运行、材料的改变、作业更改、时间过长的停顿、切换产品生产/加工等情况下，必须进行作业准备验证，并记录相应工艺参数和产品质量状况。

8.4.2.4　过程监控

（1）生产人员按作业指导书监控和记录工艺参数，按检验指导书进行自检并记录，对产品进行标识。发现加工质量问题，生产人员对不合格品进行标识和隔离，通知质检员确认和处置，并及时予以纠正，确保工序中产品质量。

（2）需进行 SPC（统计过程控制）的工序，生产人员按作业指导书规定，收集数据并计算，使用控制图进行控制，并在控制图上标注出重要的过程活动（如更换工装、修理机器等）。工业工程科按控制计划对过程能力进行分析研究，当Cpk（过程能力）低于1.33时，启动反应计划，反应计划必须包括遏制不合格产品和100%检验。

8.4.2.5 工艺调试控制

工艺工程师确定调试方案和时间，进行工艺调试，生产车间配合调试，工艺工程师做好调试记录。如需生产车间负责人配合时，应以“工艺调试通知单”通知生产车间安排配合。调试结束，工艺工程师整理调试记录、总结经验，根据调试结论对技术文件进行必要的修订，更新PFMEA、控制计划、作业指导书、工艺卡等技术文件。若调试结果需要临时更改工艺的，必须以“临时工艺通知单”规定更改内容、要求和期限或数量，在工厂厂长批准后，盖受控章发放生产车间执行。通知单有效期限不得超过两周，有效期满后，工业工程科评审是否需转化为正式文件，不需转化的从生产现场收回，需转化的在两天内更新相关技术文件。需进行工程更改的，应按更改控制程序执行。

8.4.2.6 特殊过程控制

某公司识别出的特殊过程有真空成型、发泡、焊接过程。生产车间负责对特殊过程进行标识。特殊过程操作工人必须经过培训并鉴定合格，方可持证上岗。特殊过程所需的工艺文件、作业指导书和相关的控制计划应明确规定其工艺参数，对工艺参数的控制按作业指导书的规定执行。特殊过程所使用的设备、检测仪器、仪表必须符合工艺文件规定。对产品有重大影响的采购件，必须按控制计划要求进行入厂复验。

8.5 设备/模具的管控

8.5.1 设备/模具策划

8.5.1.1 设备/模具的选型

设备/模具工程师根据产品的设计特点、工艺需求、装配方式、设计功能和现有生产线设备的工作原理，初步描述出生产线和设备、模具的功能，编制技术RFQ。采购部寻找设备/模具供应商。设备模具科负责与供应商洽谈设备设计、选型、技术要求及进度要求的细节，最终以技术协议的签订为准，技术协议作为合同的附件。

8.5.1.2 新设备/模具的进厂验收

新设备/模具运至公司后，设备模具科组织对设备/模具开箱，按合同、技术协议及设备/模具制造商发货单，对设备/模具、配件和技术资料清点核验，记录开箱验收情况，如有缺失及时通知供应商补充完整。技术文件、设备使用说明书交设备模具科备件库管员归档，工程师可复印全套资料提供给现场设备/模具调试用。设备/模具接受后，设备/模具工程师出具“设备开箱验收记录单”，并签名后存入设备档案。设备模具科组织设备/模具调试验收，必要时进行设备能力研究。验收合格，设备模具科负责记录设备/模具安装验收的情况，并办理设备/模具接收手续。

8.5.2 设备/模具验收后的管理

8.5.2.1 编号/建档

设备/模具工程师对新设备/模具编号登记，登入设备台账和模具台账，并整理设备/模具相关资料，建立新设备/模具档案。设备工程师在新设备/模具的醒目位置固定/粘贴设备/模具铭牌。设备/模具铭牌内容须包括设备/模具编号、级别、状态、进厂日期。设备模具科确定关键生产设备/模具易损备件，建立“设备/模具备件清单”，纳入设备/模具档案。根据易损备件的采购周期建立合适的安全库存，为设备/模具的维护及维修提供必要的资源。

8.5.2.2 设备/模具的使用与日常维护

设备/模具工程师编写“设备操作规程”、“设备/模具保养作业指导书”和“设备/模具保养点检卡”，指导并培训生产人员操作设备，经鉴定合格，对操作人员发放设备操作证。车间生产设备实行持证上岗操作，多人操作的设备和生产线，实行班长负责制，对安全操作和设备完好负责。多班制的设备，实行操作人员设备交接班制度，每次交接班应检查设备的运转情况并填写“设备点检卡”，检查上一班次的“设备点检卡”。

8.5.2.3 设备/模具的预防性维护

预防性维护分一、二、三级预防性维护，一级预防性维护计划和作业指导由设备模具科工程师编制，操作工负责按规定的频次实施，设备/模具工程师负责监控检查。二级预防性维护计划由设备模具科按设备/模具的状态和复杂程度来确定频次和实施时间、维护内容，一般按季度实施，由设备模具科的设备/模具技术工人在工程师的指导下进行，一般安排在节假日，车间不生产时进行维护和保养。三级预防性维护计划由设备/模具工程师根据设备/模具的寿命和日常表现来确定，由设备/模具的专业厂家进行维护，一般一年一次。在设备进行二、三级预防性维护后，需重新进行调试和验收，具体调试和验收的检查项由设备模具科编制确定。

8.5.2.4 设备/模具的故障维修

当设备/模具发生故障时，操作人员填写“故障报修单”，写明故障情况和停机时间，并通知设备模具科维修组维修。维修结束后，维修人员填写“故障维修单”交设备模具科作为设备/模具的维修档案存档。设备科每月统计每台设备和模具的故障率，并分析原因和采取措施，适当时调整预防性维护的内容和频次。

8.5.2.5 设备/模具的改造

设备需要改进，由设备工程师提出书面申请，经工厂、技术中心、质量部进行可行性分析同意后，并经中外方总经理同意批准后实施。所有需要改进的设备由工厂提出改进意见，可委托外部专业的设备/模具供应商进行改进施工。设备改进后的验收按新设备进行，输出验收报告，适当时做设备能力分析。

8.5.2.6 设备的封存、停止使用、报废

因产品生命周期结束，导致多余的生产设备/模具，可以将其封存，停止使用。由设备/模具工程师提出申请，填写“设备/模具封存申请单”，报工厂厂长、财务部长审批后，交设备模具科保管。封存设备的启用，由设备/模具工程师提出申请，填写“设备/模具启用申请单”。经工厂、技术中心、质量部进行可行性分析，会签后重新启用。

8.5.2.7 备品备件的管理

依据设备的使用说明书、设备的重要程度（如是否为瓶颈设备等）、设备故障停机率统计结果、维修经验等，确定设备易损部件和关键部件，列出“备件清单”。根据设备部件的损坏率及采购周期、难易程度确定备件的安全库存。维修人员更换备件时应及时更新备件台账。每季度盘点一次备件，将盘点记录归档。当备件数量降低到“备件台账”风险库存时，提出采购申请，实施采购。所有备件储存在备件区域，上架。保证存储环境干燥、整洁，所有备件的编号和规格标识清晰可读，拿取方便。关键备件和敏感易损备件应用软包装加以保护。

若更换下的部件已损坏，将其标识后废弃，若在固定资产清单中列明的部件，按报废手续处理。若更换下的部件损坏情况或老化磨损情况不严重，将可

用部分拆下，送入备件保管区，维修组应标明其是拆下的备件，并登记入“备件台账”。

8.5.3 TPM

全员参加的生产性维护（Total Productive Maintenance，TPM）是通过改善人和设备的素质来改善企业的体质，从而增强企业竞争能力，追求生产系统综合效率最大化。

TPM 追求的目标：

8.5.3.1 提高人的素质

（1）培养具有时代技术、技能的员工。

（2）培养符合时代发展，具有实践力、改善力的人才。

8.5.3.2 改善企业设备、模具的素质，改善生产过程工艺水平

（1）有效抑制设备/模具的故障，生产过程的损失。

（2）尽可能消灭以下损失：设备/模具寿命损失、故障时停工损失、节拍损失、产品缺陷损失等。

8.5.3.3 改善企业的管理水平

目标为灾害为“0”、缺陷为“0”、设备/模具故障为“0”、浪费为“0”。

TPM 可分为 8 个阶段，“1～7”阶段的活动需完全建立在“0”阶段的成果基础上，具体关系见图 8—1。

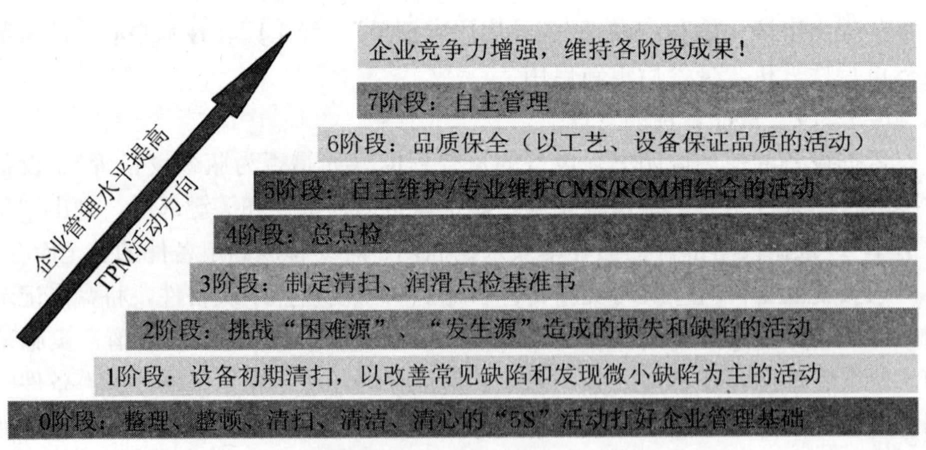

图 8—1 改善企业管理水平

每个阶段的主要活动见表8—1。

表8—1 阶段活动

阶段（STEP）		主要活动内容
1阶段	初期清扫	以设备/模具为中心，清除灰尘和污垢 去除不必要的杂物 制定两种清单（不合理发现清单、疑问点清单）
2阶段	挑战“发生源”、“困难源”	制定“发生源”的对策 制定防止飞溅物的对策 改善清扫困难部位，缩短清扫时间
3阶段	制定清扫、润滑、点检基准书	进行清扫、点检、加油基准书的培训 进行加油、点检不合理问题点改善 制定在目标时间内能完成的清扫、点检、加油基准书
4阶段	总点检	按总点检项目进行点检技能的培训 进行总点检 改善点检方法 制定在目标时间内能完成的点检基准书
5阶段	自主维护	制定自主保全基准及日程，以设备为中心进行活动 遵守基准，忠实地进行日常保全 目标故障为“零”
6阶段	品质保全	进行不让废品流入下道工序的活动 进行不生产废品的活动 以工艺、设备来保证质量，以“零”缺陷为目标
7阶段	自主管理	维持、改善、巩固现有的TPM水平

按TPM的理念，设备模具科负责制定设备/模具维护目标，建立有效的、有计划的设备/模具全面预防性维护系统，建立设备/模具预知性维护方法，制订维护保养计划，评估并持续改进生产设备/模具的有效性和效率。

附录　管理工具使用

附 1　执行数据卡的使用介绍

××公司执行层数据卡　　　　年　　月

主要表现指数（KPI）	单位	责任部门	数据来源	解　释
客户满意度	GYR 评估			
总客户 PPM	PM		客户 PPM	1000000＊总客户的退货数/总发运数
A 客户 PPM	PM		客户 PPM	1000000＊A 客户总的退货数/发运至 A 客户的零件数（包括自制件及外协一级件）
B 客户 PPM	PM		客户 PPM	1000000＊B 客户总的退货数/发运至 B 客户的零件数（包括自制件及外协一级件）
C 客户 PPM	PM		客户 PPM	1000000＊C 客户总的退货数/发运至 C 客户的零件数（包括自制件及外协一级件）
累计售后市场退货 PPM	PM		客户售后 PPM	1000000＊当月总的售后市场退货数/当月总发运数
客户评审评（扣）分	点			
A 客户评分	点		扣分通知单	A 客户因问题整改不及时扣分通知

续表

主要表现指数（KPI）	单位	责任部门	数据来源	解释
B客户质量评分	点		顾客网站下载的打分表	B客户针对供应商总体评分，包括制造质量、售后质量，纳入部品改善响应、服务配合、售后质量改善5个方面
C客户质量评分	点		顾客发出的打分表	C客户针对供货质量总体评分，包括质量、履约状况、服务和其他4个方面
客户投诉记录				
A客户	次		质量通知单	A客户质量通知单
B客户	次		供应商限期整改通知	B客户发出的《供应商限期整改通知》
C客户	次		质量改善通知单	C客户发出的质量改善通知单
供货及时率	%		供货及时率统计	实际交付合格的次数/订单要求交付的次数
客户生产线停线	次		售后质量	由于缺陷产品或发货延误导致的客户的运作停顿
停止供货	次		售后质量	因××公司产品质量造成客户向经销商停止发货的次数
客户现场处理次数	次		售后质量	针对××公司质量问题在最终消费者处出现的召回、向消费者通报等活动的次数
客户处缺件次数	次		客户处缺件和停线统计	在客户处发生的缺件事故的次数
一次交检合格率	%		一次交检合格率	各工序一次交检合格率的乘积

续表

主要表现指数（KPI）	单位	责任部门	数据来源	解释
A1 项目产品	%			注塑工序一次合格率 * 物流工序一次合格率 * 装配工序一次合格率 * 总成产品运输物流工序一次合格率
A2 项目产品	%			注塑工序一次合格率 * 发泡工序一次合格率 * 焊接工序一次合格率 * 装配工序一次合格率
A3 项目产品	%			注塑工序 * 复合工序 * 装配工序一次合格率
A4 项目产品	%			注塑工序 * 焊接工序 * 装配工序一次合格率
A5 项目产品	%			注塑工序 * 装配工序一次合格率
A6 项目产品	%			注塑工序 * TTS 工序一次合格率
A7 项目产品	%			注塑工序 * 焊接工序 * 装配工序一次合格率
库存周转次数	#			累计销售成本/总库存资金（24 平均）
库存周转天数	天 Day			360 天/库存周转次数
质量成本				
外部质量成本	RMB		质量成本分析	包括三包、赔偿、对外服务费等
内部故障成本	RMB		质量成本分析	包括报废损失、返工/返修费、停工损失、存货损失、进货复检

续表

主要表现指数（KPI）	单位	责任部门	数据来源	解　释
鉴定成本	RMB		质量成本分析	包括检验试验费、检验试验人员工资、检验试验设备维修折旧费、办公费、质量审核费
预防成本	RMB		质量成本分析	包括质量策划费、培训、质量管理、质量改进、评审、质量管理人员工资
质量成本产值率	%		质量成本分析	当月质量成本合计/当月产值
总料废率	%		零件料废	每道工序报废材料成本/总的材料成本＊100%
三包、保修或召回费用	RMB		质量成本分析	指整车销售至最终用户处因零件质量问题发生的费用
生产计划完成率	%		生产计划完成率	实际入库零件数/计划生产零件数
计量仪器检定率	%		计量仪器检定计划	实际检定仪器数/计划检定仪器数
设备故障率	%		设备故障率统计表	设备故障停机时间/计划运转时间＊100%
工装故障率	%		工装故障率统计表	工装故障停机时间/计划运转时间＊100%
设备利用率	%		设备利用率	当月开机时间/当月有效工作日＊24＊100%
FIFO执行率	%		每月抽查10种材料到货批号和发出货物批号是否执行先进先出	执行先进先出发货批次数/10＊100%
产品审核得分	分数		产品审核得分统计表	[1－A类缺陷点数×10＋B类缺陷点数×5＋C类缺陷点数×1/（A类特性项目×10＋B类特性项目×5＋C类特性项目×1）×样本数]＊100%

续表

主要表现指数（KPI）	单位	责任部门	数据来源	解　释
供应链表现	GYR 评估			
额外运输费用（如空运等）	RMB		超额运费统计	每月从供方至公司产生的由 DFV 支付的超额运费＋每月从公司至顾客处由 DFV 支付产生的超额运费
供应商退货 PPM	PM		供应商 PPM 统计	1000000＊拒收零件数/到货零件数
供应商供货及时率	%		供应商交付情况统计	已按订单准时交付的零件次数/订单要求交付的零件次数数＊100%
生产停顿次数	#			因供应商质量问题造成 DFV 生产停顿的次数
供应商问题关闭及时率	%		供应商问题关闭及时率	按整改期限要求关闭的问题项/当月总的问题项
改进措施有效关闭率	GYR 评估			
问题清单不符合项数	项数		问题清单汇总	各产品链质量问题总数
不符合项红色状态比率	%		问题清单汇总	问题清单中红色状态的问题数/问题总数

注：G——当前的月平均值满足目标要求及没有问题发生；

Y——当前的月平均值没有满足目标要求，但有书面的行动计划以确保按时满足目标；

R——当前的月平均值严重没有满足目标和进度的要求，以及当到了计划整改日期仍未解决，或已建议的某一项有很大的风险需要管理层引起注意。

附 2　××公司管理数据卡的使用介绍

××公司管理数据卡的使用介绍

主要表现指数（KPI）	单位	责任部门	解　　释
安全和环境		工厂	
1. 有工时损失事故数	件		事故是指需要歇工 8 小时的工伤事故
1.1 总工时	小时		（当月实际天数－当月周六数－当月周日数－国定假天数）*当月员工总数*8
2. 损失工作日伤害频率	%		事故数*200000/总工时
3. 总事故数	件		所有安全事故，包括有工时损失和无工时损失
4. 总事故伤害频率			所有事故数*200000/总工时
5. 伤害严重率			损失天数*200000/总工时
5.1 损失工作日	天		
6. 连续无工时损失天数			连续没有发生有工时损失事故的天数（按日历日计算）
7. 万元产值能耗下降率	%		（上一年年平均万元产值综合能耗－当月累计万元产值综合能耗）/上一年年平均万元产值综合能耗*100
7.1 万元产值综合能耗	吨标准煤/万元		当月累计折算成吨标准煤的万元产值综合能耗
质量		质量部	
8. 客户 PPM	PPM		当月主机厂退货累计总数/当月公司向主机厂供货的累计总数*1000000
8.1 客户退货数	件		当月主机厂退货累计总数
8.2 供货总数	件		当月公司向主机厂供货的累计总数
9. 废品损失率	%		当月所生产的废品成本/总产值*100

续表

主要表现指数（KPI）	单位	责任部门	解释
9.1 废品损失金额	万元		当月所生产的废品成本
9.2 工业总产值	万元		报告期各类产品的生产量×各类产品的销售单价
10. 质量损失率	%		质量损失额/同期完工产品总产值＊100
10.1 质量损失金额	万元		
10.1.1 内部损失成本	万元		
10.1.2 外部损失成本	万元		
11. 客户投诉	次		客户书面投诉总数
12. 三包费用	万元		
供货/库存		工厂	
13. 存货周转次数	次		累计销售成本/总库存资金（24平均）
14. 库存	万元		库存资金
15. 供货及时率	%		按时供货批次/总供货批次＊100
16. 超额运费	万元		计划外的由本公司承担的非正常运输费用
工程/项目管理		项目部	
17. 红色项目比例	%		当月红色项目数/当月进行中的项目总数＊100，YTD为最后一个月的数据
17.1 项目总数	个		当月进行中的项目总数（含当月投产项目数），YTD为最后一个月正在进行的项目总数与以往投产项目数之和
17.2 红色项目数	个		在质量、成本、进度等方面存在比较严重的问题，风险较高的项目数
18. 投产项目数	个		当月SOP的项目数

续表

主要表现指数（KPI）	单位	责任部门	解　　释
人力资源管理		人力资源综合部	
19. 关键人员流失率	%		主动提出离职的关键员工数/公司薪水工及班组长人数＊100
19.1 关键员工离职人数	人		部门业绩排名前20%的员工主动离职数＋管理人员主动离职人数
19.2 薪水工及班组长人数	人		全部薪水工及未列入薪水工的班组长人数，每月为月底数，全年为平均数
20. 总人数	人		全部从业人员数，每月为月底数，全年为平均数
21. 薪水工人数	人		全部薪水工人员，每月为月底数，全年为平均数
22. 人事费用率	%		人工成本总额/销售收入总额＊100
22.1 人工成本	万元		
销售		客户部	
23. 销售收入	万元		销售价格×销售数量；仅指主营业务收入
24. 获得新业务	万元		获得新业务金额
25. 报价成功率	%		当月报价成功数/当月开标的项目数＊100
25.1 报价成功数	个		当月获得定点的项目数
25.2 当月报价的项目数	个		当月参与报价的项目数
25.3 当月开标的项目数	个		当月开标的项目数
26. 自主品牌销售额	万元		
27. ××品牌销售额	万元		
28. 逾期应收款占总应收账的百分比	%		逾期应收账款额/总应收账款额＊100
28.1 逾期应收款额	万元		超过合同约定付款周期的应收账款

续表

主要表现指数（KPI）	单位	责任部门	解　　释
28.2 应收账款	万元		
财务		财务部	
29. 税前利润	万元		利润总额（与损益表一致）
30. 利润率 PBT％	％		利润总额/销售收入＊100
31. 自由现金流	万元		（税前利润－投资收益－所得税）＋折旧及摊销－净营运资本－用于投资的款项
32. 月末现金数	万元		月末在资产负债表上的现金数
33. 资本性支出	万元		
34. 三项费用率	％		三项费用/销售＊100
34.1 三项费用	万元		销售费用＋财务费用＋管理费用
35. 增加值劳动生产率	万元/人·年		工业增加值（现行价）/全部从业人员平均人数
36. 总体降本表现	万元		成本下降总金额
36.1 采购成本降低	万元		已支付的采购费用与预算相比减少的部分
36.2 VA/VE 降本	万元		通过 VA/VE 节省的成本
36.3 制造费用降低	万元		通过提高生产效率节省的成本
36.4 固定成本降低	万元		固定成本与预算比减少的部分
37. 权益负债率	％		负债/所有者权益＊100
38. 净资产收益率	％		净利润/年初所有者权益＊100
39. 固定成本占销售比	％		固定成本/销售收入＊100
39.1 固定成本	万元		

数据卡分析说明

月度	类别	说明	状态
××-×-×	质量成本	废品损失过高造成内部损失成本超标，从而将质量成本拉高	
	生产计划完成率		
	工装故障率	××模具、××模具、××模具故障率较高	
	不符合项红色状态比率		
××-×-×	累计售后市场退货		
	客户处缺件次数	因供应商和制造问题出现客户处缺件	

反应计划

问题序号	指标序号	发生日期	问题描述	原因	措施	负责人	现行状态	关闭日期
1								
2								
3								
4								
5								
6								
7								
8								
9								
10								

附 3　安全 8D 报告的使用介绍

事故/事件 8D 报告

公司：　　　　　　　　　　　　　部门/区域：　　　　　　　　日期：　　　时间：

<table>
<tr><td colspan="2">D1</td><td colspan="3">D2</td><td>D3</td><td>D4</td><td>D5</td><td>D6</td><td>D7</td></tr>
<tr><td colspan="2">成立小组</td><td colspan="3">问题描述</td><td>选择临时纠正措施并验证</td><td>发现并验证根本原因</td><td>选择永久纠正预防措施并验证</td><td>实施永久性纠正措施</td><td>防止再发</td></tr>
<tr><td>会议地点</td><td></td><td colspan="3" rowspan="13"></td><td rowspan="8"></td><td rowspan="13"></td><td rowspan="13"></td><td rowspan="13"></td><td rowspan="13"></td></tr>
<tr><td>会议时间</td><td></td></tr>
<tr><td>组长(职务)</td><td></td></tr>
<tr><td>组员(职务)</td><td></td></tr>
<tr><td>主管</td><td></td></tr>
<tr><td>班组长</td><td></td></tr>
<tr><td>设备(如需要)</td><td></td></tr>
<tr><td>伤者(如可能)</td><td></td></tr>
<tr><td>当事人 1</td><td></td><td rowspan="5">评估是否产生新的 EHS 影响</td></tr>
<tr><td>当事人 2</td><td></td></tr>
<tr><td>安全</td><td></td></tr>
<tr><td>工会</td><td></td></tr>
<tr><td>其他</td><td></td></tr>
<tr><td>D8</td><td colspan="4">当事人信息</td><td rowspan="6">跨部门专家小组：</td><td rowspan="2">落实部门：</td><td rowspan="2">落实部门：</td><td rowspan="2">落实部门：</td><td rowspan="2">落实部门：</td></tr>
<tr><td rowspan="10">祝贺你的小组在小组成员共同努力下，分析并找出了事故发生的根本原因，制定了有效的纠正和预防措施，达成了一致的解决方案，相信该方案的实施，会有效地避免类似事故、事件的重复发生</td><td></td><td>伤者</td><td>当事人 1</td><td>当事人 2</td></tr>
<tr><td>部门</td><td></td><td></td><td></td><td rowspan="2">落实时间：</td><td rowspan="2">落实时间：</td><td rowspan="2">落实时间：</td><td rowspan="2">落实时间：</td></tr>
<tr><td>区域</td><td></td><td></td><td></td></tr>
<tr><td>姓名</td><td></td><td></td><td></td><td rowspan="2">整改责任人：</td><td rowspan="2">整改责任人：</td><td rowspan="2">整改责任人：</td><td rowspan="2">整改责任人：</td></tr>
<tr><td>性别</td><td></td><td></td><td></td></tr>
<tr><td>年龄</td><td></td><td></td><td></td><td rowspan="4">监督部门：</td><td>监督部门：</td><td>监督部门：</td><td>监督部门：</td><td>监督部门：</td></tr>
<tr><td>工种</td><td></td><td></td><td></td><td rowspan="3">监督责任人：</td><td rowspan="3">监督责任人：</td><td rowspan="3">监督责任人：</td><td rowspan="3">监督责任人：</td></tr>
<tr><td>本工种工龄</td><td></td><td></td><td></td></tr>
<tr><td>教育程度</td><td></td><td></td><td></td></tr>
</table>

附 4 质量 8D 报告的使用介绍

8D 报告

发现日期：__年__月__日　　更新日期：__年__月__日　　解决日期：__年__月__日

DISCIPLINE 1	DISCIPLINE 2	DISCIPLINE 3	DISCIPLINE 4	DISCIPLINE 5	DISCIPLINE 6	DISCIPLINE 7
成立小组	问题描述	实施并验证临时性措施	发现并验证根本原因	选择纠正措施并验证	实施永久性纠正措施	防止再发生
小组支持者： 小组领导人： 8D 推进者： 小组成员：			发生原因： 根本原因验证：			
DISCIPLINE 8			逃离的原因：			
祝贺你的小组						

注解：

安全8D报告与质量8D报告一样，都是用8个步骤来解决问题：

第一步D1：成立小组；

第二步D2：描述问题；

第三步D3：实施并验证临时措施；

第四步D4：发现并验证根本原因；

第五步D5：选择和实施纠正措施并验证；

第六步D6：实施永久性措施并验证；

第七步D7：防止再发生；

第八步D8：祝贺小组。

针对每一步的工作是否按要求完成，可用以下大纲来指导和推动：

D1：

——确定责任人；

——成立跨部门工作小组，并确保小组成员积极参加；

——小组成员应覆盖到相关方，如果问题与零件供应商、材料供应商或模具供应商有关，也应包含；

——要考虑采用小组的头脑风暴法。

D2：

——应按客户的术语描述问题，清楚地描述谁、什么、何时、何地及多少缺陷；

——必要时，需在8D中附图片，并确保小组成员都查看过缺陷/不符合图片；

——各班次的相关人员都应参与对退回产品或不符合事项的分析，对缺陷做百分比分析，出据分析报告；

——检查以前的8D清单，确定是否以前的老问题重发，如果是，重发了多少次？

——了解标准与规范，并将实际测量值与标准/规范做比较；

——确定启动完成日期。

D3：

——需重新审核流程图、工艺单，控制计划；

——所有库存均整理了一次？公司内、供应商处、客户处、路途、在正常的过程或系统中是否有疏漏？

——列出遏制措施实施日期及责任人；

——明确分拣方法，对所有地点、路途进行分拣，并报告分拣结果中的缺陷率；

——确保在所有班次中发布缺陷/不符合通报；

——确保临时措施得到了实施和验证，验证结果在 24 小时内通报了客户，并得到客户的认可；

——对客户的现场实施支持。

D4：

——可以采用“鱼刺图”来分析原因，针对人、机、料、法、环五个因素，要做 5 个“为什么”的分析；

——对过程 FMEA，控制计划和作业指导书重新审核验证；

——不可当作主因的有操作工错误和工艺设定导致的次品；

——必要时做缺陷/不符合再现，识别系统/过程主因；

——主因必属真正的根本原因，而非表象或表象产生的影响。

D5/D6：

——制定出针对所有过程主因的行动措施，包括措施日期、责任人；

——制定出针对所有系统主因的行动措施，包括措施日期、责任人；

——措施有效解决问题，并以数据验证；

——验证并标明所有纠正措施的有效率；

——有控制图来展示有效性；

——评估临时措施或永久措施是否导致其他质量、交货和生产能力问题；

——确保永久纠正措施针对所有的主因或盲点。

D7：

——审核和更新工艺流程图、过程 FMEA、控制计划、操作指导书；

——审核和更新工艺布局；

——必要时，引入防错法；

——对员工进行培训；

——将措施举一反三用到其他类似过程；

——将经验教训用到其他工厂。

D8：

——对小组成员的工作给予肯定。

附 5　投产准备审核

这个审核工具表单是为让项目和工厂对生产启动的事情准备好，且有足够的时间来纠正发现的问题。这个表应该由来自各个部门的代表所组成的团队来完成。对于每一个黄色（Y）或红色（R）问题都应该有详细的行动计划及日期和负责人。对每个问题的评级都应该有具体资料的支持或现场的观察。启动经理应该对每张表提供评级总结。建议这个审核应该在项目重要节点之前进行。

具体审核的内容见下表：

节点	节点代码描述	日期
PT	第一次试模	
PP	第一次按正式工艺生产	
QC	质量确认（产品模具和工艺）	
RR	按节拍生产	
SOP	批量生产	
SOP＋90	批量生产后 90 天（验证或启动经验教训学习）	

序号	GRY状态	节点	准备标准	问题描述和应对措施	关闭节点	责任人
一、产品定义完成						
		PT	是否有多功能小组参加了设计评审？所有的开口问题是否都有识别出，并有相对应的措施？			
		PT	DFMEA 是否根据可行性问题更新？所有的超出目标的风险项都有应对措施了吗？安全及关键特性项已经被识别并通过 PFMEA 和制造交流过了吗？			

续表

序号	GRY状态	节点	准备标准	问题描述和应对措施	关闭节点	责任人
		PT	是否有清晰的变更管理清单？所有的变更是否已完成并验证？			
		PT	在前期，是否有外观、尺寸（包括配合间隙和面差）、材料性能、零件功能等问题？这些问题是否都已采取了措施？			
		RR	是否有变更需在批量生产后实施？该变更对节拍和质量是否有影响？是否有有效的应对措施？			
		RR	BOM是否确定并验证？			
		SOP	目前产品定义更新版次是否整合了所有的工程变更？			
		SOP	是否有合适的计划确保在批量生产前关闭所识别的产品开口质量问题？			
		SOP	在第一次生产启动时是否还用到了手工对应？如果有，是否有相应的质量控制措施？			
二、模具、设备和场地等基础设施准备						
		PT	所有的改进措施是否都应用到模具上了？模具制造计划是否能确保项目投产进度？			
		PT	模具更改标记（钢印）是否都更新到最新的设计版次？			
		PT	是否所有模具都已制造完成，尺寸验证合格，准备好批量生产？			
		QC	纹理和外观是否达到客户要求？			
		RR	批量生产后是否仍有模具上的变更或修改？如果有，是否有应对措施？模具修改的日程安排是否确认并由客户批准？			

续表

序号	GRY状态	节点	准备标准	问题描述和应对措施	关闭节点	责任人
		SOP	试模过程中的经验教训是否都汲取了，并在生产过程中对应上去了？			
		RR	生产工艺的详细布局是否准备好？			
		RR	批量生产设备是否100%准备好？所有的基础设施（空气、天然气、水、电、场地、照明、局域网、IT等）是否都升级到位？			
		RR	所有的新设备/模具资料都存档了吗？工厂了解新设备操作规程吗？			
		RR	所有的设备与设施都检查过了并符合安全规则吗？			
		QC	生产过程中所有的设备都符合工艺布局和产能的要求吗？（参考产能/OEE核对）			
		QC	所有的防错措施都执行并对其有效性进行验证了吗？日常操作标准/防错认证是否都核实到位了？			
		QC	所有的工装都到位并准备批量生产了吗？对产品质量保障都做过工装评估了吗？（A面保护）			
		QC	所有的定位夹具是否都进行了重复性和再现性验证（R&R），并确保能力合格？			
		QC	所有的线上QA设备（检具）到位，并经过校准，准备好批量生产？其操作标准都到位且可用？			
		SOP	对所有的设备是否都识别了预防性维护任务，预防性维护系统是否对任务、频率、完成日期、目标和责任人都有描述？			
		SOP	备件要求是否识别，并已采购到位？			

续表

序号	GRY状态	节点	准备标准	问题描述和应对措施	关闭节点	责任人
三、生产工艺准备						
		PT	制造可行性清单是否完成？是否还存在影响启动的开口问题？是否有计划应对开口问题？			
		PP	工艺的数据模拟是否完成？结果是否支持项目要求？生产前时间是否达到模拟结果？			
		RR	正常生产的过程是否和工艺流程图、工艺布局相符合？			
		QC	通过过程审核是否可确定实际过程中的控制点和控制标准与文件要求相符？			
		QC	对于所有生产过程中的关键数据是否都记录，包括，但不限于生产班、操作工、材料牌号和批次、模具版次、工艺参数、产品特性等，以便对变更进行识别和控制？			
		QC	PFMEA 完成，生产也准备好了吗？所有的风险顺序数超过目标值的项目都有措施应对吗？过去的经验教训是否充分地输入 PFMEA 中？			
		QC	控制计划是否完成？PFMEA 中分析到的控制点是否与控制计划一致？			
		QC	操作审核是否显示实际操作与标准/工艺是100%符合，且标准与工艺卡放在操作现场？			
		SOP	试生产能否确认工艺作业指导书是有效的？在试生产过程中学习到的经验教训是否整合到工艺指导书中？			
		QC	操作审核是否能展示工艺数据收集表、工艺参数日志表（有目标值和指导），到位且有效？生产前节点的工艺日志是否有？			

续表

序号	GRY状态	节点	准备标准	问题描述和应对措施	关闭节点	责任人
		QC	工艺数据收集表/操作日志是否能显示变更得到跟踪并有批注？在工艺参数公差之外的项目是否得到批准？			
		QC	操作审核是否展示了极限样件？在操作方面的可视帮助是否定义并到位？是否所有的可视帮助代表了真实的生产条件？			
		QC	工程和客户是否批准极限样件？			
		QC	对于关键控制点的所有产能分析是否都完成了？过程能力指数达到项目最低要求了吗？			
		QC	对于关键控制点的重新研究，控制计划是否定义了频率？			
		RR	针对能力未达标的控制项是否都识别并有应对计划？			
		QC	所有的不符合材料控制方法都识别了且到位了吗（例如，废品箱、缺陷日志、标签、检验隔离区等）？过程审核是否符合？			
		QC	针对不合格原材料/外购件、半成品、成品是否定义控制程序？			
		QC	是否所有的规格，支持设备（硬件和软件）都到位了？批量生产的零件标签是否准备好了？			
		QC	对于每个操作的工艺流程图和指导都准备好了？是否在工位上？			
		QC	在 PFMEA 中录入了失败标签的模型吗？在控制计划中是否有质量控制标签应对措施？			
		QC	首批操作工和备用操作工是否都进行了标签培训和认证？			

续表

序号	GRY状态	节点	准备标准	问题描述和应对措施	关闭节点	责任人
		SOP	对于重新贴标签、重新包装和标签支持系统是否有工艺流程和指导?			
		SOP	工厂是否会进行定期的标签审核，问题是否会被记录，是否有应对措施并得到执行?			
四、生产产能（在工厂）						
		PP	工厂是否对所有交叉使用的设备都有更新的产能图表?在以6天工作日的操作模式中是否有足够产能?			
		PP	在每个重要生产前节点对每个操作是否都有OEE目标?对批量生产是否有OEE目标(时间、效率、质量)?			
		PP	工序的“瓶颈”是什么?有没有计划消除或减少已经确认的“瓶颈”?			
		RR	工厂是否充分了解客户的爬产计划?生产计划是否达到客户批量生产定义?			
		RR	OEE是否达标?			
		RR	是否有行动计划或持续改进计划来达到基于OEE数据状态的操作目标?			
		RR	对于所有交叉负荷的设备，工厂是否都有快速换模计划?			
五、测量、试验和检查（在工厂）						
		QC	所有计划的检具是否都准备好，并在合适的生产区?			
		QC	所有进行过程验证的设备都配齐了，并放置在适当的位置?			

续表

序号	GRY状态	节点	准备标准	问题描述和应对措施	关闭节点	责任人
		QC	是否所有的线上 QA 设备（试验/检具/检查）都到位，校对并准备好批量生产？			
		QC	是否所有检具的重复性和再现性研究都已经满意地完成了（包括三坐标测量、光度测量等）？			
		QC	是否所有的检具指导包括日常设置、验证检查和操作标准都已经完成，是否在检具操作的位置能看到？			
		QC	是否所有的进行测量或检查的操作工都在外观评估、检具操作或其他测量设备方面进行过相应的培训？			
六、材料和供应准备						
		QC	是否有有效的系统来控制供应商（比如 APQP 状态、零件提交保证已通过和材料证书）？			
		QC	有没有确认对此次启动有重要影响的供应商？工厂有没有和这些供应商一起进行/参加启动准备审核？			
		QC	供应商的额定和最大产能是否确认？是否和客户目标协议相符合？			
		SOP	对于所有有重要影响的零件是否都做了批量生产前的产能确认？			
		PT	计保科是否提供给供应商时间节点和订购数量以提高预期的结果？工厂是否有满足爬产的供货确认？			
		PP	采购是否提供给计保科和项目组有零件的采购提前期，至少在批量生产前 4 个月，要确认材料到达日期，以保证客户批量生产的需要。			

续表

序号	GRY状态	节点	准备标准	问题描述和应对措施	关闭节点	责任人
		PP	对于会影响关键路径时间节点的零件（也就是供应商需要最长爬产交付时间的），项目经理是否批准了所有的工程更改（在和制造、计保、采购讨论过项目时间安排之后）？			
		QC	批量生产启动的爬产是否已经建立了，并和供应商充分沟通过？			
		QC	工厂是否有供应商的交付确认来保证爬产计划？			
		QC	对于不能满足爬产要求的供应商，是否有临时计划？			
		PT	是否所有的试验和/或外观要求已经和供应商沟通过了？			
		PP	是否计保、采购、生产和工程完成了一个详细的、整合了的BOM确认？对于批量生产，目前的水平是否已经被验证过，以避免采购方面的延误问题？			
七、计保和IT						
		QC	现场的设计是否包含了物料流动方向，并进行了优化以确保最少的搬运？			
		QC	现场是否有适当的不合格品区？是否有适当的办法可以识别呆滞材料和产品？			
		RR	原材料、采购件、半成品、成品是否都能保证按先进先出的原则进行控制？			
		PT	成品包装设计时是否考虑到了人机工程、节拍、灵活移动、对产品的防护等？			
		QC	包装容器是否经过路试验证以确保可以有效地防护产品不受损？			

续表

序号	GRY状态	节点	准备标准	问题描述和应对措施	关闭节点	责任人
		RR	是否有合适的方法步骤来控制可退还的容器？对成品容器清洗和修理是否有定义责任和方法？			
		RR	工厂是否能按客户预测做 3 个月或 6 个月的滚动计划以确保整个供应链的交付计划？			
		PP	电子数据交换系统是否已经准备好，并验证过支持客户订单、预测、特殊订单传输等没有问题？			
		RR	交付给客户的容器标签是否符合要求？			
八、人员和培训准备						
		PT	是否有关于项目投产的人员配置计划？该计划是否满足项目投产需求？			
		PT	小时工和薪水工的人员流失率是否符合目标要求？如不符合，是否有应对措施？			
		PT	人员配置计划中是否考虑到足够的时间来完成具体的培训以支持生产件批准和生产爬产？			
		PT	培训计划中是否描述了培训要求，并考虑到使员工达到培训要求所需的培训周期，以确保合格的人员才能制造交付给客户的零件？			
		PT	培训是否经过具体技能测试和确认？对工作是否存在验证级别（例如，具备独立操作的能力、具备培训师的技能）？			
		RR	启动移交清单是否已经开始，是否有移交模式工程监督？工厂和项目组能否保证及时移交，并顺利完成任务？			
九、质量系统准备						
		QC	是否按项目质量目标的要求建立了质量数据统计系统？			

续表

序号	GRY状态	节点	准备标准	问题描述和应对措施	关闭节点	责任人
		QC	所有的质量数据是否在项目 QRQC（快速反应的质量控制）会上反馈？针对未达到目标的项目，是否有原因分析和措施？			
		QC	所有数据和措施是否张贴在生产区域的目视板上？			
		QC	工厂是否实施了“安全启动计划”来定义启动时的特别行动，包括高频次的分层审核、200%检查和数据收集及每天 QRQC 的例会行动等？			
		QC	是否实施了有效的控制系统来保证设计变更的评审、实施和验证？			
		QC	是否实施了有效的控制系统来保证 4M 变更的评审、实施和验证？			
		QC	是否定义了不合格品控制程序？对不合格原材料、外购件、半成品、成品都有明确标识、存放地点？评审和处理都有相应流程？			
		QC	过程审核是否符合要求？			
十、PSW（零件提交保证）准备						
		PT	针对外观件，外观和皮纹是否已获得客户批准？			
		PT	所有尺寸是否都符合定义的要求？			
		QC	是否实施了初始过程能力评估并已达标？如未达标，是否有对应的措施来确保交付客户的产品 100%合格？			
		PP	所有的验证试验是否已完成，并达到要求？			
		QC	所有供应商的 PSW 是否已全部获得批准？			

附 6 综合设备效率数据收集表

综合设备效率数据收集表（Overall Equipment Efficiency Data Worksheet，OEE），具体可参照以下表单进行统计。

机器名称：　　　　　　　　　　　　机器编号：

代号	日期	1	2	3	4	5	6	7	8	9	10	11	12	13	14	15	…	31	合计
A	上班时间（分）																		
B	用餐休息、热机时间																		
C	A减B																		
D1	故障时间（分）																		
D2	调整时间（分）																		
D3	不明停机时间（分）																		
D	停机总时间																		
E	C减D1，D2，D3																		
K	不良数量																		
H	理想单件产品生产时间																		
G	产量																		
F	设备有效率E/C																		

续表

代号	日期	1	2	3	4	5	6	7	8	9	10	11	12	13	14	15	…	31	合计
J	设备性能效率 H * G/E																		
L	首次合格率 (G-K) /G																		
OEE	F * J * L																		

(异常记录：将异常的实际情况记录下来，作为后续跟踪、统计、分析、对策之重要资料。)

注：①为确保数据的精确，以上记录项时间单位以分钟计算。② OEE，即综合设备效率，是设备有效率、设备性能效率、该设备生产的产品首次合格率三项指标的乘积。③设备有效率是指设备正常生产时间占设备总的开机运行时间的比率。④设备性能效率是指按理论的工艺节拍与产量计算出的机器运行时间和按该产量生产、机器实际运行时间的比率。⑤首次合格率是指零件一次生产合格的比率，不包括返工/返修。⑥该表单每月统计一次，OEE 用月度设备有效率、设备性能效率和首次合格率的平均值进行相乘。

后 记

关于本书的成书和出版，笔者深深地感悟其得益于以下几个方面：

得益于东风汽车公司这一方“出车育人”的沃土；

得益于东风汽车公司各级领导为笔者提供了施展的舞台和平台，积累了在国内外合资公司工作的经验；

得益于笔者在中外合资公司工作的各方股东和董事的信任、肯定、支持、帮助和鼓励；

得益于笔者与工作过的和正在工作的中外合资公司的先后几任外方总经理“搭班子”合作的经验；

得益于笔者与工作过的和正在工作的中外合资公司的中外方经营管理团队的信任、理解、支持和成功的合作；

得益于东风伟世通（武汉、十堰、郑州）三家合资公司全体经营管理者、党群工干部和员工团队的艰辛耕耘和拼搏与一往无前的奋斗精神。

东风伟世通汽车饰件系统有限公司于2003年9月26日成立，从零开始起步，实现了从本地化制造转变为本地化设计制造，到今天不但拥有了较强研发能力的技术中心，还拥有了具有先进制造技术和先进制造装备的三家合资公司（工厂）；并且已经发展成为中国中西部地区最优、最强、最大的汽车饰件企业之一，实现了科学的、可持续的跨越式发展，得到了各级领导的赞扬和好评。

2008年1月11日东风汽车公司董事长、党委书记徐平到东风伟世通（武汉）调研工作时指出：“东风伟世通合资以来实现了强势增长，并呈现出良好的发展态势，无论是在生产、质量、开发还是在商务上都有良好的表现。东风伟世通在合资模式上走出了一条新路。”

2011年8月8日东风汽车公司董事长、党委书记徐平等领导再次到东风伟世通调研，在参观东风伟世通的技术中心时看到，东风伟世通制造变成了东风伟世通设计制造，感到非常欣慰。徐平董事长、党委书记在现场高兴地说："重视研发工作带来的结果确实不一样，以前看到的大多是制造的成果，现在则看到了一家企业的能力和未来。"徐平董事长、党委书记在参观东风伟世通（武汉）第二工厂时高兴地说："这才是一个现代化工厂的样子。"

2011 年上半年，东风汽车公司总经理朱福寿在接见东风伟世通中方经营管理团队时说："东风伟世通前身四七厂，是东风汽车公司旗下改制转型最早、调整产品结构最快、培养本地化人才队伍最突出、国际合作最成功的专业子公司之一。十年来，东风伟世通不仅成为东风集团整车企业发展的重要支撑力量之一，也成为东风公司积极开展国际化合作、积极进军核心零部件领域的成功典范。希望东风伟世通建设和发展得更好。"对东风伟世通给予鼓励并寄予殷切的希望。

在此，笔者衷心感谢东风汽车公司董事长、党委书记徐平在百忙之中为本书作序，给笔者以巨大的鼓舞和鞭策；

衷心感谢东风汽车公司、东风汽车有限公司、东风零部件集团公司等各级领导的信任、关怀、支持和鼓励；

衷心感谢东风伟世通汽车饰件系统有限公司的三方股东东风电子科技股份有限公司、延锋伟世通汽车饰件系统有限公司、（美国）伟世通国际控股有限公司的股东和董事的信任、理解、支持与鼓励；

衷心感谢东风伟世通汽车饰件系统有限公司中外方经营管理团队和全体员工的信任、理解和支持；

衷心感谢东风伟世通的所有客户多年来的支持和帮助，是你们在市场和新项目等方面给予的大力支持，成就了东风伟世通今天的令人瞩目的业绩，帮助东风伟世通实现了跨越式发展；

衷心感谢为本书的成书和出版给予大力帮助和支持的武汉科技大学管理学院潘开灵院长、刘勇副教授、张廷副部长及其他给予帮助和支持的有关领导与教授；

衷心感谢为本书成书提供大力支持和帮助的任晓静女士；

衷心感谢为本书出版发行提供支持的毛志军先生、罗云安先生、周前女士、杨静女士、曹群女士、陈顺高先生等。

同时，还要衷心感谢家人对笔者占用了年节假日和大量的休息时间、有时到深夜进行笔耕的理解和支持。

本书的下篇参照了东风伟世通汽车饰件系统有限公司、延锋伟世通汽车饰件系统有限公司的部分管理方法，在此均表示衷心的感谢。

此外，衷心感谢为本书出版和发行提供大力支持和帮助的经济管理出版社的各位领导和员工。

谨以此书献给为中国汽车工业发展和腾飞而志存高远、奋勇拼搏、奋勇争先的东风人和我们的合作伙伴！

2012年9月